JN099112

Basic Lecture CORPORATE LAW

基礎講義 会社法

伊勢田 道仁［著］
Iseda Michihito

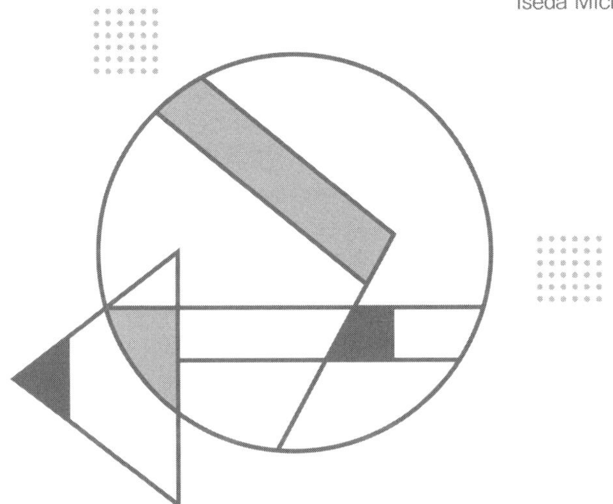

中央経済社

はしがき

■本書が対象とする読者

本書は，会社法を学ぼうとする人々のための入門書である。大学の学部（法・経済・商・その他）や会計専門職大学院などで初めて会社法を学ぶ学生が，講義の予習を行い，期末試験のため知識を整理するための自習書として利用されることを想定している。また，仕事で会社法の知識を必要とする社会人が，「図解」を卒業して本格的な勉強を始めるときの独習書として用いることもできる。さらに，各種の資格試験対策のために個別論点の学習に取りかかる前にも本書を一読することをお勧めする。

■本書の特徴

大学で長く法律教師をしている筆者は，講義を受けている学生から「会社法は難しい」という感想をよく聞かされる。その難しさがどこから来ているのかを考えてみると，まず，会社法は条文が多いことがある。法律だけで1,000条近く，会社法施行規則，会社計算規則などの政令・省令を含めればさらに増える。しかも条文には（かっこ書）が多用されていて，非常に読みにくい。また，会社法は応用科目であるため，民法の基礎があやふやな初学者には理解しづらいことがあるうえ，細かい解釈上の論点も多いために全体像を見失いがちになる。さらに，経済や社会の文脈に位置づけないと制度の意義が十分に把握できないため，社会経験のない多数の学生にとっては親近感がもてないことがあげられる。

以上の事情を考慮して，本書には以下のような特徴をもたせることにした。

まず，形式面では独自の構成をとっている。本書では，会社法が何のために役立っているのかを明らかにするため，コーポレート・ガバナンス，コーポレート・ファイナンス，そして，コーポレート・ストラクスチャーという３本柱を立てたうえで，各章のテーマごとに会社法の制度を関連づけて説明した。なお，本書の構成は会社法の条文構成とはかなり異なっているが，法律書である以上，条文の正確な理解から離れることはできない。そのため，目次の後に条文対照目次をつけ，本文中にも条文番号を付記しておいた。常に六法をそばにおいて確認するようにしてほしい。

つぎに，内容面では「木を見て森を見ない」結果になりがちな項目主義をとらず，できるだけヨコに広げる書き方をしてある。法律だけではなく，社会や経済における会社法の位置づけがわかるように配慮した。民法の財産法分野については一応の理解を有していることが望ましいが，必要に応じて解説するようにした。重要論点や企業事件についてのタテの深掘りは「コラム」という形で述べるにとどめた。

このように，本書は会社法の全体像を俯瞰する役割をもっている。地図にも冊子体になった詳細な市街地図と１枚見開きの観光地図がある。初めての場所であれば，詳細な地図よりも観光地図のほうが使いやすい。自分がどこにいるか，訪れるべき観光地はどこなのかを把握しやすいからである。ただし，このような書き方では各論点の解説が浅いものになるのはどうしても避けられない。この点については，他の本に譲るべきものと割り切ることにした。本書で会社法の入門を終えた読者は，より詳細な体系書や演習書に進んでほしい。

さらに，初学者や独学者にもわかりやすくするため，工夫をしてある。

- 各章ごとに Key Points と Self-Check をつけた。
- キーワード等については**太黒字**で強調した。
- 一般になじみがないと思われる法律用語は脚注において解説した。
- 必要に応じて，一覧表や図表も用いた。
- 各章末の関連文献としては，専門書ではなく，街中の図書館や書店で入手できる一般書をあげた。読者の関心と理解を広げてもらうためである。
- 全体を通じて，できるだけ専門用語を使わず平易な言葉により基本的な制度趣旨を説明するよう心がけた。

以上のような本書の試みにより，難解と感じられた会社法についての関心が深まり，かえって読者の皆さんの得意科目になるようなことがあれば，筆者としてはこれに勝る喜びはない。

■謝　辞

いうまでもなく，本書の記述は多くの先人の研究成果に基づいている。いちいちお名前をあげることはできないが，その学恩に感謝したい。また，これまで筆者の講義を受け，さまざまな質問をしてくれた学生の皆さんにも感謝したい。若い頃には教室で受けた質問にうまく答えられず，研究室に戻って自己嫌悪したこともある。本書が少しでも役立つものになっているとすれば，それは多数の勉強熱心な学生の皆さんのおかげである。

最後に，中央経済社の露本敦氏には，研究書『内部統制と会社役員の法的責任』の出版に引き続き，今回もお世話になった。ここに記して感謝の意を示したい。

2022年（令和４年）３月

伊勢田 道仁

目　次

凡　例

1　判例集等の略記

民集	最高裁判所民事判例集
民録	大審院民事判決録
裁判集民	最高裁判所裁判集（民事）
判時	判例時報
判タ	判例タイムズ
金判	金融・商事判例
金法	金融法務事情

2　法令等の略記

会社法の条文については，原則として条数のみを引用する。その他の法令等は，以下の略語で引用する。

商	商法
商登	商業登記法
会則	会社法施行規則
計則	会社計算規則
電則	電子公告規則
施行令	会社法施行令
整備法	会社法の施行に伴う関係法律の整備等に関する法律
金商	金融商品取引法
振替	社債，株式等の振替に関する法律
担信	担保付社債信託法
民	民法
民訴	民事訴訟法
民執	民事執行法
民保	民事保全法
破	破産法
会更	会社更生法
民再	民事再生法
独禁	私的独占の禁止及び公正取引の確保に関する法律

条文対照目次

会社法の条文構成			本書の該当箇所
第二編 株式会社 （つづき）	第五章　計算	第一節　会計の原則	第11章 [1] （1）
		第二節　会計帳簿等	第11章 [1] （1）
		第三節　資本金の額等	第11章 [3]
		第四節　剰余金の配当	第11章 [2] （1）
		第五節　剰余金の配当等を決定する機関の特則	第11章 [1] （2）
		第六節　剰余金の配当等に関する責任	第11章 [2] （1）
	第六章　定款の変更		第13章 [1] （1）
	第七章　事業の譲渡等		第15章 [1] （1）（2）
	第八章　解散		第13章 [2] （1）
	第九章　清算		第13章 [2] （1）（2）
第三編　持分会社			補章 [1]
第四編　社債			第10章 [4]
第五編 組織変更， 合併， 会社分割， 株式交換， 株式移転及び 株式交付	第一章　組織再編		補章 [1] （3）
	第二章　合併		第14章 [1] （1）
	第三章　会社分割		第15章 [2] （1）
	第四章　株式交換及び株式移転		第16章 [1] （2）
	第四章の二　株式交付		第16章 [1] （2）
	第五章　手続	第一節　組織変更の手続	補章 [1] （3）
		第二節　吸収合併等の手続	第14章 [1] （2）
		第三節　新設合併等の手続	第14章 [1] （2）
		第四節　株式交付の手続	第16章 [1] （2）
第六編　外国会社			補章 [3]
第七編 雑則	第一章　会社の解散命令等		第13章 [2] （1）
	第二章　訴訟		第５章 [1] （2），[2]
	第三章　非訟		
	第四章　登記		第12章 [3] （3）
	第五章　公告		第12章 [3] （3）
第八編　罰則			重要なものだけ付記

イントロダクション

第1章　株式会社とは何か

第1章　株式会社とは何か

株式会社制度はその誕生から今日までの約400年間，その影響力を拡大している。株式会社は，その事業を多様な分野に拡大し，個人で可能な範囲を超えて，国境を書き換え，戦争の勝敗を左右し，芸術や科学，さらに言語や文化に至るまでさまざまな変化をもたらしてきた。株式会社の影響力が並外れて強力であるのは，それが生産性を向上させるためだけではない。個人とほとんど同じ法律上の権利を与えられていながら，年老いて死んだり，後継者を得られないという人間に固有の弱点がないこともその理由である。ところが，このような特権をもつがゆえに，株式会社は，政府や世間の人々から激しい怒りを受け敵視されることも少なくはなかった。過去において，その事業活動を制限するような，さまざまな法律が作られた。株式会社の歴史は，その影響力の発展と，その莫大な力をコントロールしようとする政府との攻防の物語である。

本章では，株式会社組織はいつどこで始まったのか，その中核的概念は何か，その中核的概念から導かれる会社法のルールと政府による規制，などをみていくことにしよう。

Key Points

◆株式会社の歴史は17世紀初頭のオランダ東インド会社に始まり，ヨーロッパ諸国やアメリカ合衆国に大きな経営的繁栄をもたらした。

◆特許主義から準則主義に移行することで，設立が自由になり，株式会社制度は大きく発展した。

◆わが国の会社法はドイツ法とアメリカ法の両方に起源を持ち，数度の改正を経て，近時は規制緩和の流れの影響を受けている。

◆株式会社の特徴は，出資者による所有，法人性の付与，株主の有限責任，所有と経営の分離，出資持分の自由譲渡性である。

◆会社法の規制目的は，企業の制度設計，関係者の利害調整に加え，会社の行き過ぎた活動に一定の制約を設けることである。

◆会社法の特色として，株式会社の機関設計について，その規模の大小や公開性の有無による区分規制がされていることがある。

1 株式会社の歴史

（1）株式会社の誕生と発展―17世紀，18世紀

■東インド会社の誕生

喜望峰をこえるインド洋への航路が発見されると，ヨーロッパ諸国では植民運動が盛んになった。東南アジア地域でしか手に入らない高級香辛料を輸入して莫大な利益を得ることが目的であった。その結果，16世紀末になると，それまでの一部の商人が拠出する資金だけでは満たされない巨額の資本需要が生じてきた。というのは，長期間の航海を必要とし，遭難や病気や海賊が多発するうえ，失敗の可能性が高い，というあまりにリスクが大きい事業に対して資金を出そうとする者は少なかったからである。したがって，多額の資本を得るためには，多数の投資家に呼びかけて，比較的少額の出資を集めて結集させるしかなかった。このような方法をとるため，新たな企業形態として生まれたのが東インド会社であった。それは，株式の発行によって多くの資本を集めたこと，王権または政府によって東インドとの独占貿易を認められたことに特徴をもつ。なお，ここで「東インド」というのは現在のインドネシアを中心とした広大な地域を指す言葉である。

一般に，1602年に設立された**オランダ東インド会社**が株式会社制度の始まりであるとされている。オランダ東インド会社は，連邦議会の特許状により，東インド貿易を独占する権限および軍事権，裁判権などを認められた特許会社として設立された。当初，取締役の定員は60名であり，その資格としては一定数以上の株式の所有が要求され，特許状により指名され，原則として終身の任期を有していた。現在の株主総会にあたるものはなく，事業経営は一般出資者の意思とは無関係に行われ，何らの監督機関もなかった。その後，取締役らの勝手な行動に対して批判が起こり，取締役の終身制が廃止され，選挙によって指名されるようになり，決算を監査する委員会も置かれるようになったが，それ以上の発展はなかった。出資者である株主の権利は極めて弱く，出資金額に対する権利と利益配当の権利を有するのみであった。また，特許状において株主は有限責任である旨が記載されていたが，内部的には株主が追加出資義務を負っていた可能性もある。出資額は自由であり，株式の金額はバラバラで，現在のように均一ではなかった。株式譲渡の自由は認められており，その株式はアムステルダムの取引所において頻繁に取引されていた。オランダ東インド会社

は，国境を越えてヨーロッパ全体に大きな影響を及ぼし，**フランス東インド会社**をはじめ，各国において類似の東インド会社がつぎつぎに設立されていった。

イギリス（当時はイングランド）では，すでに1600年から東インド貿易を営む複数の企業が存在していたが，これらは航海が終了するごとに精算される単発企業にすぎなかった。オランダに対抗するため，1613年にジョイント・ストック・カンパニー（合本会社）[1]として成立したのが**イギリス東インド会社**の始まりであるとされる。初期のジョイント・ストック・カンパニーは，国王の特許状により法人格とインド洋貿易独占権など各種の特権を与えられてきた。これらの会社が有する軍事力は国際紛争の際に国家の助けとなり，また，これらの会社からの献金は王室の重要財源となっていたのである。イギリス東インド会社は，同国の古いギルドの伝統を受け継いでいたために，オランダ東インド会社に比べると民主的な組織を有していた。すなわち，会社の機関としてすべての社員からなる社員総会とこの総会で選出される役員があった。総会における社員の議決権は，初めは頭数によるものであったが，しだいに持ち株数に比例するものとされるようになった。しかし，必ずしも１株１議決権が徹底されていたわけではないようである。会社の役員としては，総裁・副総裁・理事が置かれ，これらの役員で重役会を構成した。理事の数は伝統的に12人またはその倍数とされるのが普通であった。総裁は強大な権限を有し，常務の執行について総裁および副総裁を補助するために少数の理事からなる委員が重役会で選出された。イギリスで社会経済の各局面において民主制が確立されていくのに対応して，東インド会社を中心とするジョイント・ストック・カンパニーの構造もより民主化され，近代的民主型の会社組織が確立されたのである。

■熱狂の時代とバブル崩壊

18世紀になると，フランス政府とイギリス政府は戦争で累積した膨大な債務の再編を行うために，固定金利の国債と特許会社の株式とを交換して国債の金利負担を軽減しようとした。これが両国で金融バブルを生むことになる。

まず，フランスでは，通貨供給量の決定権を握ったジョン・ローという人物が植民地アメリカで開発事業を行う**ミシシッピ会社**を利用して，多額のフランス国債を同社の株式と交換した。ローは株式を大量に発行する一方で，多額の配当を発表したり，既存株主に割引価格で株式を割り当てたりして投機熱をあ

1）　会社の出資持分が譲渡可能な株式の形で出資者に所有されるなど，株式会社に類似する特徴を有する企業形態。

おった。この結果，集団的熱狂状態が発生し，周辺各地から多数の投資家が株式を購入するためにパリの会社事務所に押しかけた。ミシシッピ会社の株価は，１株当たり１万ルーブルに達したという。しかし，ミシシッピ会社のアメリカにおける事業実態はかなりお粗末なもので，必然的にバブルは崩壊した。1720年初め，同社の株式を売却する投資家が増え始めた。ローは政治的地位を利用して資本流出を食い止めようとしたが，その努力もむなしく株価の暴落は続いた。最終的にミシシッピ会社は破綻し，ローは国外に逃亡した。

つぎに，イギリスでは，1711年に，中南米のスペイン領と独占的な貿易を行う会社として**南海会社**が設立された。1720年，約3,000万ポンドの負債総額からなるイギリス国債をすべて同社が引き受けることが公示されると，南海会社の株価は急騰し，株式購入の受付はわずか数時間で終了した。海外投資家も殺到し，同社の株価は１株当たり950ポンドに達した。当時のイギリスでは，小さな会社を設立して政府から特許状を得ることがブームになっており，これらの会社の株式を扱う株式売買業者が誕生し，エクスチェンジ・アレイ[2)]周辺のコーヒー・ハウスに集まって商売をしていた。たくさんの会社設立申請が洪水のように押し寄せた。南海会社の経営陣は資本の取り合いをする競合会社の数を減少させるために，**泡沫会社禁止法**（**1720年**）という名前の法律が成立した。この法律によって，その後１世紀にわたり会社制度の発展には致命的な打撃が与えられることになった。しかし，その年の夏，深刻な金融逼迫がロンドンを襲い，10月には南海会社の株価は170ポンドまで下落し，同社は破綻して国有化されてしまった。結果的にイギリスの金融制度は無事だったが，投資家には多額の損失が残された。

以上のとおり，ミシシッピ会社と南海会社にまつわるスキャンダルは投資家に多大な損害を与え，株式会社に対する信頼を失わせたのである。

■東インド会社の終焉

18世紀半ば頃まで，オランダ東インド会社は北西ヨーロッパの中で最大の規模と貿易量を誇っていたが，1780年の英蘭戦争をきっかけに，同社の船はイギリス海軍に次々と拿捕され，オランダにはアジアからの物資がほとんど届かなくなった。オランダ東インド会社は多額の負債を抱えて苦しみ，オランダ政府に緊急の財政援助を申し込むなどしたが，複合的な原因により負のスパイラル

2）現在のロンドン証券取引所のある地域。２つのコーヒー・ハウス，ギャラウェイとジョナサンが中心であり，そこでブローカーが発表する株価が相場の基準になっていた。

から抜け出すことはできず，国営化された後，1799年には会社そのものが廃止されてしまった。また，政府主導によって設立されたフランス東インド会社は，フランスが七年戦争に敗れた後，多額の賠償金支払いのため財政的危機に陥ったことから，政府支援を失い民間資本も十分に集まらなかったために，あっけなく破綻してその活動を停止した。

イギリスでは産業革命が進展し，18世紀末には安くて品質の良い綿織物を大量に生産することが可能となった。その結果，海外においてイギリスの綿織物が売れ，産業資本家が政治的に大きな力を持つようになる。そのなかでアジアとの貿易事業を始めようとする者は，東インド会社のみがもつ特権に不満を持つようになった。アダム・スミスが『国富論』の中で自由貿易論を唱えたことも逆風となり，かつての常識であった独占貿易という方法は時代遅れになった。こうして，東インド会社は独占企業としての性格を段階的に失っていった。

（2）近代的株式会社の成長―19世紀，20世紀

■免許主義から準則主義へ

特許状による独占権は失われたものの，株式会社については，設立にあたって行政官庁の免許が必要とされていた。しかし，産業革命および自由主義の思想の高まりとともに，まずイギリスにおいて，ついでフランスおよびドイツにおいて，一定の法手続に従うだけで株式会社を設立できるとする準則主義が採用されるようになっていく。この**準則主義**は，その後の株式会社の発展に大きく影響することになる。

まずイギリスでは，1844年登記法により，それまでの株式会社の設立に関する特許主義をやめ，準則主義に移行した。その後，株主の有限責任を認めた1855年の有限責任法を経て，7人以上の者で基本定款を登記することにより有限責任会社を設立できるとする1856年に株式会社法を制定した。そして，従来の立法を総括・統合する立法として，有名な**1862年会社法**が成立し，イギリスの一般会社法は一応の完成をみた。つぎにフランスでは，大革命の時代にギルドが解体され営業の自由が宣言されると，各地で多数の株式会社が設立されるようになった。1808年に施行されたフランス商法典は，比較的小規模である株式合資会社の設立は自由としたが，株式会社については設立に政府の許可を要することとし，かつ，株主の有限責任と株式の自由譲渡性を明確に認めた。その後，**1867年フランス会社法**により，株式制の会社の設立については免許制を

廃して準則主義をとることにし，その濫用の弊害を防止するために厳重な規制を設けた。さらに19世紀前半のドイツでは地域的分裂により経済的発展が滞っていたが，連邦統一がなると，1861年ドイツ旧商法が成立した。この法律では，株式会社および株式合資会社の設立につき免許制がとられていたが，当時支配的となっていた自由経済の思想に影響され急速に改正の動きが起きた。そして，免許主義は1870年の第1株式改正法によって廃止され，つづく1884年第2株式改正法により株式会社の設立は法により詳細に定められた方法においてなされなければならないとする準則主義が明確に採用されるに至った。これらの改正によって完成した**ドイツ株式法**は，上述のフランス会社法と並んで，その後の株式会社制度の発展に大きな影響を及ぼしたのである。

■株式会社の巨大化と企業結合の出現

産業革命によってもたらされた生産方法の激変と生産力の急速発展は経営の大規模化を要求した。そのような経済的要求に応えるために，準則主義により設立が自由化された株式会社形態が大いに利用されたことは当然であった。20世紀になると，厳しい競争の中で零細企業はしだいに消滅し，巨大な資本をもつ株式会社へと変化していくことになる。さらに，企業間競争を勝ち抜くために，株式会社は単一企業の枠を超えてトラストを形成したり，複数企業からなるコンツェルンへと成長していくのである。

アメリカでは，市場の独占的支配を目的とする統一的指揮の下にある複数企業の結合である**トラスト**が多数生じた。このため，同国では強力な反トラスト法が制定された。また，ドイツでは，銀行を中心として，資本参加あるいは株式保有により関連企業が巨大な**コンツェルン**を形成した。コンツェルンとは，株式所有を基礎として形成される企業集中形態であって，各企業はその法的独立性を維持しながら，実質的・経済的には一体化して統一的な指揮の下に置かれるものである。

2〉 株式会社と法

（1） 株式会社の特徴

■法人格の付与

株式会社は株主という構成員が共通の目的の下に出資してできたものであるから，本来であれば，事業活動にあたり各人が一致して行動しなければならないはずである。しかし，それでは不便極まりない。法人格があることにより，会社はその名前で財産を取得することができ契約を締結することができる。

歴史から明らかなように，もともと株式会社の法人格は特権として国王や政府から付与されたものであった。合名会社や合資会社の場合にも法人格についてはそれぞれの歴史がある。準則主義が一般化した現在では，法律の規定により，一定の手続きに従えば，誰でも法人格をもつ会社を作ることができる（民33条，会社３条）。しかし，その便利さの裏には**法人格が濫用**されることに対する警戒も怠ってはならない。

■株主の有限責任

株主は株式を購入するときに出資を行うが，その後は，会社の資金が必要なときに追加出資を求められることはないし，株式会社が倒産した場合にも債権者から責任を追及されることはない，というのが有限責任の意味である。これならば，リスクが少ないし出資をする者が増えることがわかるだろう。しかし，会社の構成員に対するこのような優遇措置は当然に与えられるわけではない。会社の種類によっては（合名会社，合資会社の場合），その構成員が追加出資の義務を負うこともあるし，会社の取引先に対して個人財産をなげうってでも支払いをしなければならないという**無限責任**を負う場合もある。株式会社における株主の有限責任は，できるだけ多数の者から資金を集めやすくするために，いわば政策的に認められているものである。なお，多数者からの資金調達を行わない合同会社についても，その構成員は有限責任であるが，この場合には，経営失敗のリスクを軽減し起業を増やすことが理由になっていると考えられる。

■出資持分の自由譲渡性

株主は有限責任であるとはいえ，一度株式を購入してしまうとそれを売却できず，ある会社と永遠に付き合ってかなくてはならないのでは困る。そこで，株主は，いつでもその株式を自由に売却することによって出資額を取り戻す（これを**投下資本の回収**という）ことができる。これにより，株主はその会社の経営方針が気に入らなければ，いつでも出資した金額を取り戻すことができるので，リスクが少なくなり，ますます多数の者からの資金調達が可能になるのである。ただし，ここでいうのは，あくまで株式が会社の承認なく自由に売却できるということで，実際には，売却するための市場が整備されていなければ，買い手を探すのに苦労することになる。したがって，発達した株式市場の存在は，株主の投下資本の回収のために不可欠な条件である。

なお，例外的に，株主がその所有株式を譲渡するときに会社の承諾が要求される場合がある。それは，小規模株式会社などで，会社にとって望ましくない者が株主になることを防止するために**譲渡制限株式**を発行しているようなケースである。株主数の少ない小規模な会社においては株主同士の人間的な結びつきが会社の円滑な運営のために必要であるから，ある程度，株式譲渡の自由を制限しているのである。

■所有と経営の分離

「オーナー社長」という言葉があるように，小規模な会社においては，多くの場合**所有者と経営者が一致**している。会社に対する出資を失うリスクをもつ者が，その会社の経営も行うのである。しかし，株式会社の場合には，多数の株主が存在することが前提とされており，株主総会で選出された取締役が会社の経営にあたることになっている。このように，所有者がみずから経営にあたるのではなく，他人の手に経営を委ねるのが株式会社の特徴なのである。これは，株主以外の者から広く人材を探して，才能のある者や専門的知識のある者を経営にあたらせることができることを目指したものである。ただし，これはあくまでも制度的に分離されているという意味であり，実際には，小規模な株式会社にあっては，多数の株式を所有する者が経営者になっている例も多い。

なお，第2章でみるように，現代の大規模な株式会社にあっては株式所有が分散しているために所有者である株主が会社の支配権を失い，経営者支配という現象が生じている。この現象を「所有と支配の分離」と呼ぶことがあるが，ここでいう「所有と経営の分離」とは異なる概念であるので，混同しないように注意が必要である。

■出資者による所有

株式会社は多数の者から少額の出資を集めることにより，事業活動に必要な資本を得ることができる仕組みである。そして，出資者は株式を購入することによって株式会社の持分を取得するのであって，その株式会社の所有者といってもよい。所有者であれば，法令の制限内において，所有物を使用・収益したり，それを処分することが自由にできる（民206条）。しかし，ここでいう所有は通常の意味とは少し異なっている。たとえば，あなたがA社の株式を購入して株主になったとしよう。ある日，A社を訪れて，自分はこの会社の株主だから会社のコピー機を使わせて欲しいと申し入れたらどうだろうか。親切で応じてくれることもあるかも知れないが，多くの場合は丁寧にお断りされるにちがいない。断られたことに頭にきて，株式を渡すからその金額の会社資産をよこせと迫っても，相手にされないだろう。株主は株式会社の所有者であるといっても，実際には会社資産に対して法律上の権利を有していないのである。したがって，一部の投資家が株式会社は出資者である株主のものだ，と主張して横暴に振る舞うことは誤りである。株主は株式会社の「所有者」ではなく，「潜在的な所有者」にすぎないといってもよい。

では，株主は株式会社にまったく法的権利がないのかというと，そうではない。会社に利益があるとき配当を受ける権利や会社の解散時に残余財産を受ける権利がある。そして，後にみるように，株主総会においては定款変更や資産売却，解散といった重要な意思決定を行うために議決権を行使できる。株式会社の最終的な運命を決めるのは株主であり，その意味の限りでは株主はやはり株式会社を「所有」しているのである。

（2）会社法の目的とその規制手段

■会社法は何を目指しているのか

以上のような特徴をもつ株式会社に対して，法はどのような役割を果たすことができるのだろうか。まず，**会社の制度設計**である。株式会社の機関構成や，資金調達および組織変更の制度を定め，その手段を提供することにより，経済活動が活発に行われることを目指している。つぎに，**関係者の利害調整**である。株式会社には多くの人が関わることになる。経営者と株主，株主同士，会社と債権者，それぞれの間でトラブルが生じることも少なくない。そのときに会社法は紛争解決の基準となり，解決手段を提供する役割をもつのである。

さらに，株式会社の有用性にともなう危険性を認識して，その**行き過ぎた活動に一定の制約を設ける**ことも法の重要な役割である。たとえば，役員等の責任強化，違法行為の差止請求権，裁判所による監督規定などがこれにあたる。ところが，このような伝統的な考え方は近ごろ評判が悪い。企業の自由や活性化を達成するために規制緩和を指向し，規制の目的としては効率性を達成できる制度設計を求める見解が有力である。しかしすでにみたように，株式会社の歴史は熱狂による失敗と規制強化の連続である。活動の自由を最大限に尊重しつつも，経験から学ぶことにより，株式会社を公共の利益に反しないよう適切にコントロールすることは法の重要な役割である。会社法の細部において，効率基準に沿って設計される部分があるとしても，それは歴史的に積み重ねられてきたルールの枠内にあらねばならないのであって，このルールとは合理的な制度設計を超えた自生秩序というべきものである。

■規制手段

会社法の性質は，原則として，民法と同じく私法に分類されている。しかし，実は「会社法」という法律には，私法の性質を有する規定だけではなく，刑法や，行政法と同じ規定も含まれている。その意味では，会社法は複合的な性質をもつ法律なのである。具体的には，以下のとおりである。

刑事罰として，特別背任罪，利益供与罪など。

行政規制として，事業停止，過料，課徴金命令など。

私法上の効力の否認として，無効，取消など。

開示制度として，各種機関議事録の備置，株主参考書類の添付。

3〉 わが国の株式会社法制度

(1) 日本における株式会社の歴史

■会社制度の導入

わが国には1000年以上の歴史をもち，代々商売を営んできた商人家として，戦国時代や江戸時代を生き抜いてきた企業がいくつも存在する。また，1865年（慶応元）には薩摩藩や長崎の豪商小曾根家の援助を受けて，坂本龍馬とその同志により亀山社中が設立された。倒幕を目的とした活動を行うとともに，船の回送や運輸業，銃器のあっせんなどの商活動も行った，日本初の商社といわれる。明治時代になると，わが国の経済は大きな転換期を迎えた。1899年（明32），ドイツ株式法を模範に制定された**商法第二編**として会社制度がわが国に導入されたのである。会社の種類としては，合名会社，合資会社，株式会社であった。その後，1938年（昭13）に**有限会社法**が制定された。

その後，1950年（昭25）に戦後の占領下においてアメリカ法の影響のもとで商法が改正され，株式会社に取締役会制度，株主代表訴訟制度などが導入された。このように，日本の会社制度は，ドイツ法とアメリカ法の混成ともいえる性格を有している。

■時代の課題に応じた商法改正

当時多発した**会社不祥事の発覚**に対応して，1974年（昭49）および1981年（昭56）の改正では監査制度の強化が行われた。1990年（平2）年改正では株式会社は大規模会社を前提にした規定を置くべきであるとされ，小規模会社向けの規定を整備する大小会社区分立法が行われた。このとき，最低資本金制度が株式会社について導入されるとともに，有限会社の最低資本金額も引き上げられた。1993年（平５）改正により，株主代表訴訟制度の整備が行われ，これ以後，わが国で頻繁に株主代表訴訟が使われるようになった。

その後は進展する**グローバル化への対応**であった。1997（平９）から2000年（平12）にかけては組織再編自由化の必要性から，合併，分割，株式交換・株式移転などについて一連の改正がなされた。また，2001年（平13）および2002年（平14）には，日本企業の国際競争力の強化を目指した一連の制度が導入された。自己株式取得の自由化，取締役の責任制限，新株予約権の導入，種類株の多様化，委員会等設置会社の導入などである。

■会社法の制定以後

2005年（平17），規制緩和の波に押されて，会社法は商法典から切り離されて独立の法律になった。このとき，有限会社は廃止されて，代わりに合同会社ができた。会社法の基本方針は**規制緩和**であり，定款自治や社債発行の自由化などはその典型である。しかし，約10年後の2014年（平26）改正では，規制再強化の色彩が強い監査等委員会設置会社制度，多重株主代表訴訟制度の導入などが行われた。

2019年（令元）の改正は，株主総会資料の電子提供，取締役の報酬規制，社外取締役の選任義務づけなど，実務で行われてきたことを追認する内容である。

（２）日本の会社法の特徴

■わが国には小規模株式会社が多数存在する

かつて有限会社という制度があった。債権者の担保となる資本金を有する会社を**物的会社**とよぶが，その具体例は有限会社と株式会社である。両者は規模による相違であり，有限会社法は小規模の物的会社にふさわしい規制があり，商法の第二編の株式会社に関する規定は大規模な物的会社の規制であった。本来，株式会社は大規模な企業を想定しており，その社会的影響力や利害関係者が多さに鑑みて厳格な法規制がなされている。しかし，日本には家族で経営しているような小規模な株式会社が多数存在している。有限会社という小規模会社であっても有限責任の特典を受けられる会社形態が利用可能であったにもかかわらず，なぜ株式会社の形態が選ばれたのだろうか。その理由としては，他の企業形態と比べて株式会社は信用度が高く，従業員に優秀な人材が得られたり，銀行から有利な条件で融資を受けられるということ等があげられる。一方で，厳格な株式会社の規制は実態に合わず，多くの規定が空文化してしまうという問題があった。裁判においても小規模株式会社における紛争がほとんどであり，それらの事件の解決規範として大規模会社を前提とした法はふさわしいものではなかった。そこで，1990年（平2）の商法改正では，これらの小規模株式会社を中規模・大規模な株式会社から**区分して規制**する試みがなされたのである。

■**株式会社はその規模と公開性の有無により区分規制されている**

2005年（平17）に制定された会社法では，会社を持分会社と株式会社とに整理したうえで，有限会社法を廃止してしまった。以前から存在した有限会社は**特例有限会社**として残された（→補章）。ただし，その法的性質は株式会社であり，現在では新たに有限会社を作ることはできない。これは，立法にあたり契約理論[3]を前提として，小規模株式会社を原始的な会社の契約形式として捉えたうえで，中規模・大規模の株式会社をより複雑な契約形態をもつものとして，両者を連続的に理解しようとしたのだと考えられる。

会社法の重要なポイントとして，会社を持分会社と株式会社とに整理したうえで，多数の株式会社を区分して規制することにより，それぞれの特性に応じた自由な機関設計を認めていることがあげられる。その区分方法としては，大会社であるかどうか，公開会社であるかどうかという2つの柱を置いている。まず，**大会社**とは，資本金の額が5億円以上または負債総額が200億円以上の株式会社をいう（2条6号）。それ以外の会社を便宜上「非大会社」とよぶことがある。また，**公開会社**とは，その発行する株式の全部または一部について譲渡制限をしていない株式会社をいう（2条5号）。これを一度読んだだけで理解できる人は少ないと思うが，逆から考えたほうがわかりやすい。つまり，すべての株式について譲渡制限をしている株式会社を「非公開会社」とよぶのであって，それ以外の株式会社（一部または全部の株式について譲渡制限をしていない会社）が公開会社なのである。なお，一般的な用法として，証券市場でオープンに株式等が売買されている会社を指して「公開会社」ということがあるが，上記のような意味をもつ会社法上の用語と紛らわしいので注意が必要である。

3）財・サービスの取引に関する当事者間の合意事項である契約に着目し，利害の異なる経済主体の取引を円滑・効率化するため，経済主体の行動を望ましい方向へ誘導するインセンティブ（誘因）設計を分析する経済理論。

要するに，非大会社・非公開会社は小規模な会社であり，機関設計についての規制は緩やかで，選択肢が広範に認められている。これに相当するのは，かつての有限会社である。一方，大会社・公開会社は大規模な企業であり，社会的影響力や多数の利害関係者がいることに鑑みて厳格な規制がかけられている。その中間に，大会社・非公開会社（規模は大きいが株式に譲渡制限がある会社），および，非大会社・公開会社（規模は大きくないが譲渡制限のない株式を発行している会社）が位置することになる。

Self-Check

1　オランダ，イギリスなど各国の東インド会社が，リスクの極めて高い貿易事業に対する多額の資金を得るために新たに編み出した方法とは何か。

2　東インド会社の衰退を招いた原因は何であったか。

3　もしも株式会社に対する法規制がなければ，どのような状況になると考えられるか。

4　株式会社の活動に対し，刑事罰や行政規制を強化することは望ましいか。

5　現行会社法は，株式会社の規模および株式譲渡制限の有無によって区分する規制をしているが，その他の区分方法としてはどのようなものが考えられるか。

関連文献

ミクルスウェイト＝ウールドリッジ・株式会社（ランダムハウス講談社，2006年）

羽田正・東インド会社とアジアの海（講談社学術文庫，2017年）

第1部　コーポレート・ガバナンス

第２章　株式会社の機関
第３章　株式会社の経営
第４章　株式会社の監督
第５章　役員等の責任
第６章　株主の経営参加

第2章　株式会社の機関

私たちは消費者として株式会社が製造した商品を購入する。学校を卒業すると労働者として株式会社に就職し，そこで生活の糧となる給与を受け取る。仕事のために長時間を株式会社の中で過ごし，仲間のうちには役員に昇進する者も出てくる。あるいは，会社を退職して，株式投資を始めたり，小さな株式会社を作って新しい事業を始める者もいる。このように，商品の供給者であり，労働の場を提供したり，事業を経営したり，投資の場を与えたりと，株式会社という存在は社会に関わるさまざまな側面を有している。株式会社は公的な存在ではないにもかかわらず，その活動が私たちの日常生活に与える影響は想像以上に大きい。それだけに，株式会社の活動に対しては社会からさまざまな期待と制約を受けることになる。

本章では，現代社会から会社制度に向けられている要請とは何か，それに対して会社制度はどのように対応しているのか，また，株式会社の経営者はどのような資格を要請されており，どのように選任されるのか等について考えてみよう。

Key Points

◆大規模な株式会社においては，株式が分散化した結果，所有と支配の分離現象がみられ，経営者の行動に対するコントロールが重要な課題となっている。

◆株式会社の機関設計は原則として自由であるが（定款自治），会社法においては機関設計についていくつかのルールが定められている。

◆株主会社の役員および会計監査人は，株主総会において選任される。

◆取締役および監査役に対しては一定の欠格事由があるのみで積極的資格が法律上は求められていないが，会計参与および会計監査人については専門家であることが要求される。なお，社外取締役・監査役については兼任制限がある。

◆会社役員の解任は原則として株主総会によってなされる。解任自体はいつでも可能であるが，正当理由がないときには損害賠償請求が認められる。

◆役員の不正行為があるにもかかわらず株主総会で解任がされないときは，株主等は裁判所に当該役員の解任を求める訴えを提起することができる。

1 所有と支配の分離

(1) 経営者支配の出現

■所有によるコントロールの喪失

第1章でみたとおり，株式会社という制度は多くの者から出資を集めることを可能にした。しかし，会社の規模が大きくなれば，出資をしたすべての株主が経営に直接携わることは不可能である。株式会社はもともと株主が直接に経営に携わることを想定していない。株主は資金力さえあれば良く，経営の才能をもっていたり，事業に関与する時間的余裕をもつ必要はない。ここに，所有と経営が分離する契機が生まれる。そこで，株主は，適切な経営者を選択して，その者に会社の事業経営をまかせ，そこから上がった収益の分配を受けることになる。わが国の会社法においても，公開会社[1]でない株式会社の場合には，定款の定めにより取締役は株主の中から選ぶとすることができ，また株主総会の権限が強いこと等，株主による経営監督を容易にするための規定が置かれている。一方，公開会社においては，取締役は必ずしも株主である必要はなく(331条2項)，制度的に所有と経営の分離がされている。この仕組みは，経営の才能ある者を社外から広範に求めることができるとともに，株主数が極端に多い会社の意思決定には便利なシステムである。

このように，所有と経営を制度的に分離していても，大株主が経営者を選ぶ支配力を保持しており，経営者が実質的所有者の意向により十分にコントロールされていれば，問題は少ない。ところが，実際には深刻な事態が生じている。かつて，1929年株式大暴落を経験したアメリカにおいて，バーリーとミーンズという研究者が，当時のアメリカ産業界では，株式が広く大衆に分散した結果，多くの株式会社で所有と「支配」の分離が進んでおり，株主による支配ではなく，**経営者支配**が生じているという指摘をした。そして，所有権という正統性をもたない経営者の支配に歯止めをかけ，**株式会社を公共の利益のためにコントロールする必要**があると主張した。この研究は大きな論争をよんだ。研究自体の位置づけも議論の対象となったが，経営者の行動を監視して会社を公共の利益のためにいかに役立たせるかという視点が注目されたのである。これは，

1） 通常は上場会社を意味することが多いが，会社法における定義は異なっていることに注意。会社法では，株式譲渡制限があるかないかに注目して，すべての株式について譲渡制限がある株式会社以外の株式会社を公開会社としている（2条5号)。

アメリカに限った話ではなく，大規模な株式会社が存在する国では共通の現象である。

■経営者の動機づけの不在

経営者が同時にほとんどの株式をもつ場合には，事業から出る利益や損失はその者に帰属する。儲けを増やしたい，かつ，損をしたくないと思えば，一生懸命に働くであろう。しかし，所有と支配が分離した株式会社では話は別である。経営者は一定の報酬をうけて事業運営をすることが仕事であり，結果を保証するものではない。そうすると，事業経営から利益が上がろうと損失が出ようと，経営者は自らの懐が痛むことはなく，結局，利益や損失が帰属するのは株主である。この問題は，経済学の分野では**エージェンシー・プロブレム**（**代理人問題**）とよばれ，コーポレート・ガバナンスの中心的な論点とされている。

（２）経営監督の必要性

■コーポレート・ガバナンスが意味するもの

ところで，近年よく目にする**コーポレート・ガバナンス**という言葉は，とくに明確な定義をもっていない。株主，経営者，従業員，社会全体，それぞれの観点からみても，それが意味することは異なっている。

まず，株主の立場からすれば，それは株価の上昇である。経営者を鞭打ってより多くのキャッシュフローを獲得し，より多くの利益分配を得られるような株式会社の仕組みを作ることを意味している。いわゆる**物言う株主**（**アクティビスト**）が配当の増加を要求したり，不採算部門の売却を要求したり，社長の交代を要求するのはこのためである。つぎに，経営者の立場からすれば，コーポレート・ガバナンスは企業価値を高め，会社の評判を維持し，社外取締役から有益な助言を受け，従業員に高給を支払えるような会社を作ることであろう。さらに，従業員の立場からすれば，働きやすくなり給料が増える限りであれば歓迎するし，それが人員削減の理由として使われるならば反対するであろう。社会全体の立場からみれば，それは企業による違法行為や不祥事の防止ということになる。

このように，コーポレート・ガバナンスは多義的なものであり，ある意味，捉えどころがない言葉である。しかし，この言葉が指し示す最終的目標は何かと問われれば，株式会社に関係するさまざまな人々の利害調整を通じて，株式会社を公共の利益に役立たせることであるということは言えそうである。

■コーポレート・ガバナンスに関する二つの立場

では，株式会社を公共の利益に役立たせるための具体的な方法は何か。これこそが，現代のコーポレート・ガバナンスをめぐる議論である。大きく分けて，2つの立場に分かれる。

ひとつは，株主の長期的利益の最大化を最終目的とする立場である。**株主主権論**といわれることもあるが，これはやや誇張されたよび方であろう。それほど大げさな主張ではない。株主は株式会社の関係者の中で最も弱い権利しかもたないから，株主の利益を最大化するように務めれば，その他の関係者の利益も自動的に促進されるという考え方である。アメリカではこれが主流派であり，日本でも若い会社法研究者の間では人気がある。

もうひとつは，株主の利益を最大化することでは利益を得られない者の存在に着目する立場である。たとえば，ある大企業の製品を作るために特化した設備投資を行った下請け業者は，株主利益を優先して，より価格の低い製品に交代されれば，利益を失うことになる。また，長年，ある企業内の業務に特化した技術を磨いてきた労働者は，株主の要求により大量解雇の対象となればせっかくの技術を生かす機会を永遠に失ってしまう。さらに，会社の存在する地域の住民は，原発事故や公害などの環境問題に関心があり，株主利益とは無関係である。これらの株主以外の関係者の利益調整を会社経営の目的として考慮する考え方を**ステイクホルダー論**とよぶ。日本ではこのような考え方を重視する論者も少なくない（筆者もそのひとりである）。

COLUMN　コーポレート・ガバナンス・コード

東京証券取引所が，その上場会社に対して遵守を求める上場規程である。会社が株主をはじめ顧客・授業員・地域社会等の立場を踏まえたうえで，透明・公正かつ迅速・果断な意思決定を行うための仕組みを示したものだとされる。具体的には，プライム市場の上場企業において，独立取締役を3分の1以上選任すること，指名委員会・報酬委員会の設置，経営戦略に照らして取締役会が備えるべきスキル（知識・経験・能力）と各取締役のスキルとの対応関係の公表，管理職における多様性の確保（女性・外国人・中途採用者の登用），サステナビリティ課題への取組み，などが求められている。会社法がハード・ロー（強硬な法）であるのに対し，上場規程はソフト・ロー（柔軟な法）だといわれる。会社法によりすべての会社に一律に適用される法規を制定するのは困難であるが，上場している企業としてふさわしい基準を求めることはより容易かつ実効的な方法であり，同コードは日本企業のガバナンス改革に対して大きな貢献をしている。

2 株式会社の機関

（1）機関設計の原則的自由

■定款自治

商法の中に会社編があった時代は，株式会社の有するべき機関は法律によって定型化されていた。たとえば，株式会社である以上は，株主総会はもちろん，取締役会や監査役を置くことが法律で強制されていた。しかし，規制緩和の流れの中で株式会社内部の機関設計について選択肢がないことは不適当だと考えられるようになった。そこで，現在の会社法の下では，株式会社の機関構成について，一定の制限に従う限り，定款[2)]の定めにより自由に設計することができる建前になっている。これを定款自治という。実際の株式会社では，その規模に応じて，さまざまな機関構成がとられている。これは，その会社の定款をみなければ，社外の者は正確な機関構造が把握できないことを意味する。確かに不便ではあるが，債権者等の便宜よりも経営者の機関設計の自由を優先したといえる。

設計自由とはいっても，会社法には一定の制限が置かれている。株式会社が採用しうる諸機関とその設置に関する制限事項は（2）に述べるとおりである。なお，監査等委員会設置会社および指名委員会等設置会社については，それぞれ独自のルールがあるが，これらについては該当箇所において説明する。（→第4章4を参照）

（2）株式会社の機関と会社法のルール

■株主総会

会社法の下では，株式会社において，会社の構成員である株主が直接に会議に参加して，経営者の報告を聞いたり，決議によりその会社の意思決定を行うための機関である株主総会が必要である。かつて**総会屋**とよばれる反社会的勢力が拡大して一般株主が出席しなくなり株主総会が形骸化した時代には，毎年，

2）社団法人の組織内容と活動規則を定めた基本文書を「定款」という。財団法人の場合，同様の文書は「寄付行為」とよばれる。

図表２－１　株式会社の機関設計

① 最もシンプルな形態の株式会社

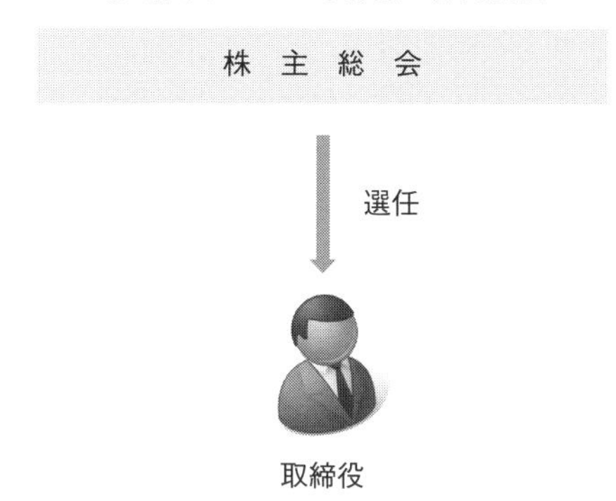

② 取締役会のない株式会社

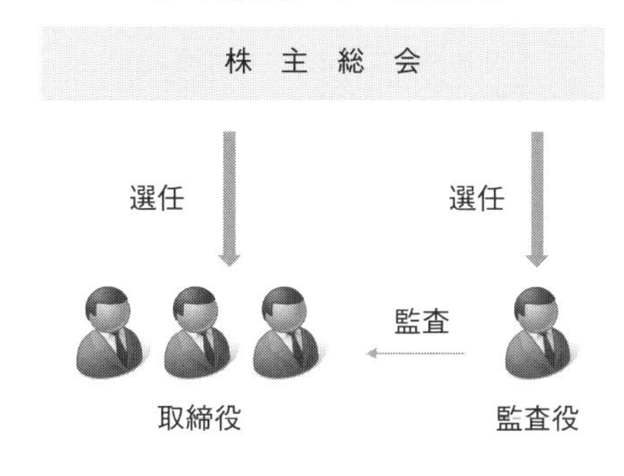

③ 従来の形態の株式会社

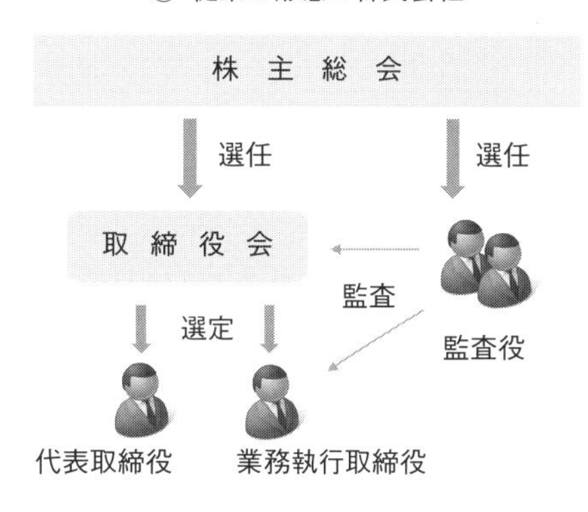

④ 会計監査人設置会社

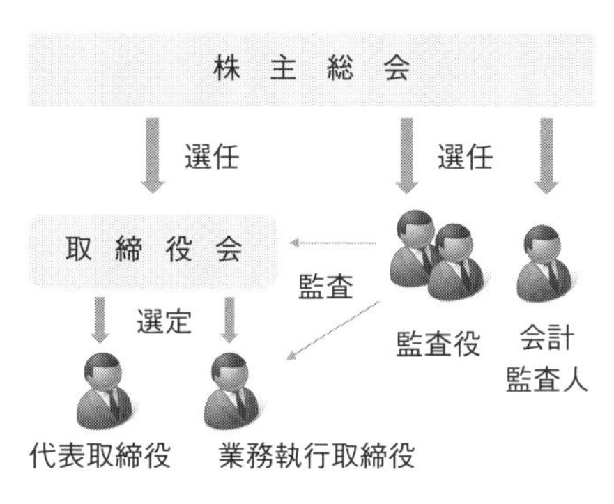

⑤ 指名委員会等設置会社

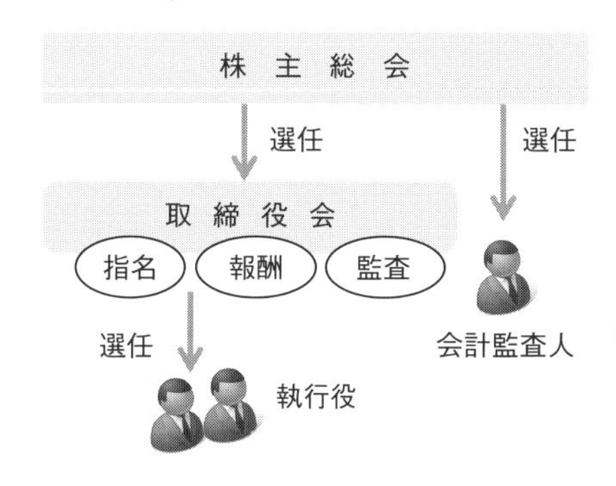

⑥ 監査等委員会設置会社

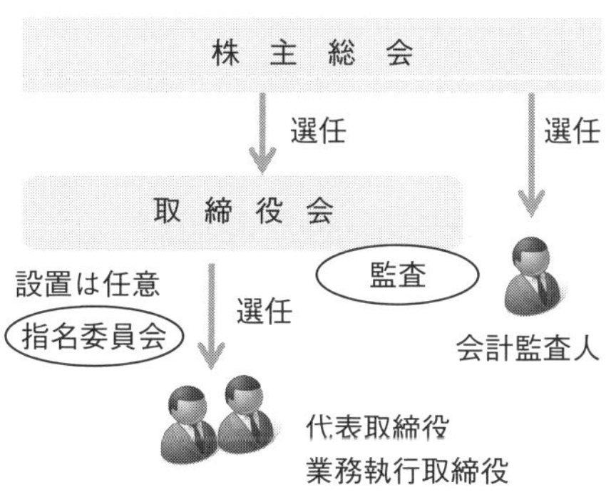

総会を開催する手間と費用に見合わないとして，株主総会不要論がとなえられたこともあったが，やはり株主が株式会社の潜在的所有者であり，その最終的な運命を決定する立場にあることを無視はできない。現実には，総会屋対策や株主提案権の拡大が図られ，株主総会を活性化する方向で追加的立法がなされたのである。

■取締役と取締役会

株主に代わって取締役が経営を担うことが株式会社の法的特徴のひとつであり，取締役は株主総会とならぶ株式会社の必須機関である。原則として，取締役の数は1名でよい［図表2－1①］。かつては株主会社には取締役会の設置が強制されていたため，小規模な株式会社では3名という頭数をそろえるために**名目的取締役**[3)]が選任されるケースも多かった。そのため，会社が倒産したときには，本人には想定外の厳しい責任追及を受けることもあった。

複数の取締役がいても取締役会という法定機関を置かないことは可能である［図表2－1②］。その場合は，業務執行の決定は取締役の持ち回りや会議によって行うことになる。小規模の株式会社では，実際にこのような運営を行っているケースが少なくない。このような会社では株主総会の権限が強く，株主による監督が期待される。一方，公開会社の場合には必ず取締役会を置かなければならないとされている。取締役会は3名以上の取締役により構成され，重要な業務執行を決定するとともに，代表取締役および業務執行取締役の選定・解職権をもち，それらの者の業務執行を監督する役割を有している。

■会計参与

株式会社が会計書類の内容の信頼性を高めることは，資金調達などに有利である。公認会計士や税理士などの専門家が会計書類の作成に協力してくれれば，経営者としては大いに助かる。そこで，株式会社は定款の定めにより取締役と共同して会計書類を作成する権限をもつ会計参与を置くことができ，そのような会社は**会計参与設置会社**とよばれる。取締役会設置会社であっても，公開会社でない会社は監査役を置かないことができるが，その場合は代替措置として会計参与を設置しなければならない（327条2項但書）。

■監査役・監査役会

わが国の取締役は使用人出身者が多く，上司である代表取締役に忠誠心をも

3）　名ばかりで実際には仕事をしていない取締役のこと。

っているため，十分な監督が期待できない現実がある。そこで，多くの会社では定款の定めにより監査役を置いており，そのような会社を監査役設置会社という。監査役は，取締役の業務執行を監査し，取締役会において意見を述べ，監査報告書を株主総会に提出しなければならない。そのため監査役には**業務財産調査権**（381条）および**違法行為差止権**（385条）などが与えられている。

監査役の設置は，強制される場合と任意の場合がある。取締役会設置会社および会計監査人設置会社については，監査役を置かなければならない（327条2項・3項）[図表2－1③]。それ以外の会社については監査役の設置は任意であり，定款の定めによって置くことができるが，指名委員会等設置会社および監査等委員会設置会社については，その監査委員会・監査等委員会と職務権限が重複するため監査役を置いてはならない（同条4項）。

さらに，大会社・公開会社である株式会社については，3名以上の監査役により**監査役会**を構成することとし，そのうち半数以上はその就任の前5年間会社またはその子会社の取締役または支配人その他の使用人でなかった者（社外監査役）でなければならない。

■会計監査人

その計算の適正に利害関係を有する者が多い**大会社**については，正確な会計処理のために外部の専門家を会計監査人として設置することが義務づけられている（328条1項・2項）[図表2－1④]。それ以外の株式会社についても，必要があるときには定款に定めることで会計監査人を設置することができる（326条2項。従来は大会社およびみなし大会社の場合のみ認められていた）。会計監査人の職務の独立性を確保するために，会計監査人設置会社には必ず**監査役**を置かなければならない（327条3項。指名委員会等設置会社および監査等委員会設置会社を除く[図表2－1⑤⑥]）。

3〉会社役員の地位

（1）役員となるための資格

■取締役の資格

取締役に誰を選ぶのかは株主の最も重要な権利であり，原則として自由である。取締役は株主の多数から信任を受けた者であればよく，法律上は，専門家であるなどの積極的資格をもつ必要はない。未成年者や成年被後見人も取締役になることができる（331条の2）。

取締役が支店長・工場長など会社の**使用人を兼務**することは法律上禁止されておらず，実際にわが国では使用人の中から取締役を選任し，そのまま使用人の地位を継続する例が多い。ただし，指名委員会等設置会社および監査等委員会設置会社においては，監督と執行の分離という理念から，取締役と使用人との兼務は許されない（331条3項・4項）。

一方，**定款の定め**によって，取締役の年齢・住所・国籍等を制限することは認められる（「取締役・監査役は日本国籍を有する者に限る」旨の定めも有効とした裁判例がある。名古屋地判昭和46年4月30日下民22巻3＝4号549頁）。ただし，公開会社では取締役に広く適材を求める必要があるから，定款の定めによっても，株主であることを資格とすることはできない（331条2項）。

また，公共の観点から取締役には一定の**欠格事由**が定められている。すなわち，経済犯罪に関して刑に処せられ，その執行が終了していない，または執行猶予期間が終了してから2年を経過しない者，一般犯罪に関して禁固以上の刑に処せられ，その執行が終了していない，または執行猶予期間が終了してから2年が経過していない者は，取締役になることができない（331条1項3号・4号）。なお，わが国では，取締役は自然人のみに限られ，**法人**が取締役になることはできない（331条1項1号）。しかし，持分会社の業務執行社員としては認められており（598条1項），外国では法人取締役を認めるケースもある。実務的にも要請があると思われ，とくに禁じる必要はないのではないか。

■社外取締役の資格

社外取締役とは，株式会社の取締役のうち，以下の各要件に合致するものである（2条15号）。①当該会社またはその子会社の業務執行取締役・執行役・支配人その他の使用人（以下，「業務執行取締役等」という）でなく，かつ，その就任の前10年間当該会社またはその子会社の業務執行取締役等でなかったこと。②その就任の前10年内のいずれかの時において当該会社またはその子会社の取締役，会計参与，または監査役であった者については，それらの就任前10年間について当該会社またはその子会社の業務執行取締役等でなかったこと。③当該会社の親会社等（自然人であるものに限る）または親会社等の取締役・執行役・支配人その他の使用人でないこと。④当該会社のいわゆる兄弟会社の業務執行取締役・執行役・支配人その他の使用人でないこと。⑤当該会社の取締役・執行役・支配人その他の重要な使用人または親会社等（自然人であるものに限る）の配偶者または二親等以内の親族でないこと。

従来，社外取締役の選任が法律上要求されるのは，会社が指名委員会等設置会社または監査等委員会設置会社である場合，または後述の特別取締役による取締役会の利用をする場合のみであった（911条３項21号・22号・23号）。しかし，外国人投資家を中心に社外取締役を求める声が高まったことから，2019年（令元）改正により，事業年度の末日において監査役会設置会社（公開会社であり，かつ，大会社であるものに限る）であって，金融商品取引法の規定によりその発行する株式について有価証券報告書を提出すべき会社については，少なくとも１名の**社外取締役を置かなければならない**ものとされた（327条の２）。上場会社に対して適用される取引所規則であるコーポレート・ガバナンス・コードにおいては，さらに多数（現在は３分の１）の**独立社外取締役**[4]の設置が要求されている。

■会計参与の資格

会計参与は，**公認会計士**（**監査法人**）または**税理士**（**税理士法人**）でなければならない（333条１項）。その会社または子会社の取締役，監査役もしくは執行役または支配人その他の使用人は会計参与になることはできない（同条３項）。

■監査役の資格

取締役と同様の**欠格事由**があるほか，**兼任制限**があり，監査役はその会社もしくは子会社の取締役もしくは支配人その他の使用人の地位を兼ねることはできず，また，会計参与もしくは執行役を兼ねることもできない（335条１項・２項）。ただしこれらに該当する者が監査役に選任された場合であっても，その選任行為自体は有効であり，その者が従前の地位を辞任しなかった点につき任務懈怠（けたい）の責任が問われるに過ぎない（最判平成元年９月19日判時1354号149頁）。取締役・会計参与が兼任禁止規定に違反した場合についても同様であろう。なお，**社外監査役**の資格について，社外取締役と同様の定義規定が置かれている（２条16号）。

■会計監査人の資格

会計監査人は，**公認会計士**または複数の公認会計士からなる**監査法人**でなければならない（337条１項）。監査の対象となる会社からの独立性を維持するため**欠格事由**について会社法337条２項および会計士法の中に詳細な定めがあり，①監査対象会社の取締役・監査役等であり，もしくは過去１年以内に役員等で

4）社外取締役であるだけではなく，人的・経済的関係においても経営者から独立した取締役。

あった者（その配偶者を含む），②法令に定める一定の非監査業務を会社に同時提供している場合，③継続的監査の制限に抵触する場合，④株式を保有するなど会社と著しい利害関係を有する者，⑤業務停止処分を受け監査をすることができない者，または監査法人で社員の半数以上がこれに該当する者，⑥会社関係者から監査業務以外の業務により継続的な報酬を得ている者（その配偶者を含む），は会計監査人になることができない。

（2）役員等の選任手続き

■取締役・会計参与の選任

①株主総会の決議　取締役（社外取締役を含む）の選任は，株主総会の普通決議によってなされる（329条1項・339条1項・309条1項）。会計参与も同様である。ただし，取締役を選任する株主総会決議の定足数については，定款をもってしても，議決権を行使できる株主の議決権の3分の1未満に引き下げることは許されない（341条）。株主に代わって会社経営を担う取締役の選任には，一定数以上の株主からの信認を要するからである。

②累積投票　株主総会の議題が2人以上の取締役の選任である場合に，株主は，**累積投票制度**の利用を会社に請求することができる（342条，会則97条）。取締役の選任は1人ずつ個別に決議するのが原則であるのに対して，累積投票は，2人以上の取締役を同一の総会で選任する場合に，一括して選任を行い，さらに選任すべき取締役の数と同数の議決権を累積的に一部の候補者に対して集中して，あるいは分散して投票することを認め，その得票の最多数者から順次その員数まで当選者とする制度である。少数派株主も持株数に相応する取締役を選出することが可能となる。しかし，この制度は，取締役会に株主間の対立関係を持ち込み，会社業務の円滑な運営を阻害する欠点があり，そのため，定款で排除できるものとされている（342条1項）。累積投票により選任された取締役の解任は株主総会の特別決議事項である（309条2項7号）。

■監査役の選任

取締役の選任と同様，株主総会の普通決議によってなされる（329条1項・341条・309条1項）。監査役がある場合に，取締役が監査役の選任に関する議案を株主総会に提出するには，監査役（監査役会設置会社においては監査役会）の同意を得なければならない（343条1項・3項）。また，監査役または監査役会は，監査役の選任を総会議題とすること，または監査役の選任に関する議案を総会に提出することを請求することができる（同条２項・３項）。これらは，監査役の独立性の確保を意図している。

■種類株主総会による場合

非公開会社（委員会型の会社を除く）が種類株主総会における取締役および監査役の選任につき内容の異なる株式を発行した場合には，取締役および監査役の選任は，定款の定めに従い，各種類株式の株主を構成員とする種類株主総会によって行われる（347条１項，108条１項９号）。

■会計監査人の選任

会計監査人の選任は，株主総会の普通決議事項である（329条１項，339条１項，309条１項）。監査役または監査役会設置会社においては，株主総会に提出する会計監査人の選任に関する議案の内容は，監査役または監査役会が決定する（344条１項）。会計監査人の独立性を確保することを意図するものである。

会計監査人を設置した旨および当該会計監査人の氏名または名称は，会社の債権者および会社自体の利益のため，登記事項とされている（911条３項19号）。

■補欠役員の選任

以上のように，役員および会計監査人は株主総会の決議によって選任されるが，これらの選任決議をするにあたり，法務省令で定めるところにより，取締役が欠けた場合または会社法・定款で定めた役員の員数を欠くこととなるときに備えて補欠の役員を選任することができる（329条２項，会則96条）。事故による役員の死亡などで員数が足りなくなると会社の機関決定ができなくなる場合もあり，あらかじめ補欠役員を選任しておくことは重要である。

（３）役員等の任期

■取締役・会計参与の任期

取締役は定期的に株主総会の信任を受けるべきであるから，取締役の任期が法定されている。取締役の任期は，定款または株主総会の決議によって短縮された場合を除き，原則として，選任後**２年以内**に終了する事業年度のうち最終のものに関する定時株主総会の終結のときまでとされている（332条１項）。定款変更があった場合には取締役の任期に関して例外規定がある（同条４項）。

監査等委員会設置会社および指名委員会等設置会社の場合には取締役の任期は**１年**とされている（同条３項・６項）。これらの会社では，経営監督の機動性が強く求められるからであろう。逆に，監査等委員会設置会社・指名委員会等設置会社でない株式会社のうち，株式譲渡制限会社（非公開会社）については，任期を定款により**10年まで**延長することができる（同条2項）。

また，会計参与の任期は，取締役に準じる（334条1項）。ただし，会社が会計参与を置く旨の定款の定めを廃止する定款変更をしたときは，その定款変更の効力発生時点で会計参与の任期は自動的に満了する（同条2項）。

■監査役の任期

原則として，選任後**4年以内**に終了する事業年度のうち最終のものに関する定時株主総会の終結時までである（336条1項）。監査役の独立性を確保するため，監査を受ける取締役の任期よりも長く設定されている。株式譲渡制限会社（非公開会社）においては，定款の定めにより，監査役の任期を選任後**10年以内**に終了する事業年度のうち最終のものに関する定時総会の終結のときまで伸長できる（同条2項）。

監査役を置く旨の定款の定めを廃止する定款変更，取締役会委員会を置く旨の定款変更，監査役の監査の範囲を会計に関するものに限定する旨の定款の定めを廃止する定款変更，および株式譲渡制限会社であることをやめるための定款変更が効力を生じた時点で，監査役の任期は自動的に満了する（同条4項）。

■会計監査人の任期

原則として，選任後**1年以内**に終了する事業年度のうち最終のものに関する定時株主総会の終結のときまでである（338条1項）。ただし，別段の決議がない限り，当然に再任したものとみなされる（同条2項）。会計監査人の不再任を株主総会の議題とする場合には，監査役または監査役会の決定を要し（344条1項・3項），また，会計監査人はその総会に出席して意見を述べることができる（345条5項）。

（4）役員等の終任

■終任事由

役員および会計監査人の地位は，任期満了（332条，334条，336条，338条）のほか，委任の法定終了事由（民653条），辞任（民651条），資格の喪失（331条1項，333条，335条，337条），会社の解散（471条）によって終任する。なお，会計参与，監査役，または会計監査人を辞任した者は，辞任後最初に招集される株主総会に出席して，辞任した旨およびその理由を述べることができる（345条2項・4項・5項）。これらの監督機能をもつ役員は経営者の不法行為を理由として辞任することがあるため，意見陳述の機会を与えたものである。

■総会決議による解任

会社はいつでも，役員および会計監査人を株主総会の決議によって解任することができる（339条1項）。監査役または監査役会設置会社においては，株主総会に提出する会計監査人の解任ならびに会計監査人を再任しないことに関する議案の内容は，監査役または監査役会が決定する（344条）。

取締役・会計参与・会計監査人の解任については普通決議で足りるが（341条），監査役を解任するときは特別決議によることが必要である（343条4項，309条2項7号，種類株主総会の場合は324条2項5号）。解任を議題とする株主総会において，会計参与・監査役・会計監査人は意見を述べることができる（345条1項・4項）。なお，会計監査人の不祥事等その信頼を失わせる重大事由が発生したときは，株主総会の決議によらず，監査役全員の同意があれば，ただちに会計監査人を解任することができる（340条1項・2項参照）。

任期途中で解任された役員および会計監査人は，その**解任に正当な理由**がある場合を除いて，会社に対し，解任によって生じた**損害の賠償**を請求することができる（339条2項）。その損害の範囲は解任されなければ得られたはずの報酬の額である（大阪高判昭和56年1月30日判時1013号121頁）。これは会社に解任の自由を保障する一方で，役員の任期に対する期待を保護し，両者の利益調整を図るためである。取締役の場合につき，病気のため職務執行ができないことは解任の正当理由となり得るが（最判昭和57年1月21日判時1037号129頁），経営上の失敗が解任の正当理由になるか否かについては議論がある。

■役員解任の訴え

取締役，会計参与，監査役の職務執行に関し不正の行為（横領・背任等）または法令・定款に違反する重大な事実があったにもかかわらず，当該役員の解任議案が株主総会において否決されたときは，総株主の議決権の3パーセントまたは発行済株式の3パーセント以上（定款で引下げ可）の株式を6ヶ月前から（公開会社のみ。定款で短縮可）引き続き有する株主は，当該総会の日から30日以内に，訴えをもってその役員の解任を請求することができる（854条）。この訴えは，**形成訴訟**[5)]であり，会社と当該役員双方を被告とし（855条），会社の本店所在地を管轄する地方裁判所の管轄に専属する（856条）。

これらの役員は通常，多数派株主により選任されていることから，多数決による株主総会では不正のある役員でさえも解任されない危険がある。そこで，少数株主にその修正を認める制度である。**解任議案の否決**が訴訟要件とされているため，少数株主は提訴に先立ち，株主提案権（303条）または総会招集権（297条）を行使して，解任議案を提出することがあらかじめ必要となる場合が多い。これは，会社内部における手続を尽くさせるためである。

■仮取締役等の選任

任期満了または辞任により退任した役員は，後任の役員が就任するまで，なお役員としての権利義務を有する（346条1項）。会社の業務執行に支障をきたすことを防止するためである。役員の欠員が生じた場合であって，裁判所が必要があると認めるときは（解任の場合や終任した役員が職務を継続することが不適当な場合），利害関係人の申立てにより，一時役員の職務を行うべき者を選任することができる（**仮取締役等**〔346条2項・3項〕）。会計監査人については346条4項～7項）。なお，退任後もなお**役員としての権利義務を有する者**について職務の執行に関する不正行為もしくは法令定款に違反する重大事実があった場合であっても，株主は，854条の訴えによりその者の解任を請求することはできない。仮取締役の選任を申し立てることにより，役員の権利義務を有する者の地位を失わせることができるからである（最判平成20年2月26日判時2002号147頁）。

5）判決により法律関係が形成される訴訟を形成訴訟という。その他の訴訟形態としては，給付訴訟，確認訴訟がある。

Self-Check

1. 小規模な株式会社においては株主の経営関与が認められているが，大規模な公開会社において株主が経営に関与するとどのようなデメリットがあるのだろうか。たとえば，公開会社で創業者株主が経営に関与している場合に，どのような問題があるか。
2. 株式会社の定款を登記所で確認しなければ，債権者等がその会社の機関構成を把握できないことのデメリットは何か。それを解決するためには，どのような工夫が考えられるか。
3. 社外取締役の候補者について専門性を求める動きがある。このような傾向は望ましいと考えるか。常勤の取締役についても経営者としての適性を求めるために積極的な資格要件を定めるべき，という考え方はどうか。
4. 取締役と監査役の任期を比較したとき，通常，監査役の任期のほうが長くなっているのはどのような意味があるか。公開会社でない株式会社の場合はどうなっているか。
5. 役員解任の訴えについて，解任議案の否決を前提要件としていることは妥当か。不正行為をした役員の解任を裁判所に対してただちに請求できる仕組みになっていないのはなぜか。

関連文献

岩井克人・会社はだれのものか（平凡社，2005年）
岩田規久男・そもそも株式会社とは（ちくま新書，2007年）
上村達男＝金児昭・株式会社はどこへ行くのか（日本経済新聞出版社，2007年）

第3章　株式会社の経営

■

株式会社は営利社団法人という組織体であり，その中心にいるのは経営者である。経営者は，株主から提供された資金を得ると，それを使って業務を遂行するために従業員を雇い入れ，事業に必要な資産を購入する。すなわち，株式会社は，カネ・ヒト・モノから構成されている。大規模な株式会社にあっては，異なる事業を行う部門が多重の階層をなして，複雑なピラミッド組織を形成している。また，中小規模の株式会社においても，機能的な組織形態がみられる。経営者の仕事は，株式会社の将来を見通し，事業活動の計画を立て，会社内の組織を統轄し，従業員を指揮して事業から利益をあげ，それを株主に配分することである。だが，それればかりではなく，現代では株式会社の活動が社会の広範な方面に影響を与えており，それらの利害調整を行うことも経営者の重要な役割である。

本章では，株式会社における業務執行の最終的な権限および代表権を誰が持ち，それがどのように行使されているか，取締役がどのような法的義務を負っているのか，業務執行にあたってどのようなことに注意しなければならないのか，また，会社と取締役の利益が対立する場面においてとるべき手続きとは何か，さらに，取締役の報酬はどのように決定されるのかを考えてみよう。

Key Points

◆株式会社では株主総会において選任された取締役が会社の経営にあたる。

◆取締役がもちうる権限は，社内的に指揮命令を行う業務執行権と対外的に会社を代表して行為を行う会社代表権である。

◆取締役会設置会社における業務執行は，取締役会で共同決定を行い，代表取締役および業務執行取締役がそれを実行する。

◆代表取締役は会社のために行使する包括的な代表権を有しているが，それが適切に行使されなかった場合には，会社に対する効果が帰属しない場合もある。

◆取締役は，その職務を執行するにあたり，善管注意義務および忠実義務を負っている。善管注意義務とは，職務執行において通常の取締役として一定の注意を払うべきことが求められることである。また，忠実義務とは，会社と取締役の利益が相反する情況において，会社の利益を犠牲にして自らの利益を図ってはならないことが求められることである。

◆取締役の経営判断が失敗し結果的に会社に損害をもたらすことになっても，その判断が慎重かつ誠実に行われていた場合には善管注意義務違反の責任を問うべきではないという考え方は，経営判断原則とよばれる。

◆取締役の競業取引および利益相反取引については，一律にこれを禁じるのではなく，一定の手続き規制に従うことが求められる。

◆役員報酬の金額については，お手盛りを防止するために，定款または株主総会の決議により決定される。

1　株式会社の業務執行

（1）業務執行と株式会社の使用人

■業務執行とは

会社内部では毎日さまざまな仕事が行われている。たとえば，営業部門では，商品販売を行ったり，市場調査を行ったりする。経理部門では，伝票を作成したり，予算を立てたり，不採算部門があれば原因を調べて対処をする。これらの仕事は，それぞれの事業部門で計画され，各部門のトップによって指揮されている。各部門の中に課長や係長などがおり，それらの人々は部長の指示に従って仕事をする。部長の上には常務や専務，さらには社長や会長という人たちもいる。この人たちは，部門を超えて会社の事業全体の計画を立てる。たとえば，新規事業に進出したり，銀行からの借り入れをしたり，社内人事を行ったり，工場を建設したり，するのである。以上のことはすべて会社の**業務執行**とよばれる。このように，いろいろな役職の人々が指揮命令系統に従って，会社の事業を運営している。

■使用人

会社との間で**雇用契約**[1]を結び，指揮命令に従って労務を提供する代わりに給与を受け取る人々は一般に会社員とか従業員と呼ばれるが，会社法では彼らを**使用人**と呼び一定の規制をかけている。まず，会社は，事業のある部門を統括する上位の使用人を**支配人**として選任し（10条），担当の事業に関する包括的な代理権を与えるとともに，他の使用人を選任したり解任したりする権限を

1）労働者が使用者に対して労働に従事することを約束し，使用者がその対価を支払うことを約束することにより成立する契約。民法623条。

与えることができる（11条）。支配人は，使用人の中でも重要な立場を有するので，自ら営業を行ったり，競業取引を行ったり，他の会社の使用人・役員を兼業することはできない（12条）。実際には支配人ではないにもかかわらず，会社が本店または支店の事業の主任であることを示す名称（頭取，支店長，工場長など）を付与していた場合には，相手方がそれを知ったうえで取引をしたのでない限り，その者がした行為の効果は会社に帰属する（**表見支配人**（ひょうけん）〔13条〕）。

その他，会社法では，使用人による取引の相手方を保護するための規定が置かれている。まず，事業に関するある種類または特定事項の委任を受けた使用人はその事項に関して代理権をもち，かりに内部的な制限があっても相手方にそれを対抗することはできない（14条）。たとえば，Ｂ社との間で2,000万円の契約を締結したＡ社の部長Ｃが，実は内部規定により1,000万円以上の取引は担当役員の承認を要することになっていても，その契約はＡ―Ｂ社間で有効に成立する。また，会社の販売店舗で雇われている使用人は，実際には販売の権限が与えられていなくても，顧客に商品を販売すれば，その取引は有効に成立する（15条）。

■取締役と使用人との関係

では，取締役と使用人はどのような関係にあるのか。かつての日本は終身雇用制であり，多くの会社員は社内で出世競争をして取締役になることを目指した。法律上は，取締役であるかどうかが重要だからである。従業員と異なって取締役は経営者であり，株主から会社の運営権限を任された者である。したがって，取締役の法的地位は，使用人と会社間のような雇用契約ではなく，**委任ないし準委任契約**[2)]における受託者である。たとえば，ある役員の名刺の肩書きが「専務」である場合と「専務取締役」という場合とでは地位に大きな違いがある。専務だけなら従業員であるが，専務取締役であれば法律上は経営者側なのである（この場合は使用人を兼務している）。このように，使用人は最終権限を有する取締役の指揮命令により業務を実行する立場にある。

一方，会長，社長，副社長，専務，常務，部長というのは**会社内部の役職**として付された肩書きにすぎず，法律的にはとくに意味のある名称ではない。これらは会社によっても異なっており，たとえば社長や会長をおかずに専務がト

2）「委任」とは，ある者が他の者から委託されて法律行為をすることを目的とする契約である。民法643条以下。法律行為以外の事実行為を委託する場合は「準委任」と呼ばれる。

ップの株式会社もありえる。法律的に重要であるのは，業務執行権の有無と代表権の有無である。

以下では，取締役会が設置されている会社と設置されていない会社とに分けて，業務執行を最終的に決定する権限とそれを実行する権限が誰にあるのかという点について説明しよう。会社代表権については次節で取り上げる。

（2）取締役会設置会社における業務執行

■取締役会は業務執行の決定を行う

取締役会を設置している会社においては，業務執行の決定と実行が分かれている。原則として，取締役全員で構成する**取締役会**が会社の重要な業務執行について決定を行う（362条1項・2項）。

取締役会は株主総会とちがって少人数で頻繁に開催することができ，機動性に優れている。とはいっても，取締役会は会議体であるため，業務執行の実行には不向きである。そこで，取締役会設置会社においては必ず**代表取締役**という機関が置かれ，業務執行の実行については代表取締役に委ねられる（363条1項1号）。日常的な業務執行については，代表取締役が単独で決定し実行することもできる。また，取締役会は，代表権のない取締役に特定の業務執行を決定・実行させることも可能である（**業務執行取締役**〔363条1項2号〕）。

しかし，それ以外の業務執行については共同決定が必要であり，各取締役が勝手に決定することは許されない。つまり，代表取締役および業務執行取締役以外の取締役は取締役会の構成員にすぎず，業務執行権限を有しないとされている。

■取締役会の専決事項

代表取締役や業務執行取締役に委ねることができず，必ず取締役会で決定しなければならない事項がいくつかある。これを**取締役会の専決事項**といい，重要な財産の処分および譲り受け，多額の借財，支配人その他の重要な使用人の選任・解任，支店その他の重要な組織の設置，変更および廃止，会社およびその子会社の内部統制体制の整備などがあげられている（362条4項）。これらの重要な業務執行については，とくに慎重な討議・判断が求められるので，各取締役に単独で決定させるのではなく，取締役会において決定することになっている。

ただし，重要な財産の処分・譲受け，多額の借財については，より迅速な決定を実現するために，会社に6名以上の取締役がおり，その中に社外取締役が少なくとも1人含まれている場合には，取締役会は，あらかじめ選任された3人以上の特別取締役により上記の事項を決定させることができる（373条）。これを**特別取締役による取締役会決議**という。ただし，特別取締役に社外取締役を加える必要はなく，規制としてはやや不徹底である。

■取締役会による業務執行の監督

取締役会は業務執行を決定する機関であるが，それと同時に，取締役が行う業務執行の監督機関でもある。これは一見不思議なことのようだが，次のように考えれば理解しやすい。

代表取締役および業務執行取締役は，取締役会において選定される。両者は，取締役会において決定された事項を実行するほか，自らの判断に従い日常的な業務執行を決定・実行しており，これらはすべて取締役会の監督の対象である。監督機能を適切に果たすために，両者は，3ヶ月に1回以上，自己の職務の執行状況を取締役会において報告しなければならない（363条2項）。それを聞いたうえで，取締役会で質疑や対策の検討を行い，必要がある場合には，代表取締役または業務執行取締役を解任することもある。つまり，取締役会は人事権を通じて，両者の職務執行を監督する権限を有しているのである。

取締役会の監督機能については，後で再び取り上げる。（→第4章①参照）

■取締役会の招集手続き

取締役会は定例および臨時で開催される。多くの場合には，定款または取締役会内規により定められた取締役（たとえば，会長や社長）が招集することになっている（366条1項但書）。しかし，本来，取締役会の招集権は構成員である各取締役にあるから，他の取締役はいつでも招集権をもつ取締役に対して取締役会の招集を請求することができる（同条2項）。この場合，請求があった日から5日以内に，2週間以内の日を開催日とする招集通知が発せられなければ，請求した取締役みずから招集をすることができる（同条3項）。

なお，株主は，取締役が会社の目的以外の行為その他法令・定款違反の行為をし，またはするおそれがあると認めるときは，取締役会の招集を請求し，取締役会に出席して意見を述べることができる（367条）。

取締役会の**招集通知**は，原則として会議日の1週間前までに各取締役に発せられる（368条1項）。この期間は定款により短縮することも可能で，3日前までとされている例も多い。書面による必要はなく，メールや口頭でもよい。また，監査役には取締役会への出席義務があるので（383条１項），監査役設置会社では監査役に対しても通知が発せられる必要がある。しかし，毎週決まった曜日の決まった時間に開催を予定しておく場合や緊急事態が生じた場合など，全員の同意があるとみなされるときには招集通知を行わずに開催することもできる（368条２項）。

一部の取締役に対して**通知漏れ**があった場合はどうなるか。通知を受けなかった名目的取締役が出席しても会議の結論に影響がないような特別の事情が認められるときは，その取締役会決議は有効であるとした判例（最判昭和44年12月２日民集23巻12号2396頁）があるが，会議体により業務執行の慎重な決定を図るという取締役会の意義を考えれば妥当とは思われない。一部の取締役に対する通知漏れがあったときには，取締役会決議は無効であることを前提としたうえで，信義則違反などにより妥当な事案処理を図るべきであろう。

■取締役会の議事と決議

取締役会の議事については，会社法364条１項の規定があるほか，会議の一般原則に従って行われる。原則として，過半数の取締役が出席すれば会議の定足数は満たされる。ただし，取締役会は個人的な信頼関係に基づき，お互いの意見交換を通じて意思形成を図る場であるから，代理出席は認められない。この点について，**オンライン会議**などの方法による出席が認められるか否かが問題となるが，他の参加者の反応が十分に認識できる通信技術が使用されている限り，出席と認められる（ただし，音声のみによる参加は避けるべきである）。なお，民事訴訟法には証人尋問をビデオ会議で実施することができるのは証人が遠隔地にいる場合などの限定があるが（民訴204条参照），取締役会の場合には一部の取締役が海外にいる場合などに限る必要性もなく，広くオンライン会議の利用を認めてもよいと思われる。

取締役会の決議は出席した取締役の過半数で行われる（369条１項）。ただし，その決議に**特別の利害関係を有する取締役**は議決に加わることができない（同条２項）。特別利害関係のある取締役は定足数に参入されないが，「議決に加わることはできない」と書いてあるので，会議に出席し意見を述べたうえで，採決前に退出することは許されることになる。ここで特別の利害関係人というのは，たとえば，会社と取締役間で土地の売買契約が締結された場合に，取締役会でその承認を受けるときの契約の一方当事者の取締役を指す。この点に関して，**代表取締役の解職決議**の場合に，解職の対象となる代表取締役が議決に加わることができるかどうか問題になる。この場合，利害が対立するのは取締役間同士であって，会社とその代表取締役の間に利害対立があるわけではないから議決権を行使できると考える見解もあるが，判例は，法文の「利害関係」とは通常の取締役が冷静に判断できないような事情を指すのだと考えており，解職の対象となった代表取締役は特別利害関係人にあたるとしている（最判昭和44年３月28日民集23巻３号645頁）。

■取締役会の議事録

取締役会については議事録を作成し，出席した取締役および監査役はこれに署名捺印しなければならない。紙媒体ではなく，電磁的記録により議事録を作成する場合にも，署名または記名捺印に変わる措置をとらなければならない（369条３項・４項）。このようなきびしい要求がされているのは，議事録に異議をとどめない者はその決議に賛成したものと推定される効果があるからである（同条５項）。

取締役会の議事録は，会議の日から10年間，本店に備え置かれ，株主・債権者等の閲覧に供される。しかし，取締役会議事録には会社の機密事項が含まれている可能性があるから，監査役のいる会社および委員会型の会社においては，閲覧の請求には裁判所の許可を得ることが必要とされている（371条）。

（３）取締役会のない会社における業務執行

■取締役が業務執行権限をもつ

取締役会を設置していない会社においては，取締役が業務執行権限を有している（348条１項）。つまり，小さな会社で取締役が１人しかいなければ，その者が業務執行について最終的な決定権限と実行権限を同時にもつことになる。したがって，取締役会のない会社における取締役の権限は強大である。また，会社に２名以上の取締役がいる場合には，業務執行の決定についてはその過半数で行うのが原則である（同条２項）。実際には，**取締役会議**（これは法律上の取締役会ではないことに注意）を開く場合もあるし，持ち回りで決めることもある。この決定に従って，各々の取締役が分担して所轄する部門の組織を用いて業務執行を実行する。業務執行の実行は分担されていても，その決定を複数の取締役が共同で行うことにより，お互いに牽制と監督をさせる趣旨である。

■専決事項

上述のとおり，原則として取締役会のない会社においては複数の取締役により業務執行を共同で決定しなければならないが，日常的な決定を各取締役に委ねることは許されている。細部についてまで，いちいち会議や持ち回りを行うことは煩雑だからである。しかし，会社法は，一定の事柄については，各取締役に決定をさせることを禁じ，必ず共同の決定によらなければならないとしている。これを**専決事項**という。

348条3項に法定されている専決事項は，以下のとおりである。

①支配人の選任および解任

②支店の設置，移転および廃止

③株主総会の招集に関する事項

④会社およびその子会社の内部統制体制の整備

⑤取締役の責任制限

2 株式会社の代表

(1) 会社代表権

■会社代表権とは会社のために対外的行為をする権限である

会社代表権とは，会社の業務に関する一切の裁判上または裁判外の行為をする権限である（349条4項）。「裁判上または裁判外」というのは，株式会社の代表権を有する者だけが，裁判所において訴訟行為をすることができ，また，会社に代わって契約を締結したりできる，という意味である。これらの行為は，対外的には代表行為であるが，同時に，内部的には業務執行行為にあたる。

このように，会社代表権の範囲は極めて広く，会社のあらゆる業務事項をカバーしている。かりに，会社の内部規定でこの**代表権に制限**を加えても，それを知らない第三者に対抗することはできない（同条5項）。

(2) 会社代表権の所在

■取締役会設置会社

取締役会を設置している会社では，取締役会により取締役の中から選定された代表取締役が会社を代表する（362条3項）。代表取締役は，取締役会が決定した業務執行を実行するための機関であり，その代表行為は法律的に株式会社自体の行為と認められる。

ただし，取締役会設置会社のうち指名委員会等設置会社の場合には，代表取締役という機関はなく，会社代表権を有するのは取締役会により執行役の中から選定された**代表執行役**である（420条）。

■取締役会を設置していない会社

取締役会のない株式会社においては，株式会社を代表する者は**取締役**であり，2名以上の取締役がいる場合にはその各々が代表権を有するのが原則である（349条1項・2項）。ただし，定款の定めに基づく取締役の互選または株主総会の決議によって取締役の中から代表取締役を選定することができ（同条3項），この場合にはその余の取締役は代表権を失う（同条1項但書）。

■取締役・会社間の訴訟における会社代表

一般的な裁判上の代表権は代表取締役にあるが，株式会社と取締役間で訴訟を行う場合には馴れ合いの危険があるので，当該訴えについては**監査役**が会社を代表することとされている（386条1項）。監査役を設置していない場合には，取締役会を設置していない会社においては株主総会が（353条），取締役会を設置している会社においては取締役会が（364条），**当該訴えについて会社を代表する者**を定めることができる。

■代表者に欠員を生じた場合

任期満了もしくは辞任により代表取締役がいなくなった場合や定款所定の数に不足した場合には，新たな代表取締役が決まるまで，または一時代表取締役が決まるまでは，**退任した代表取締役**がなお会社代表者としての権利義務を有する（351条1項）。

新たな代表取締役を直ちに決定することができないときには，利害関係人の申立てにより，裁判所が**一時代表取締役**を選任し，株式会社が支払うべき報酬額を決定する（同条2項・3項）。

（3）瑕疵ある代表行為と会社に対する効力

■代表権が濫用された場合

代表取締役が，会社代表権を自己または第三者の利益を図るために行使した場合には，たとえそれが代表権の客観的範囲内にあっても，その効果が会社に帰属することを認めることは妥当ではない。代表権はあくまで会社の利益のために認められているものだからである。そこで，このような代表権の濫用の場合には会社に対する効力を制限するための理論が要請される。従来，判例（最判昭和38年9月5日民集17巻8号909頁）は，民法93条の**心裡留保**（しんりりゅうほ）の規定を類推適用して，相手方が代表者の真意を知っているか，知らないことに過失がある場合には代表行為は無効になるとしていた。学説においては，悪意の相手方の主張は権利濫用として処理すべきとするもの，または，代表権の内部的制限がある場合（349条5項）と同様に考えるものなどが有力であった。しかし，2017年（平29）に**民法107条**が新設され代表権が濫用された場合についての定めが置かれたので，今後は同条が適用されることになる。これによると，相手方が代表者の真意を知っているか，知らないことに過失がある場合には代表行為は**無権代理行為**[3)]となる。このような場合を無効とする民法93条との違いは，代表取締役の行為が本人（会社）にとって有利であるときにはそれを追認できること（民113条参照），相手方が催告権をもつこと（民114条）である。

■代表行為が目的範囲外または機関決定に基づかない場合

会社代表権が定款所定の目的範囲により限定されるか否かについては議論があるが，取引の安全を重視する立場から，代表行為が目的範囲を逸脱した場合にもなお対外的行為は有効と考えられる。また，株主総会または取締役会の決議に基づかないでなされた代表行為の効力については，代表権濫用の場合と同様に，判例・学説は多岐に分かれていた。これについても，今後は，民法107条の適用ないし類推適用がされ，無権代理行為として処理されることになる。

■代表者の行為が第三者に対する不法行為に該当する場合

会社代表者の行為は会社の行為そのものであるから，代表者がその職務を行うについて第三者に加えた損害については会社が賠償責任を負うとされている（350条）。ただし，代表者個人も責任を免れない。

■表見代表取締役が成立する場合

代表権を持たない者が会社を代表して行為をしても，会社にはその効果が及ばないのが原則である。しかし，代表権をどの取締役に与えるのかは会社の任意であるため，社長，副社長，その他会社の代表権を有すると認めるべき名称が与えられた取締役が実際には代表権を与えられていない場合もあり，これらの**表見代表取締役**（ひょうけん）がなした行為の効力が後に否定されると取引の安全が害される結果になりかねない。そこで，表見代表取締役の行為については，代表権のないことにつき善意の相手方に対して会社は責任を負わなければならないとされている（354条）。本条は民法の表見代理に関する規定[4)]と同趣旨のものであるが，会社法では取引相手方には過失があっても保護される点が異なる。

3）実際には代理権がないにもかかわらず，代理人のように行動すること。「代理」と「代表」は法律的には同じ意味である。

一般的に**会社の代表権を有すると認めるべき名称**としては，条文上に例示されている社長，副社長のほか，会長，専務などの肩書きを有する取締役が該当する。

3 取締役の行為規制

（1）取締役の行動の自由とその制限

■取締役の裁量権

株式会社の取締役は，株主総会において選任を受け，株主から会社資産の運営を委託された者である。取締役は，その才覚を用いて事業を行い，収益をあげて株主に分配することを任務としている。どのように会社資産を運用するのかは，いちいち株主の指示があるわけではなく，マニュアルがあるわけでもなく，取締役自身が具体的に決定することができる。これを「取締役には裁量権がある」と表現する。この取締役の裁量権は業務執行の決定や実行にあたり顕著であるが，監視監督の場面でも同様に認められるものである。

このように，取締役には大きな権限が認められており，それを正しく使えば会社および株主のためになるが，間違った方向で使えば会社および株主のみならず債権者や社会に対して大きな損失をもたらすおそれがある。したがって，取締役が業務執行行為をするにあたっては，自由裁量を原則としつつも，一定の制限に服しなければならない。たとえば，経営者仲間内の評判は取締役の公私にわたる行動を制限するであろう。また，債権者である銀行等による経営監督も取締役の行動を制限するものである。このような社会的・事実的制限の他に，以下に説明するような法律上の諸制限がある。

（2）定款・株主総会決議・法令の遵守

■定款および株主総会決議

定款に記載された目的や株主総会の決議内容は，株主の総意が示されたものである。したがって，取締役は会社が定款および株主総会の決議に沿って運営されるように業務を執行する義務を負う。問題は取締役が定款・総会決議にない業務執行を行った場合の評価である。あえて定款目的に記載のない新規事業を行っても，それにより会社に損害が生じなければ取締役が責任を負うことは

4）取引の相手方保護のために，代理権をもたない者がなした行為の法的効果が本人に及ぶことを認める制度。通常は，本人の帰責事由と相手方の善意・無過失とを要件とする。

ない。ただし，株主の同意がない行為はやはり善管注意義務違反というべきであり，経営判断として許容されると主張することは難しい。新規事業は常に成功するとは限らないので，すみやかに定款を変更する必要がある。

■法令の定め

会社法の中には取締役を名宛人とする規定が置かれている。たとえば，会社に著しい損害を及ぼすおそれのある事実を発見したときにそれを監査役等に対して報告すべき義務（358条）などである。このような会社法の個別・具体的規定は取締役の裁量権を制限するものであり，取締役はその内容に従う義務を負っている。取締役が故意または過失によりこれらの法令に違反する行為を行い，それにより会社に損害が生じたときは，任務懈怠として損害賠償の責めに任ずる（423条１項）。また，取締役を名宛人とする規定としては，上記のような個別・具体的規定とは別に，**一般的・包括的な義務**を定めた規定がある。それが以下にみる善管注意義務および忠実義務の規定である。

なお，ここでいう法令の中に会社を名宛人とする一般法令の規定も含むとするのが多数説の立場であるが，後述するように（→第５章①），会社が一般法令に違反しないように事業を運営することは取締役の善管注意義務の内容と考えるべきである。

（３）善管注意義務

■会社と取締役の法律関係

株主総会における選任をうけて，取締役と会社との間で任用契約が締結される。この契約の性質は，会社と従業員の間の雇用契約とは異なっている。会社と取締役間の法律関係については，委任に関する規定が適用されるという定めが置かれている（330条。「会社役員」には取締役も含まれる）。委任というのは，民法に定められた典型契約の１つで，当事者の一方が法律行為をすることを相手方に委託し，相手方がこれを承諾することによって成立する契約である。ＡがＢに代わってＣとの売買契約の締結を行う場合の代理人Ａと本人Ｂの間の契約が典型例である。委託するのは契約締結などの法律行為に限られず，それ自体は法律効果を有しない事実行為であってもよい。このときは「準委任」とよばれるが，いずれにせよ民法の委任の規定が適用されるので違いはない。したがって，取締役の場合には本人である会社のために法律行為および事実行為の両方を行うことになるから，取締役と会社の間には**委任ないし準委任契約**があるといえる。

ところで，売買契約などの代理人は，本人からの委託を受けて，相手方との契約の締結にあたり，関連事実の確認をしたり，契約書を作成・点検したり，必要があれば相手方と再交渉をしたり，本人の利益になるようにさまざまな行為を行う法律上の義務を負っている。これを**善良な管理者の注意義務**（**善管注意義務**）という（民644条）。同様に，受託者である取締役は，会社からの委託を受けて，会社の業務執行を行うにあたり善管注意義務を負っている。

■経営判断における善管注意義務

株式会社の業務執行は，取締役会または取締役（代表取締役，業務執行取締役を含む）により決定され，必要に応じて経営上の判断がなされる。取締役は，その経営判断にあたり，善管注意義務を尽くさなければならない。しかし，会社経営はつねに危険を伴い，しかも会社をめぐる将来の環境につき確実な予測をなすことは困難であるから，取締役がなした経営上の判断が結果的に間違っていたことになるときも少なくない。その場合に，善管注意義務違反であるとして損害賠償責任を負わされるのでは判断が萎縮してしまうだろう。それゆえ，取締役の経営判断が会社に損害をもたらす結果を生じたとしても，当該判断がその誠実性・合理性をある程度確保する一定の要件のもとに行われた場合には，裁判所が判断の当否につき事後的に介入し，善管注意義務違反として取締役の責任を直ちに問うべきではない。このような考え方は**経営判断原則**（**Business Judgement Rule**）とよばれ，アメリカの判例法において生成・発展したものであるが，近時，わが国の裁判所にも類似の考え方がみられるようになった。

わが国で経営判断原則を適用したとされる裁判例（東京地判平成16年９月28日判時1886号111頁）は，「取締役の業務についての善管注意義務違反または忠実義務違反の有無の判断にあたっては，取締役によって当該行為がなされた当時における会社の状況および会社をとりまく社会・経済・文化等の情勢のもとにおいて，当該会社の属する業界における通常の経営者の有すべき知見および経験を基準として，前提としての事実の認識に不注意な誤りがなかったか否か，およびその事実に基づく行為の選択決定に不合理がなかったか否かという観点から，当該行為をすることが著しく不合理と評価されるか否かによるべきである」と述べている。すなわち，結果として会社に損害が生じたとしても，十分な調査や検討を尽くしたうえでなされた経営判断であれば，それが通常の企業人からみて著しく不合理なものでない限り，取締役は善管注意義務違反を免れることができる。

しかし，この基準の具体的な運用および事実への当てはめについては，なお困難な問題が残っている。たとえば，グループ企業の事業再編計画の一環として子会社を完全子会社とする目的で行われた株式取得につき買い取り方法や価格の妥当性が争われた事案において，高裁判決は，取締役らは十分な調査・検討をすることなく買取価格を設定しておりその判断に何ら合理的な根拠または理由を見いだすことはできず裁量権の逸脱にあたると認定したのに対して，最高裁判所は，株式取得の方法や価格について取締役は，株式の評価額，取得の必要性，会社の財務上の負担，株式の取得を円滑に進める必要性の程度等を総合考慮して決定することができる，と述べて取締役の義務違反を否定した（最判平成22年７月15日判時2091号90頁）。

4〉 会社と取締役の利益対立

（１）会社と取締役の利益対立

■忠実義務とは

善管注意義務とは別に，取締役については会社のために忠実にその職務を遂行すべき義務（忠実義務）が定められている（355条）。監査役や会計監査人にはこの規定は準用されておらず，取締役に独自の義務である（執行役には準用される。419条２項）。しかし，善管注意義務と忠実義務の関係については議論がある。

多数説および判例（最大判昭和45年６月24日民集24巻６号625頁）は，会社法に定められた**忠実義務**とは，善管注意義務を株式会社関係につき具体的かつ注意的に規定したものにすぎず，両者は本質的に異なるものではないとする。これに対して有力説は，善管注意義務が取締役の職務の執行にあたって尽くすべき注意の程度に関するものであるのに対し，忠実義務は取締役がその地位を利用し会社の利益を犠牲にして自己または第三者の利益を図ってはならないという義務であり，両者はその機能する局面が異なるし，具体的には，忠実義務に反すると無過失責任を負うとされる。さらに，取締役の競業避止義務，自己取引規制，報酬規制は忠実義務の体系に属するとし，これらの具体的規定だけでは捕捉しきれない利益相反行為があるため，一般基準として忠実義務が必要であるという。

長年続いている議論であるが，それぞれの立場に有力な学者がいて，なかなか収束する気配はない。なお，多くの裁判例では，上記最高裁の立場を前提にして「取締役の善管注意義務・忠実義務」と同列に記述されることが多い。

（2）競業取引の規制

■競業取引とは

取締役は，自己または第三者のために**会社の事業の部類に属する取引**をなすときには，取締役会（365条1項。取締役会を設置していない会社の場合は株主総会）において，取引の目的物・数量・価格等の重要な事実を開示し，その承認を受けることを要する（356条1項1号）。競業取引については1回ごとに承認を受ける必要はなく，**包括承認**を受けることができる。

たとえば，A株式会社の取締役が，自己の設立したB会社の代表取締役を兼任し，B社のために，A社と同種の事業を行うという実例は多い。**競業避止義務**が課せられているのは，このような取締役が，A社の取締役としての地位によって取得した情報または営業上の機会をB社のために利用し，A社が利得できるはずの取引の機会を奪い，A社の利益を犠牲にする危険を防止するためである。

ただし，取締役の競業がA社のために行われ，またはA社の利益になる場合もある。たとえば，A社とB社の間に親子会社関係があったり，B社の作る機器がA社のソフトの普及に役立つようなケースである。そこで，会社法は，取締役の競業取引を一律に禁止することはせず，会社から承認を受ける手続きを要求することにより，会社に慎重な判断をする機会を与えているのである。

■規制の対象

競業取引規制の対象に関しては，以下の要件が問題となる。

第1に，取締役が「**自己または第三者のために**」取引をなすことが必要である。ここで，「ために」という文言が，自己または第三者の名義ですることを意味するのか，または，自己または第三者の計算でする（取引の経済的結果が自己または第三者に帰属する）ことを意味するのかについては，学説に争いがある。会社の利益を犠牲にして取締役が自己または第三者の利益を図ることを防止するという規制目的からすれば，後者を意味するものと考えられる（**計算説**〔大阪高判平成2年7月18日判時1378号113頁〕）。したがって，取締役が会社の名義を用いて，自己または第三者の計算で競業取引をする場合は会社から承認を受ける必要がある。また，この規制が適用されるためには取引を「しようとする」ことが必要であるから，取締役が同種の事業を目的とする別の会社の業務執行を担当しない役員となるだけでは競業に該当しない。これに対して，別の会社の代表取締役として取引を行う場合は，第三者のために競業取引を行う場合であるといえる。また，名目上は代表取締役ではないが，事実上その会社の代表者（**事実上の主宰者**）として行動しているケースもよくみられるが，このようなときにも競業取引規制の潜脱を許さないために適用が及ぶ。

第2は，取締役が会社の現在の事業活動の地域とはまったく異なる遠隔の地域で会社と同種の事業を行うことが「**事業の部類に属する取引**」といえるか，である。これについて，ある裁判例（東京地判昭和56年3月26日判時1015号27頁）は，競業取引とは会社の実際に行う事業と市場において取引先が競合し，会社と取締役の間に利益衝突を生じる可能性のある取引をさし，かつ，会社の事業とは会社が現実に営んでいる事業のほか，すでに開業準備に着手している事業および過去に営んでいて現在一時的に休止している事業のみならず，会社の新規進出が相当に確実な事業をも含むとする。これに対して，はじめから会社の事業区域を問わず規制が適用されると解する少数説もある。

■規制に違反した行為の効力

取締役が株主総会（取締役会）の承認を得ないで競業取引を行った場合でも，取引自体は無効にはならない。後述の利益相反取引の場合と異なり，会社は当該取引の当事者ではないからである。

■取締役の任務懈怠責任

取締役が，取締役会（あるいは株主総会）の承認を受けることなく，自己または第三者のために競業取引を行った場合，それは**任務懈怠**となり，それにより会社に損害が生じている場合には，賠償責任を負う（423条1項）。

当該取引によって取締役または第三者が得た利益の額は，任務懈怠による損害の額と推定される（423条2項）。競業取引により会社が受けた損害額の算定が実際には困難であることから，会社側の立証を容易にする趣旨である。

なお，競業取引の承認を会社から得ていた場合であっても取締役は完全に免責されるわけではなく，会社に損害が生じたときは，忠実義務違反（355条）として責任を負う可能性が残る。

（3）利益相反取引の規制

■利益相反取引とは

取締役と会社間の利益が相反する取引については，取締役会（365条1項。取締役会を設置していない会社では株主総会）において，目的物・数量・価格等の重要な事実を開示した上で，その承認を受けることを要する（356条1項2号）。1回ごとの取引について承認をうけることが原則であるが，反復・継続して行われる取引の場合には**包括承認**を受けることも可能である。

取締役がこのような取引をなす場合には，当該取締役がみずから会社を代表するときはもちろん，他の取締役が会社を代表するときも，会社にとって不利益な取引をなすおそれがあるからである。反面，事業の展開にとって有利な資産を会社が取得しうる場合など，会社の利益になることも少なくないので，会社法は，このような取引を一律に禁止することはせず，一定の**重要情報を開示**させたうえで取締役会ないし株主総会の承認を受けるという仕組みにしているのである。

実際に，小規模な株式会社では会社と自己は一体であるという経営者の意識が強いことから，利益相反取引に該当する行為を代表取締役が独断で行ってしまうケースも多くみられる。重要な取引が無効になってあとで困らないようにするため，どのような取引が利益相反取引にあたるかを判断することが重要である。

■規制の対象

取締役が自己または第三者のために会社との間で取引をなす場合を**直接取引**とよぶ。利益相反取引についても，「ために」という文言に関して名義説と計算説の対立があるが，競業取引の場合と同様に，自己または第三者の計算で行う取引が規制の対象であると解される。また，この規制が適用されるためには取引を「しようとする」ことが必要である。たとえば，A社の代表取締役PがB社の取締役を兼務しており，B社の代表取締役はQであるとする。PとQがそれぞれの会社を代表して取引をする場合，PはB社からみると第三者（A社）のために，会社（B社）との間で取引をする取締役にあたるので，会社の承認が必要となる。これに対して，PはA社との間では取引をしていないので，会社（A社）の承認を受ける必要はない。

上のような直接取引だけではなく，会社が取締役の債務を保証し，その他取締役以外の者との間において，会社と取締役の利益が相反する**間接取引**をなすときにも取締役会の承認を受けることを要する旨が規定されている（356条１項３号）。

ただし，会社と取締役間の取引であっても，取締役から会社に財産を贈与する場合，無利息・無担保で金銭を貸し付ける場合など，定型的に会社を害するおそれがない取引については，規制の対象とはならない。また，会社と取締役の利益が相反する取引について取締役会（または株主総会）の承認を得ていなくても，株主全員の同意がある場合には，その取引は有効である（最判昭和49年９月26日民集28巻６号1306頁）。

■規制に違反した取引の効果

取締役会の承認を受けないでなされた間接取引の効力につき，最高裁は，その取引は無効であるが，会社はその無効をもって善意の第三者に対抗できないという**相対的無効説**の立場[5]をとる（最大判昭和43年12月25日民集22巻13号3511頁）。たとえば，Ｙ株式会社の代表取締役Ａが，同社取締役会の承認を受けずに，Ｙ社を代表して，Ａの子であるＸとの間でＹ社所有の土地の売買契約を締結したとき，Ｘ－Ｙ社間の契約は無効であるが，Ｙ社はまずＸが悪意であることを主張。立証しない限り，無効を主張することはできないのである。この場合，会社側が請求を拒みうるために主張立証すべきＸの悪意の内容は，当該取引が利益相反取引にあたること，および取締役会の承認がないことを知っていることである。また，Ｘには悪意・重過失がなければよく，軽過失があっても保護される。なぜなら，Ｙ社自身の代表機関による違法行為であるとともに，代表取締役Ａは会社に対して忠実義務を負っているのであるから，部外者であるＸとしては当然に必要な内部的手続きはとられていると考えてよいからである。

■取締役の任務懈怠責任

利益相反取引によって株式会社に損害が生じたときは，①会社と直接取引をした取締役，間接取引において会社と利益が相反する取締役，②会社を代表し当該取引をすることを決定した取締役，および，③承認決議に賛成した取締役は，任務懈怠と推定される（423条３項）。この場合，取締役の側で，任務懈怠がないことを主張・立証しない限り損害賠償責任を免れることはできない。利益相反取引に関わった取締役の責任を強化することによって，会社に不利な取

5）　法律行為が無効であれば，いつでも誰でもどんな方法でも主張できることが原則であるが，この場合の無効は条件付きでしか主張できないために「相対的」無効だとされる。

引が行われることを防止する趣旨である。

なお，自己のために直接取引をした取締役は，任務を怠ったことが**自己の責めに帰することができない事由によるもの**であることを理由に責任を免れることはできないとされている（428条1項）。一般的にはこの規定は，直接取引を行った取締役の責任をとくに強化する趣旨で無過失責任を認めたものであると説明されている（帰責事由＝過失と理解する前提に立つ）。しかし，同規定の文言上，直接取引を行った取締役が任務懈怠がないことを主張・立証して損害賠償責任を免れることは否定されておらず，任務懈怠を善管注意義務違反とみる通常の理解からは無過失の主張・立証が許されることになり，法の趣旨が必ずしも達成できない（田中亘・会社法［第3版］292頁参照）。同規定は，端的に，任務懈怠がないことの主張を許さないとする形式に修正されるべきであろう。

5 役員の報酬

（1）役員報酬に対する規制

■お手盛りの防止

会社の使用人が労働の対価として受け取る毎月の給与や賞与（ボーナス）については社内規定があり，それに従って支給されるのが一般的である。このような社内規定を決定するのは経営者であるが，経営者自身の職務の対価（**報酬**）はどのように受け取るのであろうか。使用人のような社内規定がないため，取締役等と会社間の自由な契約に任せた場合には，仲間内の馴れ合いで不当に高額の報酬額が決められることが懸念される。これを食いしん坊の給仕が自分の取り皿に料理の分量を多めに入れることにたとえて，**お手盛り**という。

役員の報酬額が高くなれば，それだけ株主に配当される原資が少なくなる。そこで，取締役，会計参与，監査役が会社から受ける報酬の金額は，定款の定めまたは株主総会の決議によって定めることを要するとされている（361条・379条・387条）。実際には，定款変更は不便なので，株主総会の決議により定められることが多い。ただし，後述のとおり，従来の実務慣行では，個々の役員の報酬額を明らかにして決める必要はなく，定款または株主総会で報酬総額の最高限度を定めれば足りるとされていた。

■退職慰労金

会社に功績のあった取締役や監査役に対して退職慰労金が支給されることがある。**役員の退職慰労金**は，その在職中における職務執行の対価として支給されるものである限り，役員報酬に該当するとされ，定款の定めまたは株主総会の決議でその額を定めることを要する。

また，退職慰労金の金額・時期・方法について，**取締役会に一任**することができるかという点について，判例では，これを無条件に取締役会の決議に一任することはできないが，株主総会の決議において明示的または黙示的にその支給に関する基準を示し，その基準に従って取締役会がその金額，支払期日，支払方法を決定することは有効であるとされている（最判昭和39年12月11日民集18巻10号2143頁）。その理由としては，一般の報酬の場合には取締役または監査役についての報酬総額を定めれば足りることとの均衡や，各個の役員の功績の評価を公開の場で議論することを避けようとする実務も一概に不合理とはいいがたいこと，退職慰労金についてはその決定に退職役員が参加しないという特殊性があること，などがあげられる。

（2）取締役の報酬規制

■現金・現物・その他財産上の利益

取締役の報酬については，とくに厳重な規制がされている。規制の対象となる報酬としては，定期的に支給される現金や現物（自動車や商品券など）のほか，職務執行の対価として会社から受ける財産上の利益（ボーナス，その他）が含まれ，これらの支給については，定款の定めまたは株主総会の決議により定めることを要する（361条1項1号・2号）。またこれらの報酬のほか，361条1項各号に定める事項に関する議案を株主総会に提出した取締役は，その事項を相当とする理由をその総会において説明しなければならない（同条4項）。

実際には，取締役会で役員が受け取る報酬の合計額を決定し，その議案を株主総会に提出して承認を受けることが多く，各取締役の個別報酬額は明確にされない。これはわが国の慣習に従っているのだが，個々の取締役が受け取る報酬額を株主が知ることができないのはおかしいという批判もある。そのため，2019年（令元）の改正により，一定範囲の上場会社については，原則として，取締役の個人別の報酬等の内容の決定についての方針を取締役会で定めなければならないとされた（同条7項）。

これに対して，指名委員会等設置会社においては，社外取締役が過半数を占める報酬委員会が置かれ，各役員の個別報酬額を議案として決定し，株主総会に提出する。また，金商法が適用される上場会社については，各役員の報酬額が有価証券報告書等の開示書類[6]において公開されている。実際の報酬額を隠すために役員が開示書類に虚偽の事実を記載することは犯罪である。

■ストック・オプション

取締役に対してストック・オプションが付与される場合にも，報酬規制の対象となる（361条1項4号）。ストック・オプションとは，報酬等の趣旨で取締役に対して**新株予約権**を発行することをいい，一定の金額を会社に払い込むのと引き換えに会社から株式の交付を受けられる権利を与える制度である（→第10章③）。会社の業績が向上し株価が上がれば，取締役は権利を行使して株式を取得しそれを市場で売却して差益を手にすることができるから，職務に励む動機が与えられる。また，同様の動機づけは株式自体を報酬として取締役に与えることによっても実現できる。ただ，取締役が交付された株式を市場で売却してしまうと意味がなくなるので，契約により一定期間の処分が禁止されていることが多い。

なお，従来，上場会社では，取締役に直接に新株予約権や株式を与えるのではなく，まず金銭報酬を与えたうえで，これを払込資金として会社が新株予約権や株式を交付する方法（間接交付方式）が広く用いられていた。そのため，株主総会において，取締役に対して発行される新株予約権や株式の内容が十分に明らかにされないことが多かった。そこで，2019年（令元）改正により，会社法の中に，定款または株主総会決議において定めるべき事項が明確化された（361条1項3号～5号）。

6）一般投資者に投資判断資料を提供するために，金融証券取引法により上場会社に対して作成・提出が強制されている開示書類。財務情報などさまざまな企業情報が記載されている。

Self-Check

1　取締役会設置会社においては，業務執行権の決定と実行が分けられている。それぞれ，どの機関が最終的な権限を有しているか。

2　代表権の客観的な範囲内で行われた行為であっても，代表取締役の自己または第三者の利益のために行われた場合には，会社に対する効力が生じない理由は何か。

3　業務執行において，取締役がもつ裁量権に対する制限としては，どのようなものがあるか。

4　指名委員会等設置会社の執行役に対して，忠実義務の規定や競業取引・利益相反取引の規制の適用はあるか。

5　役員の報酬について，定款または株主総会決議により，総額のみを決定すればよいとされてきた理由は何か。それは今後も妥当すると考えられるか。

関連文献

中島茂・取締役物語―花と嵐の一年（中央経済社，2012年）

第4章　株式会社の監督

原則として，株式会社の経営は取締役の手に委ねられ，株主は利益を受け取る立場にある。そのため，取締役がどのように経営をしているかについて直接に自分で監督することは難しい。そこで，株主に代わって，日常的に会社の内部で経営監督を行う者を置くことが有効である。ただし，大切なことは，それらの監督機関が経営者から独立して，効果的に監督機能を果たせるような仕組みを作ることである。

本章では，株主会社の内部にある経営監督機関はどのように構成されているか，それらの相互関係はどうなっているか，また，経営監督における株主の役割は何か，さらに，委員会設置会社における経営監督はどのようになっているか，について考えてみよう。

Key Points

◆株式会社における経営の監督は，取締役会（取締役会がない会社の場合は株主総会），監査役，監査役会，会計監査人，株主によって行われる。

◆取締役会は業務執行の決定とその監督機能をもち，また監査役は独自の立場から経営監査を行う。会計監査人は会計に関する監査を行う。

◆監査役，会計監査人については経営者からの独立性が重視されており，その選任手続き，兼任禁止，任期，報酬，などに工夫がされている。

◆指名委員会等設置会社においては監査委員会，また監査等委員会設置会社においては監査等委員会によって経営監査が行われる。これらの会社においては監査役を置くことはできない。

◆少数株主は原則として経営に関与できないが，経営者が不正行為，法令・定款違反行為に関わるような場合には，一定の監督機能を果たす。

1〉 取締役・取締役会

（1）取締役会設置会社の場合

■取締役会の監視・監督機能

取締役会の機能としてはまず株式会社の**業務執行の決定**があるが（→第3章1〉），それとともに重要な機能は，業務執行を行う取締役の選定・解職をすることにより会社の業務執行状況の監督を行うことである。すなわち，取締役会は各取締役が独断で行動することなく慎重な経営判断をするために共同決定を行う場であり，同時に業務執行者の行動を監視するための場である。近時，大規模な株式会社の取締役会については，意思決定機能よりも監視機能のほうが重視されるようになっている。これは，取締役会の構成員の数が増えれば，実質的な意思決定は経営委員会などより少人数の会議体や業務執行者の手に委ねられる結果，取締役会は他者の業務執行の決定と実行をチェックすることが主な役割になっているためである。

取締役会がなすべき監視の具体的内容は，主として，会社全体の業務執行の妥当性と適法性を維持することである。すなわち，会社に損害を与えるおそれのある事業上のリスクを適切に管理して損害を最小に抑えることであり（**リスク管理**），また，業務執行が一般法令に従って適法に行われることを確保することである（**法令遵守・コンプライアンス**）。その他，従業員の健康・安全への配慮や，環境問題，人権問題への対応など，現代の取締役会が担うべき監視内容は決して少なくはない。

■取締役の監視義務

取締役会設置会社については，機関としての取締役会が会社事業全体について監督権限を有している結果，その構成員である取締役の監視義務が認められる。また，取締役会のない会社についても，複数の取締役がいる場合には，個々の取締役が会社事業全体に対する業務執行の監督権を有していることから，相互の業務執行について監視義務が認められるのである。このように，取締役がその職務上株式会社の業務執行全般を監視する立場にあることを表すときに，取締役は**監視義務**を負うという。

すでにみたように取締役は，業務務執行の決定・実行の場面で善管注意義務[1]を尽くすことが要求されるが，業務執行者に対する監視・監督の場面においても善管注意義務を尽くさなければならない。なお，監視義務という言葉は善管注意義務の具体的な一形態として理解されることが多いが，より正確にいえば，取締役が業務執行に対する監視という職務を負うべき法律上の地位にあることを示したものが監視義務であり，その職務を行うにあたり要求されるのが善管注意義務だと考えられる。したがって，ある具体的ケースにおいて善管注意義務違反が否定されることがあっても，取締役の監視義務の存在自体が否定されるわけではない。

■業務執行者に対する監視

取締役会設置会社においては，代表取締役または業務執行取締役以外のその他の取締役は取締役会の構成員としての地位を有するにすぎない。しかし，上述のとおり取締役会には監視機能がある。業務執行を担当しない取締役には，監視機能をもつ取締役会のメンバーとしての地位に基づき，業務執行者に対する監視を行う義務がある。

取締役の内部的な業務分担が決められている会社において，**取締役会に上程されない事項**に関してまで監視義務があるかどうかについて，判例（最判昭和48年５月22日民集27巻５号655頁）は，「株式会社の取締役会は会社の業務執行につき監査する地位にあるから，取締役会を構成する取締役は，会社に対し，取締役会に上程された事柄についてだけ監視するに止まらず，代表取締役の業務執行一般につき，これを監視し，必要があれば，取締役会を自ら招集し，あるいは招集することを求め，取締役会を通じて業務執行が適正に行われるようにする職務を有するものと解すべきである」と述べている。

■使用人に対する監督と内部統制体制の整備

代表取締役および業務執行取締役は，業務執行の統括者として，会社業務が適正に行われるように配下の使用人を監督する義務を負う。このような取締役の従業員に対する監督義務があるのは，業務執行の最終的責任がこれらの取締役にあるためである。

さらに，業務執行を担当せず取締役会のメンバーに過ぎない取締役についても，使用人の違法行為に対する監視責任が問題となるケースが生じている。これらの取締役が監視義務を負っているのは直接的には代表取締役と業務執行取締役であるが，会社の業務執行は使用人を通じて行われることが多いので，結

1）　委任契約において，受任者が委任の本旨に従って事務処理を行う上で尽くすべき合理的な注意（民644条）。ここでは，その取締役と同様の地位におかれた平均的な取締役であれば，職務執行のために通常尽くしたはずの合理的な注意をいう。

果的に，取締役らの業務執行だけではなく使用人によって行われる部分も含めた会社の業務一般が監視対象ということになる。しかし，大規模な株式会社においては，個々の使用人に対する監視を取締役に求めることは現実的ではなく，これに代えて，使用人による違法行為を未然に防止または容易に発見できるような**内部統制体制**[2]の整備が求められる。したがって，一定の規模以上の株式会社において，使用人の不正行為を防止するための内部統制体制を構築しなかったことが取締役の善管注意義務違反になるとされた裁判例がある（大阪地判平成12年9月20日判時1721巻3頁）。

裁判所が要求する内部統制体制構築義務の程度はさほど厳しくはなく，**通常想定される不正行為を防止しうる程度**の管理体制を整えていれば，その発生を予見すべき特段の事情がない限り，取締役の過失責任は生じない。たとえば，部長による横領行為について，その手口が巧妙であり発見が困難であったため，通常の管理体制を整えていても予防はできなかったとして，取締役らの責任を否定した事例がある（最判平成21年7月9日判時2055巻147頁）。しかし，「通常想定される不正行為」は会社の規模や業種によっても異なりうるものであり，どの程度の防止措置を備えていればよいのかは難しい問題である。

なお，**企業集団における内部統制体制の整備**については，第16章②を参照。

（2）取締役会非設置会社の場合

■取締役の相互監視

取締役会を設置していない会社において2名以上の取締役がいる場合には，業務執行の決定については，会議や持ち回りの方法により，その過半数で行うのが原則である（348条2項）。この共同決定に従って，各々の取締役が指揮する部門の組織を用いて業務執行を実行する。そうすると，他の取締役が共同決定に従って業務執行を実行しているかどうかを監視する必要がある。小規模な株式会社では，他の取締役の業務執行に関する問題点は使用人を通してなど何らかのルートで耳に入ることも多いだろう。あるいは，定期的に役員会議を開いていれば，そこで報告を受け必要な質問をすることもできるだろう。しかし，取締役会のない会社においては各取締役の権限が強いため，現実的には実効性

2）　多義的概念であるが，ここでは不祥事に対応する会社内部の仕組みをさす。具体的には，不祥事を未然に防止する体制として，担当部署の分離，相互牽制，抜打ち検査など。また，リスク情報を経営者に伝達する体制として，連絡網の整備，内外の通報窓口の設置など。

のある相互監視はなかなか困難である。たとえ，悪い情報が耳に入ったとしても，株主総会で解任しない限り問題のある取締役から業務執行権限を奪うことはできないからである。一部の取締役による独断専行の問題が解消しないときは，取締役会設置会社への移行を検討したほうがよいこともある。

■取締役の使用人に対する監督

取締役同士の相互監視に加えて，各取締役は業務執行の統括者として配下の使用人を監督する義務も負っている。これを取締役の使用人に対する**監督義務**という。すなわち，取締役は会社の業務執行を実行するにあたり，単独ではできないため，適切な使用人を配下に置き，これに指示を与え，実行を命じる。そして，使用人からの結果の報告を受けて，順調であれば褒美を与え，何か問題があれば対応をする。

■内部統制体制の整備

複数の取締役が共同で決定することを要求される専決事項のひとつとして，会社および子会社の内部統制体制の整備がある（348条3項4号）。すなわち，会社の規模が大きくなると，取締役同士の監視や使用人に対する直接的監督が困難になるため，それらに代わって，会社の業務執行が適切に行われているかどうかを把握し，問題が生じたときに適切に対応するための体制が要求される。この要求に応えるものが，会社法における内部統制体制であり，会社不祥事を未然に防止し損害拡大を制限するという取締役の監視義務を履行するための支援システムといえる。

株式会社が**大会社**[3]に該当する場合には，取締役会が置かれていない場合であっても，取締役らは必ず内部統制体制の整備に関する決定をしなければならないとされている（348条4項）。このとき，内部統制体制を「整備しない」という決定をすることも可能であるが，内部統制体制の不備が原因で将来会社に不祥事が生じたときには，取締役らの責任が問われる可能性がある。

2　監査役・監査役会

（1）監査役の職務権限

■監査の意味

監査役による監査とは，取締役の職務執行が適正に行われているかどうかを

3）資本金額が5億円以上であるか，最終事業年度の貸借対照表における負債額が200億円以上の株式会社をいう（2条6号）。

調査し，必要があればそれを是正することをいう。この調査権限および是正権限を実効あらしめるために，監査役に対しては後述のような強力な権利が与えられている。監査役は，事業年度ごとに監査報告を作成しなければならず（381条1項），これは最終的には株主総会に提出される（437条参照）。

取締役の業務執行は使用人を通じて行われることが多いので，監査役の監査対象は，取締役らの業務執行だけではなく，使用人によって行われる部分も含めた会社の業務一般ということになる。ただし，定款の定めにより，監査役の職務権限を会計監査に限定することもできる（389条）。この場合には，381条から386条に定められた業務監査に関わる諸権利は適用されず，監査役の権限は会計に関するものに限定される。監査役は会計の専門家ではないにもかかわらず，会計監査権が与えられていることについては疑問がないわけではない。

■取締役会との関係

監査役制度の歴史は古く，1899年（明32）に日本の商法ができたときから監査役が置かれていた。1950年（昭25）にアメリカから取締役会制度が導入されたときにも監査役の制度は残された。すでにみたように取締役会は監視権能をもっているため，取締役会と監査役のそれぞれの監視・監査権限が重複するのではないかという疑問が生じる。これについては，会社の業務執行の決定権や代表取締役らの選定・解任権をもつ取締役会と，そのような権限をもたない監査役とでは根本的な違いがある。両者はそれぞれ独自の観点から，株式会社の業務執行の監査を行うこととされている。また，取締役会が監視の対象とするのは業務執行権のある取締役の行為であるが，監査役が対象とするのは業務執行権のない取締役の行為も含まれるという点には注意が必要である。

取締役会の開催にあたり，監査役は出席する義務を負い，議決に加わることはできないが質問や意見を述べることができる。また，取締役により違法な業務執行が行われようとしているときなど，その必要があると認めるときには，監査役は取締役会において意見を述べなければならない（383条1項）。さらに必要に応じて，取締役会の招集を求めたり，自ら招集することも可能である（同条2項から4項）。

■妥当性監査と違法性監査

一般的には，監査役の職務権限は取締役の業務執行の適法性を監査することにあり，その妥当性の監査には及ばないとされる。取締役の選定・解職権や指揮・命令権限を有しない監査役の場合には，取締役らが行っている業務執行が適法ではあるが妥当ではないと判断しても，それを是正する手段が与えられていないことを理由とする。しかし，**監査役の同意権や提案権**（343条1項・2項），取締役に対する訴訟提起権（386条）を行使する場合には，監査役はその行為の妥当性を判断することになる。また，業務財産調査権（381条2項・3項）を行使するとき，あるいは，取締役会で意見を述べるときに，それが妥当性の問題だからという理由で妨害されてはならない。たとえば，調査の結果，社内でデータ偽装が行われていることを監査役が発見したとき，品質管理は業務の妥当性の問題ではあるけれども，それが露見すれば会社が大損害を被る可能性もあるのだから，監査役は取締役会での意見表明を控えるべきではないであろう。以上のとおり，監査役の職務権限が違法性監査に限られるというのは，監査役が妥当性監査のための権限を有していないということを言い換えたものに過ぎない。

（3）監査役の独立性

■商法改正の歴史

監査役の独立性の欠如については，上場会社で大規模な粉飾決算が起きるたびに批判の的になってきた。というのも，従来わが国では**終身雇用制**[4)]がとられていたため，入社以来同期の者が社内で出世競争をした結果，監査役は取締役になった者に比べると序列が低い地位だという認識がかつてはあった。そのような立場の監査役が，代表取締役やその他の取締役の監査をすることは非現実的といわざるをえない。そこで，数度の商法改正により，監査役の権限拡大とともに，任期の延長，兼任禁止，報酬規制など，その独立性の確保が図られてきたのである。その結果，現在では監査役の地位は格段に向上し，その気になれば，法律上は十分に監督機能を行使しうる権限が認められている。

■任期と兼任禁止

監査役の任期は，原則として，選任後4年以内に終了する事業年度のうち最終のものに関する定時株主総会の終結時までである（336条1項）。非公開株式会社においては，定款の定めにより，監査役の任期を選任後10年以内に終了す

4）　同一企業で定年まで雇用され続けるという日本の正社員雇用における慣行。年功賃金とともに，1950年代から日本企業における雇用の基礎となってきた。近年，少子化や景気停滞などにより，多くの企業では年功賃金や終身雇用の制度を維持するのが難しくなっている。

る事業年度のうち最終のものに関する定時総会の終結の時まで伸長できる（同条2項）。

監査役は，その会社もしくは子会社の取締役もしくは支配人その他の使用人の地位を兼ねることはできず，また，会計参与もしくは執行役を兼ねることもできない（**監査役の兼任禁止**〔335条2項〕）。

■社外監査役

社内のしがらみによる弊害を回避するため，社外から監査役候補者をみつける動きも拡大している。社外監査役に関しては，社外取締役と同様の兼任禁止規制が置かれている（2条16号）。

（4）業務監査に役立つ権利

■報告請求権・業務財産調査権

監査役は，いつでも，取締役，会計参与もしくは使用人に対して事業の報告を求め，または会社の業務および財産の状況を調査することができる（381条2項）。必要があれば，子会社に対してもこれらの権利を行使することができる（同条3項・4項）。

■株主総会における意見陳述

監査役は，株主総会の提出議案等を調査し，もしそこに法令・定款違反等があれば，それを株主総会において報告しなければならない（384条）。

■監査役による取締役の行為差止め

取締役の不正行為を発見したとき，監査役には強力な差止請求権が与えられている（385条1項）。この差止請求権を行使するためには，裁判所に対して，監査役は次のことを主張しなければならない。①取締役が法令または定款に違反する行為をし，またはするおそれがあること。②会社に**著しい損害が生じるおそれ**があること。

訴訟手続きだと結果が出るまでに時間がかかるので，通常は，差止の仮処分申請の形で権限が行使される。監査役による仮処分申請が認められた場合には，担保を立てる必要はない（385条2項）。

（5）監査の実効性を確保する制度

■費用請求権

監査役は自己の職務を補助する使用人を雇うことができ，その費用を会社に対して請求することができる。会社は職務執行に必要でないことを証明できない限り，その請求を拒むことはできない（388条）。監査費用の請求を容易にすることで，監査の実効性を確保しようとする趣旨である。

■大会社における内部統制体制

大会社において監査役が置かれている場合，その監査役が自ら会社の業務執行全般を監査することは現実的に無理である。そこで，大規模な会社にある**内部監査部門**と協力して，報告を受けたり，必要な場合には指示を出すなどの方法で監査の実効性を図ることが期待される。しかし，実際には監査役のために専任のスタッフを置いている会社は少なく，経営陣から独立した監査を行うことが事実上難しいといわれている。

しかしながら，大会社の取締役または取締役会は，内部統制体制の一環として，監査役の職務を補助する使用人に関する事項等，監査役の監査が実効的に行われることを確保するための体制の整備の決定をすることが義務づけられている（348条3項4号・4項，362条4項6号・5項）。さらに，2014（平26）改正では監査役の補助使用人に関する事項につき，政令の中に従前よりも詳細な規定が設けられた。以上の規定からは，内部統制体制を充実させることにより監査の実効性を確保しようとする法の趣旨が明らかである。したがって，会社に監査の実効性を確保するために十分な内部統制体制が整備されていないときは，監査役はその善管注意義務の内容として，取締役または取締役会に対して内部統制体制の整備を要求しなければならず，合理的な理由がない限り，取締役または取締役会はそれを拒むことはできないものと解される。

（6）監査役会

■構　成

ある株式会社に取締役会がありかつ監査役が3名以上いれば，監査機能を高めるために，すべての監査役からなる監査役会を置くことができる。もし，その株式会社が大会社かつ公開会社である場合には，必ず監査役会を置かなければならない（328条1項。委員会型の会社は除く）。

監査役会の構成員の過半数は社外監査役でなければならない。社内のしがらみにとらわれず，独立した観点から監査を行うためである。2014年（平26）改正により，親会社の監査役は子会社の社外監査役になれないことになった。ただし，「社外」監査役になれないだけで，通常の監査役として監査役会のメンバーになることは差し支えない。

社外監査役ばかりだと，独立性は確保できるものの，社内事情に疎くなるおそれがある。そこで，監査役会の中には，会社に常駐する役割をもった常勤監査役を最低1名選定しておかなければならない。監査役会において常勤監査役から得られた社内情報をもとに，取締役の業務執行に問題があるときは社外取締役が遠慮のない是正措置をとることが期待される。

■職務権限と運営

監査役会は，各監査役が招集することができ，監査の方針，業務財産状況の調査方法その他の監査役の職務の執行に関する事項の決定を行う（390条2項）。各営業年度末には監査報告の作成を行う。監査役の選任議案についての同意権・提案権も監査役会として行使される（343条3項）。

各監査役は，監査役会の求めがあるときは，職務執行の状況を監査役会に報告しなければならない（390条4項）。監査役会への報告を省略して，個別に各監査役に通知することもできる（395条）。

監査役会の決議は，出席した監査役ではなく，すべての監査役の過半数で行う（393条1項）。ただし，**監査役は独任制**であるから，各自がその権限を自由に行使することができ，監査役会の決議によっても，個々の監査役が業務財産調査権を行使したり，取締役の違法行為差止訴訟を提起することを妨げることはできない。

3 会計監査人

（1）会計監査人の独立性

■資　格

会計監査人は**公認会計士**または**監査法人**であることが要求されている（337条1項）。監査法人というのは，公認会計士が作った社団法人である。監査法人が会計監査人になる場合には，その社員の中から担当者を選定し，株式会社に通知する（337条2項）。

■選任手続きと報酬決定

会計監査人を置くためには，その株式会社に，監査役，監査役会，監査等委員会，または監査委員会があることが必要である（以下，これらを監査役等という）。

会計監査人の選任議案は，取締役または取締役会ではなく，監査役等が株主総会に提出することになっている（344条）。また，会計監査人にはその選任について株主総会において意見を陳述する権利がある（345条１項～３項・５項）。会計監査人の解任議案・再任議案についても同様である。経営陣が会計監査人の選任手続きに関与させないことにより，会計監査人が経営者の意向を気にすることなく実効的な監査を行えるようにするためである。

また，会計監査人の報酬の決定にあたっても，監査役等の同意が必要となっている（399条）。経営者によって，会計監査人が十分な仕事を行えないような低い報酬にされるおそれを考慮したものであるが，経営者の決めた報酬額に監査役等が同意しない場合，結局，会計監査人は報酬を受け取れなくなるおそれがあり，どこまで会計監査人の独立性に役立つかは疑問とされている。

（２）会計監査人の職務権限

■会計監査

会計監査人の主な仕事は，事業年度ごとに株式会社が作成する計算書類その他の資料を監査し，それに基づく**監査報告書**を作成することである（396条１項）。会計監査は，企業会計審議会が公表する**監査基準**に基づいて行われる必要がある。また，公認会計士協会がより具体的な行為準則を定めている。

会計監査人は監査報告書において，その監査意見を表明することが求められる。監査意見としては，会社の財務諸表が全体として正しいことを示す**無限定適正意見**，一部に不適切な事項がみられるがそれが財務諸表全体的には重要でないとする**限定適正意見**，財務諸表が正しく作成されていないことを示す**不適正意見**があり，上場企業の財務諸表に対して不適正意見が付された場合には，その会社は上場廃止基準に触れるおそれがある。さらに，重要な監査手続きが実施できず，結果として十分な監査証拠が入手できない場合には，監査報告書に**意見不表明**と記載される。たとえば，2017年（平29），東芝の不正会計事件が起きた際に，会社側から十分な資料・情報が提供されなかったとして，同社の会計監査人が年度途中の監査報告書において意見不表明としたことがある。これはのちに限定付き適正意見に変更され，東芝は上場廃止を免れた。このように，会計監査人の監査意見は会社にとって極めて重要な意味をもつ。

■報告義務

会計監査人は，外部の専門家としての立場から**ゲイト・キーパー**[5]としての役割も有している。すなわち，会計監査人が職務を行うに際して，取締役の職務執行に関し，不正行為または法令・定款違反の重大な事実を発見したときは，遅滞なく，監査役等に報告しなければならない（397条1項3項～5項）。また，会計監査人は原則として株主総会に出席する義務はないが，決議により株主総会への出席を求められたときには，出席して意見を述べなければならない（398条2項）。

（3）会計監査に役立つ制度

■各種の権限

会計監査人は，会社の会計帳簿またはこれに関する資料の閲覧・謄写をしたり，会社の取締役や使用人に対して会計に関する報告を求めることができる（396条2項）。この調査権限は，必要があるときには子会社にも及ぶ（同条3項・4項）。これらの職務を行うにあたり，会社内部の者を補助者として利用することは独立性が疑われるために許されず（同条5項参照），会計監査人は独自の補助者を雇う必要がある。

会計監査人は，計算書類の適法性について監査役等と意見を異にするときには，定時株主総会に出席して意見を述べることができる（398条1項）。

■内部統制体制

会計監査人は，監査対象会社の内部統制体制6)に関して，会社法上の構築や助言・勧告の義務を負うわけではない。しかし，会計監査人はその監査計画を策定するにあたり，まず，監査対象会社の**内部統制の有効性評価**を行うことが求められている。そして，対象会社における内部統制が不十分であり不正発見の可能性が低いと評価される場合には，その内部統制に依存せずにより広範な調査を行うことが求められるのである。このような調査を行うことなく監査対象会社の内部統制の有効性を前提として，不正の発見を怠り，無限定適正意見を表明した場合には，会計監査人は善管注意義務違反として債務不履行責任を負うことになる。

5）本来は門番（Gatekeeper）のことであるが，そこから転じて交通や通信を監視）する人または装置のことを指す。ここでは企業の会計不正を監視する役割の者をいう。

6）この場合の内部統制体制とは，不祥事への対応ではなく，適正な会計書類を作成するための社内体制・組織を意味する。

4 委員会型の株式会社

（1）概　説

■委員会型導入の経緯

かつての株式会社の機関設計は，その規模にかかわらず，監査役を設置する形態しかとれなかった。しかし，日本の大企業においては，内部出身役員が多いという独自の事情により，監査役による経営監査は不十分なものになりやすく，コーポレート・ガバナンスの充実という観点から，根本的な機関改革が要請されていた。そこで，欧米の上場企業でみられる**モニタリング・モデル**を参考にして，2002年（平成14）の旧商法の改正により導入されたのが**指名委員会等設置会社**という制度である（導入当初は，「委員会等設置会社」という名称であった）。すなわち，経営における執行と監督が分離されるモニタリング・モデルの下では，取締役会の役割は業務執行の意思決定ではなく業務執行を行う者の監督に重点が置かれ，多数の社外取締役からなる取締役会が経営の基本方針を決定するとともに，業績評価や経営陣の選任・解任を行うことが想定されていた。これにより，効率的統治体制が可能になるのである。ところが，最低でも６名の社外取締役が必要であること，指名委員会による社長の指名や報酬委員会による報酬決定という厳格なルールが従来のわが国の企業慣行に合わなかったこと，等の理由から指名委員会等設置会社を採用する上場会社の数はあまり増えることがなかった。現在でも，指名委員会等設置会社を採用する上場会社は全体の約２－３％と少数にとどまっている。

そこで，高まる一方の国際的なコーポレート・ガバナンス向上の流れに対応しつつ，日本の上場企業にも受け入れやすい機関設計として，2014年（平成26）の会社法改正により，**監査等委員会設置会社**が新たに導入された。この制度は，監査役に代えて最低２名の社外取締役からなる監査等委員会を設置すればよいという，従来の監査役を設置する形態と委員会等設置会社の中間的な性質をもっていたために導入にあたって大きな抵抗感がなく，多くの日本の上場会社によって導入されるに至った。

■内部統制部門を利用した監督

大規模な株式会社では，取締役全員からなる会議を定期的あるいは臨時に開催し，そこで業務執行担当の取締役から報告を受けたうえで，必要ならば業務執行取締役または代表取締役の解任をすることによって，監督権限を行使する建前になっている。委員会型の株式会社においては，モニタリング・モデルの影響を受けて取締役会の権限を監視機能に収斂することが指向され，従来型の会社におけるものとは異なる内部統制の仕組みが存在している。

かつては大会社でかつ公開会社であることが委員会設置の前提条件とされていたが，現在の指名委員会等設置会社についてはそのような制限はなく，たとえば小規模のベンチャー会社であっても利用できる。したがって，大会社に対して内部統制体制の整備を義務づける規定の適用はないのであるが（会社348条３項４号・４項および362条４項６号・５項を参照），特別規定が置かれており（会社416条１項１号ホ），指名委員会等設置会社については会社の規模に関係なく内部統制体制の整備が求められている。

（２）指名委員会等設置会社

■業務執行と代表権

指名委員会等設置会社において主に業務執行を担うのは，取締役ではなく，**執行役**と呼ばれる人たちである。執行役は取締役会において選任され，その任期は１年である。複数の執行役を置くときには，**代表執行役**を選ぶ必要がある。なお，よく似た名称の「執行役員」は法律上の機関ではなく（社内の肩書きに過ぎない），執行役とは別物であるので注意が必要である。

指名委員会等設置会社の取締役会は，経営監督機能に集中するために，その決議により広範囲にわたる業務執行の決定を執行役に委任することができる。執行役は，取締役の決議で委任を受けた業務執行の決定を行い，かつ実行する。

■取締役会の役割

指名委員会等設置会社における取締役会は，主として，執行役による業務執行の決定および実行の監督を行うことになる。すなわち，取締役会の権限は，原則として，基本事項の決定，委員会構成員の選定と監督，執行役の選任と監督に限定される（416条１項）。指名委員会等設置会社の取締役は原則として業務執行をすることはできず，その任期は**１年**と短くなっている。

指名委員会等設置会社は，取締役会の中に，それぞれ３名以上の取締役から構成される指名委員会，監査委員会，報酬委員会の３つの委員会を必ず置かなければならず，各委員会の過半数は社外取締役で構成する必要がある。

■指名委員会

指名委員会は，取締役（会計参与含む）の選任や解任を議論する組織である。

社長などの経営トップが役員人事をその裁量で決めることを避け，過半数を社外取締役が占める委員会の議論によって，透明性のある人事プロセスを実現することが目的である。指名委員会はその人選の理由や意図を投資家に説明する責任を負っている。株主総会に提出する取締役等の選任・解任の議案内容の決定権は指名委員会が独占的に有しており，取締役会がこの決定を変更したり別の候補者を決定することはできない。

ところで実際には，指名委員会等設置会社ではない上場企業が，**任意組織としての指名委員会**を置く事例が多くみられる。会社法に基づく指名委員会は過半数を社外取締役で構成する必要があるのに対して，任意の指名委員会は会社によって人員構成や権限が異なっているため，透明性や実効性の面で問題が少なくない。そのため，東証のコーポレート・ガバナンス・コード（企業統治指針）は，市場再編後の最上位にあたるプライム市場に上場する企業に対して，指名委員会の過半数を社外取締役にすることを求めている。

■報酬委員会

報酬委員会は，指名委員会設置会社の各役員の報酬を決定することがその職務である。報酬は個々の役員ごとに金額を決定しなければならない。個人別の報酬については報酬委員会が最終的に決定でき，取締役会や株主総会がこれを変更することはできない。

■監査委員会

監査委員会は，指名委員会設置会社における役員の職務執行の監査を行い，監査報告を作成する。また，株主総会に提出する会計監査人の選任および解任の議案の内容を決定することもその役割のひとつである。

指名委員会等設置会社における監査委員会については，社内に設けられた**内部統制部門**を利用して執行役らの業務執行の監督を行うことが予定されている。そこで，監査委員会の監督活動を支援するシステムとして，取締役会は，①監査委員会の当該職務のため必要な事項，および，②執行役の職務の執行が法令・定款に適合することを確保するための体制その他会社の業務およびその会社・子会社から成る企業集団の業務の適正を確保するため必要な事項を決定しなければならないのである。

このように，指名委員会等設置会社においては，執行役らの業務執行の監督については監査委員会が主要な役割を担っており，それを支援するためのシステムとして取締役会が社内に内部統制部門を構築する仕組みになっている。そのため，上記のような内部統制を前提とした取締役からなる委員会だけでは財務報告の信頼性を確保する仕組みの構築が難しいために，指名委員会等設置会社においては，会計監査人を必ず置かなければならないとされている。

（３）監査等委員会設置会社

■業務執行と代表権

監査等委員会設置会社においては，監査役会設置会社と同様に，**代表取締役・業務執行取締役**が置かれている。後述のとおり，重要な業務執行の決定を各取締役に委任して行う仕組みをとることも可能であり，その場合には，監査等委員会設置会社の取締役は，監査役会設置会社の取締役と比べてより強力な権限を有することになる。

■取締役会の役割

監査等委員会設置会社の取締役会は，会社の業務執行の決定，取締役の職務執行の監督，代表取締役の選定と解職を行う。また，原則として，重要な業務執行の決定については取締役に委任することはできない。以上は，監査役会設置会社の取締役会の場合と同様である。ところが，委員会制度の普及を図るため産業界のニーズに応じた立法方針がとられており，監査等委員会設置会社の業務執行決定の仕組みはかなり柔軟である。すなわち，①取締役の過半数が社外取締役である場合，または，②定款にその旨の定めがある場合には，取締役会の決議によって，**重要な業務執行の決定**を取締役に委任することができる。このような例外を設けることによって，取締役会の役割を職務執行の監督に特化し，経営の機動性を図る趣旨である。ただし，取締役会が監督機能に特化できるのは上記の条件を満たすときだけであり，指名委員会等設置会社の場合と比較すると不徹底な制度になっている。また，業務執行の決定について取締役らに大幅な権限の委譲がなされたときには，指名委員会や報酬委員会の存在が法律上要求されていないために，監査等委員会のみで十分な監督機能が果たせるかどうかには疑問が残る。

■監査等委員会

監査等委員会の職務は，①取締役・会計参与の職務執行の監査と監査報告の作成，②株主総会に提出する会計監査人の選任・解任・不再任の議案の内容の決定，③監査委員でない取締役の人事・報酬に関する株主総会での意見陳述の内容の決定，である。①②は指名委員会等設置会社の監査委員会と同じであるが，③の職責が追加されているので，監査「等」委員会というのである。

監査委員会は，３名以上の取締役によって構成され，その過半数は社外取締役でなければならない。監査等委員は取締役であるから，取締役会のメンバーとして決議に参加できる。その身分保障を図るために監査等委員の任期は２年とされており，監査等委員ではない取締役の１年よりも長くなっている。また，監査等委員である取締役は，その会社および子会社の業務執行取締役，従業員，執行役，会計参与を兼ねることはできない。

監査等委員会設置会社における代表取締役等の業務執行に対する監督は，指名委員会等設置会社の監査委員会の場合と同様に，監査等委員会が会社の内部統制部門を通じて行うことが予定されている。したがって，監査等委員会設置会社の取締役会は，会社の規模にかかわらず，**内部統制体制の整備に関する決定**を行うことが義務付けられており（399条の13第１項１号ハ，会社則110条の４第２項），かつ，監査委員会の職務を補助すべき使用人等に関する事項を決定すべきことが要求されているのである（399条の13第１項１号ロ，会社則110条の４第１項）。

このように，監査等委員会設置会社においても，取締役らの業務執行の監督については監査等委員会が主要な役割を担っており，それを支援するためのシステムとして取締役会が内部統制部門を構築する仕組みになっている。

5〉株主による監督

（１）経営監督における株主の立場

■資本多数決の修正

株式会社の経営は原則として取締役に委ねられているが，通常，取締役を選任することのできる多数派株主が実質的な経営権をもっている。もしも少数株主が経営に自由に口をはさむことができるならば，取締役または取締役会による決定は無益なものになるし，経営方針が混乱して収拾がつかないことになりかねない。これは**資本多数決制度**の当然の帰結であるといえる。少数株主には，経営監督権が与えられており，株主総会における議題・議案の提案権，質問権，議決権行使などのほか，経営の監督ができるようにいくつかの具体的権利が認められている。

（２）株主の監督是正手段

■取締役会の招集と意見陳述

株主は，取締役が会社の目的の範囲外の行為その他法令または定款に違反する行為をし，またはこれらの行為をするおそれがあると認めるときは，招集権をもつ取締役に取締役会の招集を請求できる（367条１項２項）。請求があった日から５日以内に，２週間以内の日を開催日とする招集通知が発せられなければ，請求した株主みずから招集をすることができる（同条３項）。

取締役会が開催されれば，請求を行った株主はその会議に出席し，意見を述べることができる（同条４項）。その結果，違法行為を行っている代表取締役等が解任されることもあるだろう。取締役会の監督機能に期待しているのである。

■臨時株主総会の招集と調査者の選任

総株主の議決権の100分の３以上の議決権を６ヶ月前から引き続き有する株主は，取締役に対し，議題および招集の理由を示して株主総会の招集を請求することができる。もし，一定期間内に株主総会が招集されないときは，裁判所の許可を得て自ら株主総会を招集できる（297条）。臨時株主総会においては，あらかじめ議案とされていない場合であっても（309条５項参照），その決議によって，株式会社の業務および財産の状況を調査する者を選任することができる（316条２項）。

COLUMN　東芝事件

2021年３月，筆頭株主である外資系ファンド[7]の求めに応じて，東芝は「株主権の回復」をテーマとする臨時株主総会を開催した。ファンドは，前年の定時株主総会における議決権の誤算入が発覚したことに端を発して，議決権の扱いに不自然な点が存在すると主張していた。この臨時株主総会では，会社法316条２項に基づき，会社の業務および財産の状況を調査するため３名の弁護士が選任された。同年６月に公表された報告書においては，東芝経営陣と経産省関係者が協力して，一部の海外アクティビストの議決権行使に対して圧力をかけていたことが指摘された。東芝が原子力などの国家安全保障に関わる事業を行っていたことから，改正外為法が海外投資家に対する圧力の手段として使われたのではないかという疑念が生じた。その結果，６月に行われた2021年定時株主総会においては，会社側提案による取締役候

7）　金融業界では一般に「投資のために集めた資金」や「運用を目的とする一定規模以上の資金」を意味する。代表例として，投資信託やヘッジファンドが広く知られている。

補者2名が再任を否決される異例の事態になった。安全保障に関わる重要問題について経産省が介入すること自体は是認されるとしても，本来，会社法で規律されるべき個別企業の株主総会決議の結果に国家が影響を与えることは許されない。株主の権利を守るため，会社法の調査者選任制度が生かされた事例として特筆されるべきであろう。

■**業務執行についての検査役の選任**

株式会社の業務執行に関して不正行為または法令定款に違反する重大事実があることを疑うに足りる事由があるときは，総株主の議決権の3パーセント以上の議決権または発行済株式の3パーセント以上の数を有する株主は，その会社の業務財産の状況を調査させるため，裁判所に対して検査役の選任を申し立てることができる（358条1項）。検査役には子会社の業務財産調査権が認められ，その報酬額は裁判所が決定する（同条3項・4項）。検査役による調査の結果は裁判所に対して報告される（同条5項）。この報告を受けた裁判所は，必要があると認めるときは，取締役に対して検査役による調査結果を株主に通知することを命じ（359条1項2号），または，取締役・監査役に調査をさせたうえで（同条3項），一定期間内に株主総会を招集させ，その調査結果を報告させることができる（同条1項1号）。

■**株主による取締役の行為差止め**

公開会社の取締役が，目的範囲外の行為その他法令定款に違反する行為をし，またはそのような行為をするおそれがあり，かつ，当該行為により**会社に著しい損害**が生じるおそれがある場合には，6ヶ月前から引き続き株式を有する株主は，取締役の行為の差止めを請求することができる（360条1項）。公開会社以外の会社については，6ヶ月の継続株式保有は不要である（同条2項）。監査役が設置されている会社または監査等委員会設置会社もしくは指名等委員会設置会社の場合には，監査役またはこれらの委員会に監督機能が期待されているため，株主は，会社に回復することができない損害が生じるおそれがある場合でなければ取締役の行為を差し止めることができない（同条3項）。

なお，不公正な募集株式発行の差止請求（210条）および不公正な新株予約権の発行差止請求（247条）は，個々の株主が自己の個人的不利益を免れるために行使することのできる権利であって，ここでいう差止請求とは趣旨や目的を異にする。

株主による差止請求は，裁判外でも行うことができるが，取締役・執行役が株主の請求にたやすく応じるとは限らない。その場合，株主は，この差止めの訴えを本案として取締役の職務執行停止の仮処分[8]を求めることができる（民保23条２項）。

Self-Check

1　取締役の違法行為差止請求権をもつのは監査役と株主であるが，両者の要件の違いは何か。
2　取締役の１人が代表取締役の違法行為を発見したときには，どのような手段をとりうるか。また，取締役にも違法行為差止請求権を認める必要はないか。
3　監査役は株主総会に出席する義務を負うか。その監査役の監査権限が会計監査に限定されている場合はどうか。
4　株式会社が粉飾決算をしていたにもかかわらず，無限定適正意見を出した会計監査人はどのような責任を負う可能性があるか。
5　株主がその経営監督権限をもっぱら会社の利益のためではなく，私怨や自己利益のために行使しているときは，その権限行使は認められるか。

関連文献

大鹿靖明・東芝の悲劇（幻冬舎文庫，2018年）
眞田宗興・監査役事件簿（同文舘出版，2019年）

8）本案判決をもらうまでに相当の時間がかかり，裁判をする意味が無くなるおそれがある場合に，迅速な裁判手続により一時的な命令を受けること。仮処分と矛盾する本案判決が出されることは少なく，事実上，ここで裁判の決着が付くことが多い。

第5章　役員等の責任

経営者が事業のやり方を間違ったり，社会から批判されるような不祥事を起こしてしまったときには，株式会社に大きな損害が生じることがある。そのような損害は最終的に株主が負担することになるが，経営者に損失の原因となる任務懈怠があったときには彼らに合理的な範囲で賠償責任を負わせるべきである。また，株式会社の活動は広範に及ぶことから，その事業活動の結果，会社ではなく第三者が損害を受けることもある。そのような場合にも経営者がその損害を賠償する責任を負うことがある。

本章では，以下のことがらについて学習する。株式会社の役員等は，その職務執行の方法に重大な問題があったとき，会社に対してどのような責任を負うのか。その責任の追及方法としてはどのようなものがあるか。また，会社以外の債権者や顧客などに対して役員等が責任を負う場合はあるのか。

Key Points

◆役員等（取締役，会計参与，監査役，執行役および会計監査人）は，その職務を行うについて任務懈怠があり，それによって会社に損害が生じたときは，会社に対して損害賠償責任を負う。

◆役員等の会社に対する損害賠償責任の追及方法としては，まず会社による請求があり，それが行われないときには株主による代表訴訟が用いられる。

◆役員等はその職務を行うについて悪意または重過失があり，それによって第三者に損害を与えたときは，その第三者に対し，連帯して損害賠償責任を負う。

◆役員等の会社に対する任務懈怠責任は，定款の定め，株主総会による決議，取締役会の決議によって，免除または限定することができる。

◆役員等のその他の民事責任・弁護士費用等については，補償契約および賠償責任保険契約によって軽減することが可能である。

1〉 役員等の会社に対する損害賠償責任

(1) 役員等の任務懈怠責任

■会社法423条1項の意味

役員等（取締役，会計参与，監査役，執行役という役員に，会計監査人を加えて，会社法ではこう呼んでいる。423条参照）と株式会社の法律関係は，いずれも委任契約ないし準委任契約である。もしも，役員等が契約の本旨に従わない**債務不履行**をした結果，会社に損害が生じれば，役員等は損害賠償責任を負うことになる（民415条）。ところが，423条1項では，役員等は「その任務を怠ったときは，株式会社に対し，これによって生じた損害を賠償する責任を負う」と定めている。これは民法415条と同じことを規定してあるようにみえるが，この両者はどのような関係にあるのだろうか。会社法の立案担当者によれば，役員等の任務は委任契約によるだけでなく，法律上当然に生じる場合もあることから，後者の任務に反するときにも責任が生じることを明確にするため，423条1項を設けたのだと説明されている。そうすると，423条1項の責任は役員等を名宛人とする法令に違反した場合を含む点で債務不履行責任とは異なる法定責任[1]ということになる。また，役員等が株式会社に生じた損害を賠償する責任を負う場合において，これらの者は連帯債務者になるから（430条），民法の場合に比べて，会社法では役員等の責任が強化されている。

以下では，取締役，監査役，会計監査人それぞれについて，任務懈怠の態様を説明する。なお，会計参与と執行役については，取締役の場合とほぼ同じであるので割愛する。

■取締役の任務懈怠

取締役の行為が，定款の定め，株主総会決議，法令の規定に違反するものである場合には，取締役は任務懈怠として，423条1項に基づき会社に対する損害賠償責任を負う。このとき法令の規定とは，取締役を名宛人として具体的義務を定めた規定（たとえば，357条の報告義務）のほかに，善管注意義務（330条）・忠実義務（355条）という包括的義務を定めた規定が含まれる（どのような場合に取締役の行為が善管注意義務・忠実義務に違反するかは，第3章3〉と4〉を参照せよ）。

1）法律によりとくに定められた責任の意味。

ところで，株式会社は法人として社会的存在である以上，その事業を遂行するにあたり，日本国内で有効な**会社を名宛人とする一般法令**（たとえば，独占禁止法9条）を遵守する義務を負っている。会社の事業が一般法令の規定に違反しないように業務執行を決定・実行・監視することは，取締役もしくは取締役会の職務内容である。そこで，取締役は**その善管注意義務の内容として**，会社内部に**法令遵守体制**（**コンプライアンス・システム**）を構築しなければならない。適切な法令遵守体制の構築を怠った結果，会社の事業が一般法令の規定に違反し，それにより会社に損害が生じた場合には善管注意義務違反（＝任務懈怠）として，取締役は会社に対する損害賠償責任を負う場合がある。

なお，取締役は，上記の任務懈怠責任のほか，会社法の中に**特別の責任規定**が置かれている場合について，会社に対して一定の金額を支払う責任を負うことがある。すなわち，株主等の権利行使に関する利益供与をした場合（120条4項），分配可能額を超えて剰余金分配がされた場合（462条1項・2項），および期末に欠損が生じた場合（465条1項・2項）である。これらの場合については，原則として，取締役の側で無過失であることを証明しない限り支払責任を免れることができない（なお，利益供与をした取締役については無過失責任とされている〔428条1項〕）。

COLUMN　法令違反行為と任務懈怠

上に説明したとおり，本書においては，会社に一般法令違反をさせないように業務執行を決定・実行・監視することは取締役の善管注意義務の内容であり，それを適切に履行することを怠れば任務懈怠に該当すると考えている（一元説）。しかし，法令遵守義務については善管注意義務とは異なる取締役の別の義務だとしたうえで，会社が会社を名宛人とする一般法令に違反する行為をなした場合には直ちに任務懈怠となり，取締役が責任を免れるためには無過失であることを取締役の側で証明しなければならないとする見解が少なくない。会社経営における法令遵守の重要性をその根拠とする（二元説）。たとえば，独占禁止法9条は，事業者である会社に対して不公正な取引方法により利益を得ることを禁じているが，かつてバブル崩壊の時期に，一部の投資家のみに損失補填を行った証券会社の行為が同条違反として問題となった，会社が行政処分を受け多額の損害が発生したことから，株主が同社の取締役に対し損害賠償を求める株主代表訴訟を提起した。最高裁判所は，**商法旧266条1項5号**の下で，会社をして独禁法9条に違反する行為をさせた取締役らの法令違反を認めたが，具体的事実の下で違法性の認識可能性がなかったとして責任を免除した（最判平成12年7月7日民集54巻6号1767頁）。

しかし，このように法令遵守義務を特別扱いする立場は，取締役の会社に対する責任事由として「法令」という文言があった旧法の解釈としてはともかく，「任務懈怠」に改められた現行法の解釈としては規定上の根拠を欠く。会社を名宛人とする法令（たとえば独禁法９条）に違反する業務を行った場合と，取締役の善管注意義務に違反する業務を行った場合とは，いずれも会社に対する任務懈怠であり，とくに証明責任の所在を変える必然性はないと思われる。

■監査役の任務懈怠

監査役の任務懈怠となるのは，会社法に定められた具体的義務に違反した場合や（株主総会への出席を正当な理由なく怠った場合など），その善管注意義務に違反した場合である。

従来，監査役の善管注意義務違反が認められたケースとしては，不祥事をあえて公表しないとする取締役の決定を黙認すべきではなかった事例（大阪高判平成18年６月９日判時1979号115頁）や，代表取締役が資金の不正利用などの違法行為を繰り返しているときに，これを防止するための内部統制システムの整備や代表取締役の解職を取締役会において意見すべきであった事例（大阪高判平成27年５月21日判時2279号96頁）がある。後者の事例においては，日本監査役協会が作成した**監査役監査基準**が会社において内部規定化されていたため，同監査基準に則って勧告を行わなかったことが監査役の善管注意義務違反にあたるとされた。本来は法的拘束力をもたないガイドラインであっても，内容に十分な合理性があれば監査役の法的行動準則となりうることを示したものである。

■会計監査人の任務懈怠

外部の会計専門家である公認会計士や監査法人は，株式会社の計算書類につき，会社との契約による委任を受け，会計監査人として監査を行う。このとき，会計監査人は，監査契約を締結した監査対象会社に対し，会計の専門家として通常要求される注意を尽くした監査を実施すべき義務（善管注意義務）を負っており，監査人が実施した監査が前記義務に違反するものであった場合，任務懈怠として監査対象会社に対する423条１項の損害賠償責任を負う。そして，監査契約上の善管注意義務に違反したか否かは，通常の会計監査人が準拠すべき**一般に公正妥当と認められる監査の基準**である企業会計審議会の定めた監査基準や日本公認会計士協会の定めた実務指針，監査実務慣行に従った監査を実施したかどうかにより判断されることとなる。

これまでに会計監査人の任務懈怠が認められたケースとしては，監査対象会社の粉飾決算を見逃して決算期に適正意見を表明した会計監査人について，財務諸表に不自然な兆候が現れた場合には会社側による会計不正のおそれも視野に入れて慎重な監査が求められるとした事例（大阪地判平成20年4月18日判時2007号104頁）がある。また，会計監査人は，監査対象会社の適正な計算書類の作成体制（**内部統制体制**）に関して直接の責任を負うわけではないが，その監査計画を策定するにあたり，まず，監査対象会社の内部統制について有効性の評価を行うことが求められている。そして，監査対象会社における内部統制が不十分であり不正発見の可能性が低いと評価される場合には，その内部統制に依存せずにより広範な調査を行うことが求められる（大阪地判平成24年3月23日判タ1403号225頁）。このような調査を行うことなく監査対象会社の内部統制の有効性を前提として，不正の発見を怠り，無限定適正意見を表明した場合には，任務懈怠として会社に対する損害賠償責任を負う場合がある。

（2）責任追及の方法

■会社による訴訟

役員等に任務懈怠があるとき，その者に対して損害賠償請求を行うのは，契約の一方当事者の会社である。このとき，会社側の代表者には注意が必要である。取締役または執行役と会社との間で訴訟になったときに株式会社を代表するのは監査役（または監査委員会で選定された取締役）である。それ以外の役員等との間で訴訟になったときは，原則どおり，代表取締役または代表執行役が会社を代表する。

会社が役員等に対し責任追及の訴訟を提起したときには，遅滞なくその旨を**公告または株主に通知**しなければならないとされている（849条5項）。株主が当該訴訟に共同参加する機会を与えるためである。株主が訴訟に参加した場合には，会社はその株主の同意なしには，和解により責任免除ができなくなる（民訴40条1項参照）。

■株主による代表訴訟

以上のとおり，役員等の会社に対する責任については，本来，会社が追及することになるが，責任を問われる者が同僚役員であるため，仲間意識から訴訟の提起は必ずしも十分には行われない。そこで，米国法にならい，個々の株主が，会社のために，会社に代わり，役員等の責任を追及する訴えを提起することが認められており，これを**株主代表訴訟**という（847条以下）。この制度は1950年（昭25）に導入されたが，その後長い間あまり使われることがなかった。その理由は，わが国では裁判をするときにかかる手数料が訴えの金額に比例して決まる仕組みになっているため[2)]，請求額が大きいとそれにともなって手数料も高くなり，それを負担しようとする株主がいなかったためである。株主代表訴訟の場合には勝訴しても損害賠償を受けるのは会社であり，株主には経済的利得がない。代表訴訟をする株主が求めているのは，その会社の健全な経営の回復なのである。そこで，1993年（平5）改正により，株主代表訴訟の目的の価額については，当該訴訟が「財産権上の請求でない請求に係る訴え」とみなされることになった。その結果，訴訟目的価額は一律に160万円とされ（民訴費4条2項。したがって訴状には13,000円の印紙を貼付すれば足りる），株主代表訴訟の提起が容易になった。

株主代表訴訟の対象となる役員等の責任の範囲については，争いがある。この訴訟制度の趣旨は役員等に対する会社の提訴懈怠の弊害を防止することにあるとして，取締役等が会社に対して負担する一切の債務を含むとする見解と，役員等の会社に対する損害賠償責任および資本充実・維持責任に限定されるとする見解とが対立している。判例は，取締役の地位にもとづく責任のほか，取引債務についての責任も含まれると判示して，少なくとも後者の見解をとらないことを明らかにしているが，不法行為に基づく責任が含まれるかどうかはなお不明である（最判平21年3月10日民集63巻3号36頁）。

株主代表訴訟を提起する権利は**単独株主権**であり，原則として1株あれば足りるが，公開会社では制度の濫用を防止するため，6ヶ月以上前から引き続いて株式を有する株主だけに認められる（847条1項）。6ヶ月の保有期間については，これを下回る期間を定款で定めることができ，非公開会社では株式の保有期間は不要である（同条2項）。議決権のない株式の株主も提訴はできるが，定款で定めれば単元未満株主（189条2項）には提訴権を認めないことができる（847条1項かっこ書）。なお，株主代表訴訟を提起した株主は訴訟係属中は株式を保有していなければならない。株式の譲渡等によって株主の資格を失ったときは，その株主は原告適格を失い株主代表訴訟は却下される。しかし，①株主

2）たとえば，訴え提起の場合には，訴訟の目的の価額が100万円までの部分は10万円ごとに1,000円，100万円を超えて500万円までの部分は20万円ごとに1,000円とされている。（民事訴訟費用等に関する法律別表第1）

資格の喪失が，当該会社の株式移転または株式交換により生じる場合であって，その場合，原告株主が完全親会社（会則219条参照）の株式を取得したとき，または，②原告が株主である会社が合併により消滅する場合に，当該株主が，合併により設立しまたは存続する会社もしくはその完全親会社の株式を取得した場合には，原告適格を失わないとされている（851条1項）。また，これらの新設会社，存続会社または完全親会社が，訴訟係属中に，さらにまた株式交換・株式移転または合併をすることにより，原告株主がそれらの完全親会社・新設会社または存続会社の株主になった場合も，原告適格を失わず，株主代表訴訟を継続することができる（同条2項・3項）。

株主代表訴訟は会社の本店所在地に管轄をもつ地方裁判所に専属する（848条）。通常の場合には，株主は監査役または監査委員に対して**事前の提起請求**を行い（386条2項1号，408条3項1号），その後60日以内に会社（監査役・監査委員）が提訴しなかったときに，はじめて代表訴訟を提起できることになる（847条1項～3項）。監査役または監査委員に対して提訴請求をしないでなされた株主代表訴訟は，提訴要件を満たさないので却下される。しかしそのような手続きをとっていては会社に回復不能の損害が生ずるというおそれがあるときには，直ちに提起することができる（847条5項）。時効の完成など法律的にみて会社が損害を被るときのほか，役員等の資産状態の悪化や財産隠匿のおそれがある場合など，事実上，責任の追及が著しく困難となるときも含まれる。なお，会社が60日以内に責任追及等の訴えを提起しない場合において，当該訴え提起の請求をした株主または責任追及対象者から請求を受けたときは，その請求者に対して，遅滞なく，責任追及等の**訴えを提起しない理由**を書面その他の法務省令（会則218条）で定める方法により通知しなければならない（847条4項）。

株主代表訴訟は，悪用されるおそれがあるので，2つの制限事項が置かれている。まず，訴訟外で金銭を得る目的で総会屋が株主代表訴訟を提起する場合や，事実無根の名誉毀損的主張をすることによって会社の信用を傷つける目的で株主代表訴訟を提起する場合など，当該株主もしくは第三者の不正な利益を図り，または当該株式会社に損害を加えることを目的とする場合（**代表訴訟権の濫用**の場合）は，訴え提起は認められず却下される（847条1項但書）。また，被告となった役員等が，原告による株主代表訴訟の提起が**悪意によるもの**であることを疎明[3]して（847条8項），担保の提供を申し立てたときは，裁判所は原告株主に対して相当の担保の提供を命ずることができる（同条7項。東京高決平成7年2月20日判タ895号252頁）。理論上は，原告は担保を提供して訴訟を継続することもできそうであるが，高額の担保を提供できる原告株主は少なく，事実上，担保提供命令が出れば代表訴訟は終結する。前述の代表訴訟権の濫用の制度は，提訴が原告株主または第三者の不正な利益を図りまたは会社に損害を加えることを目的とする場合に提訴請求を不適法とするもので，この制度は会社を保護するためのものであるとされている。これに対して，担保提供の制度は不当な訴訟提起によって役員等が被害をうけるのを防ぎ，被告役員等が原告に対して有することになりうる損害賠償請求権を担保することを目的としており，これは被告役員等を保護するための制度である。

株主代表訴訟の判決の効果は会社に帰属するので，会社に訴訟参加[4]の機会を確保させる必要がある。したがって提訴株主は，提訴した後遅滞なく会社に対して，**訴訟告知**をしなければならない（849条3項）。また，会社は，責任追及等の訴えを提起したときは，訴えの提起をなした旨を，また提訴株主から上記の訴訟告知を受けた場合にはその旨を，遅滞なく公告し，または株主に通知しなければならない（同条4項。非公開会社では，株主に通知するだけでよい。同条5項）。株主代表訴訟において原告株主と被告役員等との馴れ合いを防止するため，会社または他の株主には**訴訟参加**の機会が与えられている（849条1項）。しかし，会社が被告役員等側に補助参加できるか否かについては，従来，学説上見解が分かれていた。2001（平13）年にこれを認める最高裁判決（最決平成13年1月30日民集55巻1号30頁）があり，会社法も同様の規定を置いている（849条2項）。すなわち，会社は監査役（2人以上いる場合は，各監査役）の同意を，委員会設置会社では各監査委員の同意を得て，被告役員側に補助参加することができる。原告と被告役員等が共謀し，裁判所に会社の権利を詐害する判決をなさしめたときには，会社または他の株主が，**再審の訴え**を提起することが認められている（同条1項。なお民訴342条1項）。

株主代表訴訟は会社のためになされ，その勝訴判決の利益は会社に帰属する（民訴115条1項2号）。したがって**勝訴株主**は，弁護士に支払った報酬のうち相

3） 証明のように確信をもつ段階まではいかず，一応確からしいという心証を裁判官が得た状態をいう。

4） この場合は，係争中の株主代表訴訟に会社がその権利・利益を保護するために参加すること。当事者のどちら側にもつくことができるが，会社は取締役の敗訴を防ぐことに法律上の利害関係を有するという理由で被告側に補助参加することが多い。

当額に加え，訴訟提起に伴う調査等の費用の支払を会社に請求することができる（852条1項・3項)。これに対し，敗訴株主は，会社を害することを知って不適当な訴訟を追行したり，会社荒らしのため理由のない訴訟を提起して会社の信用を害するなど，悪意があった場合でない限り，会社に対して損害賠償の責任を負わない（同条2項・3項)。再審を提起した株主についても同様である(853条2項)。なお，株主が善意である限り，被告役員等および会社に対しても，責任を負わないと解される。

被告役員等と会社が**和解**をなす場合につき，会社法では，総株主の同意による役員等の責任免除の規定（55条・120条5項・424条・462条3項・464条2項・465条2項）は適用されない旨が定められている（850条4項)。また，株主代表訴訟において被告役員等と原告株主間で和解する場合，会社はその和解の当事者でないが，このとき裁判所は会社に対しその内容を通知し，かつ，その和解に異議があれば2週間以内にこれを述べるべき旨を催告しなければならない(850条2項，なお1項)。会社が2週間以内に異議を述べなかったときは，裁判所からの通知の内容をもって株主が和解することを承認したものとみなされる(850条3項)。

なお，企業グループにおける**特定責任追及の訴え**（多重株主代表訴訟）については，第16章2を参照。

2 第三者に対する責任

（1）会社法429条

■同条1項規定の性質

役員等（取締役，会計参与，監査役，執行役，および会計監査人）は，その職務を行うについて悪意または重大な過失があり，それにより第三者に損害を与えたときは，その第三者に対して損害賠償責任を負う（429条1項)。これらの役員等は，違法行為を行った場合にも，会社以外の第三者に対しては，本来不法行為責任（民709条）しか負わないはずであるが，株式会社が経済社会において重要な地位を占め，役員等がこの株式会社の機関としての職務を執行するについて第三者に与える影響が大きいため，第三者を保護する趣旨から，不法行為の責任とは別に，会社法は役員等の第三者に対する責任を認めたものである。この責任はとくに資本的基盤の弱い中小規模の会社における債権者保護としての役割を担っており，その果たす役割としては**法人格否認の法理**（→第12章2

（2））と重なる部分がある。

第三者からは，役員等の不法行為責任とともに，この責任を追及することができる（**請求権競合**〔最大判昭和44年11月26日民集23巻11号2150頁〕）。ただし，第三者に対する故意・過失を証明するよりは，業務執行における悪意・重過失の証明のほうが容易であることが多い。

■責任成立の要件

不法行為責任においては，役員等の一定の行為が第三者に対し損害を与える場合（**直接損害**）に限定されることになるが，この責任は，役員等の悪意または重大な過失のある職務執行行為によりまず会社に損害が生じ，その結果として第三者が損害を受ける場合（**間接損害**）をも含むと解されている。間接損害の場合には当該責任を認めるべきではない（会社に対する責任の追及でもって対処すべき）とする見解もあるが，会社に対する責任は必ずしも追及されるわけではなく，場合によれば免責の可能性もあること（424条5項），職務執行についての悪意・重過失という帰責事由の大きさに照らして，とくに債権者を保護する必要上，間接損害も含むと解するのが一般的である。

また，ここにいう第三者には債権者だけではなく株主をも含むのか，含むとしても直接損害に限定されるべきかが問題となるが，株主が代表訴訟により取締役・執行役の責任を追及するには，6ヶ月の株式保有の要件（847条1項・2項）を充足しなければならず，担保提供が命じられることもあること（同条7項）など，必ずしも株主の間接損害が回復されるとは限らないことから，直接損害もしくは間接損害を問わず，**株主も第三者に含まれる**と解するのが多数の見解である。

■虚偽記載に基づく責任（429条2項）

役員等が，株式，新株予約権，社債もしくは新株予約権を引き受ける者を募集する際に通知すべき重要事項について虚偽の通知をなしたり，当該募集のための会社の事業その他の事項に関する説明資料に虚偽の記載・記録をなした場合（428条2項1号イ），計算書類および事業報告書ならびにこれら附属明細書，臨時計算書類に記載すべき重要事項に関して虚偽の記録・記載をなした場合（同号ロ），虚偽の登記・公告をなした場合（同号ハ・ニ）には，その行為について注意を怠らなかったことを証明した場合を除き，虚偽記載・記録により損害を受けた第三者に対して責任を負う（429条2項）。

（2）責任を負う役員

■名目的取締役

取締役とは，株主総会において取締役として適法に選任され，就任を承諾された者（執行役は取締役会において適法に選任され就任を承諾した者。402条2項）であり，たとえ取締役の人数合わせ等のために選任され実際には取締役としての職務を行わない取締役（**名目的取締役**）であっても，報酬の有無等にかかわらず，第三者に対する責任を負うと解される。この場合，職務を遂行しないことが任務懈怠にあたるのであり，名目的であれば他の取締役の不当・違法な職務執行を監督すべき任務を負わないとは解されていない。ただし，かりに監督義務を果たしたとしても，他の取締役の不当・違法な行為を防げなかったときには，当該任務懈怠行為と損害との間に因果関係がない。

■登記簿上の取締役

取締役が辞任の意思表示を会社に対して行った場合には，この人物は取締役ではなくなることからその後は責任を負うことはない。ただし，取締役を辞任した者が，辞任の登記がまだなされていないときに，辞任したにもかかわらずなお積極的に取締役として対外的または内部的な行為をあえてした場合には，登記がないためその退任は善意の第三者に対抗できないことから（908条1項），その行為により損害をこうむった善意の第三者は当該行為を取締役の職務の執行とみなして責任を追及できると解される（最判昭和37年8月28日裁判集民62号273頁）。また，辞任したにもかかわらず，登記申請権者である当該株式会社の代表者に対し，辞任登記を申請しないで不実の登記を残存させることにつき**明示的な承諾**を与えていたなどの特段の事情が存在する場合には，会社法908条2項の類推適用により，善意の第三者に対して当該株式会社の取締役でないことを対抗できない結果，429条1項の取締役として第三者に対する責任を免れることはできないものと解される（最判昭和62年4月16日判時1248号127頁）。

また，適法な決議により選任されない者は，取締役としての権利を有し，義務を負うことはないが，就任の登記がなされており，その就任の登記につき本人が承諾を与えたときには，不実の登記の出現に加功したものとして，会社法908条2項を類推適用し，取締役として就任の登記をされた当該本人も，故意または過失がある限り，当該登記事項の不実なことをもって善意の第三者に対抗することができず，取締役としての責任を免れないと解される（最判昭和47年6月15日民集26巻5号984頁）。

もっとも，商業登記の効力との関係で善意の第三者保護を理由に取締役でない者にも不実登記に対する責任を認めようとする見解がある一方で，当該責任はあくまでも行為責任であり，**事実上の取締役**として行為していれば，その限りで当該責任を認めるべきであるとの見解も有力である。

3 責任からの救済

(1) 任務懈怠責任の免除・限定

■なぜ責任免除か

役員等の任務懈怠について損害賠償責任を負わせることで，会社は被った損害を塡補することができるとともに，各役員等に対しては法令・定款・株主総会決議を遵守し，より慎重に職務にあたらせるという効果が期待できる。しかし，賠償額はときに莫大な金額となることもあり，責任を恐れて役員のなり手がいなくなることも懸念される。また，役員の行為が任務懈怠にあたるときであっても，場合によっては，解任や降格にとどめたほうが妥当なこともありうるだろう。一方で，かりに責任免除を認めるとしても，取締役会や監査役会でそれが決定できるとすると，仲間意識から会社の利益に反するような免除や限定が行われやすいことになる。そこで，会社法では，対象となる役員等の地位や責任の程度，責任の免除・限定の方法について，詳細な規定を設けたうえで，任務懈怠責任の免除・限定を認めることにしている。以下に説明する。

■責任免除のためにはすべての株主の同意が必要である

役員等の会社に対する責任は，原則として，すべての株主の同意がなければ免除できない。株主全員の同意があれば免除が認められる責任としては，任務懈怠にともなう損害賠償責任（424条）のほかに，株主の権利行使に関する利益供与に関与した取締役（120条5項），違法な剰余金の分配（分配可能額を超えない部分に限る）に係わる責任（462条3項），株主の株式買取請求に応じて株式を買い取った金額が分配可能額を超えた場合の超過額の賠償責任（464条2項），および剰余金の分配により欠損が生じた場合の責任（465条2項）がある。

もっとも，会社が取締役の責任を追及する訴訟において和解をなすとき，または株主代表訴訟において会社が訴訟当事者ではないが（訴訟株主と当該取締役との）和解について異議を述べないときには（850条1項・3項），総株主による責任免除の同意は必要とされない（同条4項）。

■**責任の一部免除および責任額の限定**

賠償額そのものが非常に高額となり，役員等がその賠償責任を果たしえないと考えられる場合もありうる。しかし通常は，小規模な株式会社の場合を除き，すべての株主から免除の同意を得ることは難しい。また，事業経営そのものに一定のリスクが伴うことから，損害額すべての賠償を命じることが取締役・執行役への就任を躊躇させる要因となることも考えられる。そこで，会社法は，役員等の任務懈怠にもとづく会社に対する損害賠償責任について，職務の執行につき善意でかつ重大な過失がないときには，一定の要件のもとで，責任の一部免除および責任額の限定を認めている（425条～427条）。

なお，責任の一部免除を受けた役員等に対して，退職慰労金その他の法務省令（会則115条）で定める財産上の利益を与えるとき，または，役員等が有利発行を受けた新株予約権をその決議後に行使し，または譲渡するときには，株主総会の承認を受けなければならない（425条5項，426条6項，427条5項）。

① 株主総会の決議による一部免除

任務懈怠に基づく会社に対する損害賠償責任（会社と自己のために直接取引を行った取締役以外の利益相反取引に係る責任を含む）について，在職中の1年間の報酬額を基準として，代表取締役・執行役についてはその6倍まで，代表取締役以外の取締役（社外取締役を除く）または代表執行役以外の執行役についてはその4倍まで，社外取締役についてはその2倍までに（これらは**最低責任限度額**という），株主総会の特別決議により免除することができる（425条1項，309条2項8号）。この免除を決議するときには，取締役は，決議をする株主総会において責任の原因となった事実および賠償の責任を負う額，免除額の限度および算定の根拠，免責の理由および免除額を開示しなければならない（425条2項）。

② 定款の定めに基づく取締役［会］の同意による一部免除

上の株主総会の決議による一部免除のほかに，取締役の過半数の同意（取締役会設置会社では取締役会の決議）をもって最低責任限度額までの免除を行える旨を定款で定めることができる（426条1項）。取締役の同意（取締役会の決議）がなされたときは，取締役は，遅滞なく，責任の原因となった事実，免責の理由等について異議がある場合には一定の期間内に異議を述べるべき旨を公告するか，（公開会社以外の会社では）株主に通知しなければならない（426条3項・4項）。総株主（免除の対象となった役員等が株主であるときは，それを除く）の議決権の100分の3（定款でそれを下回る数値を設定可能）以上の議決権を有する株主がその期間内に異議を述べたときは，会社は，定款の定めに基づいた免除はできない（426条5項）。

③ 非業務執行取締役等との責任額限定契約

定款で定めた額の範囲内であらかじめ株式会社が定めた額と最低責任限度額とのいずれか高い額を限度とする旨の契約を非業務執行取締役等と締結することができる旨を定款で定めることができる（427条1項）。本来は社外取締役の確保を目的としたものであるが，2014年（平26）改正により，適用範囲が業務執行をしない役員すべてに拡大された。責任額限定契約を締結した非業務執行取締役等がその会社または子会社の業務執行取締役もしくは執行役または支配人その他の使用人に就任したときには，非業務執行取締役等の要件を外れることから，その契約は将来に向かって効力を失う（同条2項）。会社がこの契約に基づいて責任を限定することになったときには，株主総会において責任の原因となった事実等を開示しなければならない（同条4項）。

（2）その他の責任からの救済

■優秀な人材確保の必要性

複雑な現代社会において会社役員はその職務に関連して，民事責任のみならず，刑事責任や行政上の責任を問われることも少なくない。かりに最終的に責任を免れることができたとしても，その過程では役員等は労力を奪われるだけでなく，弁護士費用等に多大な支出を強いられる。これらをすべて自腹で負担しなければならないとすると優秀な人材が得られなくなるおそれがある。会社が損失の補償や賠償責任保険を提供することも意味があり，実際に，これらを内容とする契約の締結が多く行われていた。しかし，契約自由を名目にした法外な内容の契約もみられた。また，近時，外国人株主の活動が活発化すると，日本企業のガバナンス改革が叫ばれるようになり，それと同時に優秀な人材を確保する必要性が強く意識されるようになった。そこで，2019年（令元）に行われた会社法改正では，従来から実務で行われていた補償契約や賠償責任保険について新たな規制を定め，優秀な人材確保のため，適切な形でそれらが行われるようになることを目指した。

■補償契約

役員等は，その職務の執行にあたり，任務懈怠として会社に対して責任を負う場合のほか，第三者から損害賠償を請求されたり，刑事事件における被告になる場合がある。これらの場合に役員等に生じる**弁護士費用**などを会社が負担する（立替払いを含む）という内容の契約を補償契約という（430条の2第1項1号）。本来，契約自由の原則があるから，会社と役員は内容について自由な取り決めができるが，会社法は通常要する費用の額を超える補償はできないと定めている（同条2項1号）。また，職務の執行にあたり，**第三者に対する民事責任**を負う場合などについて，役員等が善意でかつ重過失がなかったときは，損害賠償金または和解金を会社が負担するという契約をすることもできる。ただし，会社と役員等が第三者に対して連帯責任を負うときは，当該役員の負担部分については会社が保証することは禁じられている（同条2項2号）。

■賠償責任保険（D&O保険）

任務懈怠責任は会社に対する責任であるから株主の意思により免除・限定できるのに対して，**第三者に対する民事責任**（たとえば，429条の責任，不法行為責任，金融商品取引法の責任など）は株主総会の決議によっては免除・限定することはできない。そこで，会社が損害保険会社と契約を結び，役員等が賠償責任を負った場合にはこれについて保険金を支払うことが行われている。ただし，忠実義務違反や法令違反を故意に行った場合は除かれる。

役員等賠償責任保険契約については，取締役会（取締役会のない会社では株主総会）の決議によって決定しなければならず（430条の3第1項），公開会社においては契約概要を**事業報告**に記載しなければならない。

Self-Check

1. 株主代表訴訟で勝訴しても株主にはなんら利得はない。経済的な利益がないにもかかわらず訴訟を提起する株主の正当な動機としては，どのようなものがあると考えられるか。
2. 判例によれば，取締役の対第三者責任（429条1項）の規定は会社債権者の保護を図るため取締役の責任を強化した法定責任であるとされる。このような理由づけは現在でも説得力があるか。
3. 経営判断原則は，第三者に対する責任が問題となる場合にも適用されるか。
4. 役員等の責任免除・制限の規定は会社に対する責任以外の場合については適用されない。それ以外の責任としてどのようなものがあり，それに対応するためにはどのような方法があるか。

関連文献

牛島信・株主代表訴訟（幻冬舎文庫，2000年）

第6章　株主の経営参加

株主総会は，経営者から会社の事業に関する状況説明を受けて，株主が重要な事項について意思決定を行う場である。大規模な株式会社においては，株主は普段会社経営に関与することはないので，株主総会が重要な発言の機会となる。経営者にとっても，株主総会では，役員等の選解任，剰余金の配当などが決定されるので，いつにもまして真剣な対応が求められる。

本章では，株主総会の意義と権限は何か，株主総会はどのような手続きにより招集され議事はどのように進行するか，また，株主が議案の提案を行ったり，質問をすることは可能か，株主が議決権を行使する方法と決議の成立に必要な要件は何か，さらに，株主総会決議の手続きや内容に重大な問題がある場合に，決議の効力を争うにはどのような方法があるか，などについて考えてみよう。

Key Points

◆株主総会決議は，1株1議決権という資本的多数決により決定される。
◆株主総会の存在は重要であり，その活性化のためのさまざまな工夫がされてきた。
◆株主総会が決定できる事項に関しては，その会社に取締役会が設置されているかどうかで異なる。
◆株主総会は，通常，取締役会によって招集されるが，一定の条件のもとで株主により招集されることもある。
◆株主総会の招集通知には，日時，場所，議題などの法定事項を記載しなければならず，書面投票等を行う場合には株主総会参考書類の添付が要求される。
◆株主には，株主総会における議題・議案の提案権がある。
◆役員は株主からの質問に対して，必要な説明を行う法的義務を負う。
◆株主は，株主総会に出席せずに，書面投票，電子投票，代理人への委任などの方法により，議決権を行使することができる。
◆株主総会の決議には，普通決議，特別決議，特殊決議があり，それぞれ定足数要件と決議要件が異なる。
◆株主総会決議の効力を争う方法としては，決議不存在確認，決議無効確認，および決議取消の訴えがある。

1〉 株主総会の権限と招集

（1） 株主総会の権限

■株主の経営参加

株式会社の実質的所有者は株主であるから，会社の支配権は最終的に株主に属するのが論理的である。そこで，株主の意思を確認するための手段として用いられる会議体が株主総会である。決算期ごとに開催される**定時株主総会**と，必要に応じて開催される**臨時株主総会**がある。

株主総会では，議決権を有するすべての株主が出席して，会社の重要事項につき討議したうえで，投票による多数決で意思決定を行うという，一見，民主的な運営が予定されているようにみえる。しかし，株式会社の運営における意思決定は，いわゆる**資本多数決**によって行われる点に注意する必要がある。すなわち，株主は１人１票を有するのではなく，その所有する１株式につき１票を有するのが原則である（後述のように，議決権がない株式もある）。多数の株式をもつ者が株主総会の決議の結果を左右することができるのであり，通常の意味での「民主的運営」とは正反対であるともいえる。資産の多寡や性別や社会的地位にかかわらず，平等に個人に１票が与えられるのが民主主義だからである。しかし，株式会社の場合には，より多くの株式をもっている者が会社経営についてより多くのリスクを有しているということができる。株式数の少ない者は事業がたとえ失敗しても損失は少ない。より多くのリスクを負担する者が，会社経営についてより大きな発言権を有することを認められるというのが，資本多数決の考え方なのである。

■株主総会は本当に必要か

第１章2〉で説明したように，**所有と経営の分離**が株式会社制度の特徴のひとつである。近時の会社法改正において取締役会の権限強化が図られてきた結果，株主総会の権限は徐々に縮小される傾向がある。すなわち，株主総会はかつて万能の機関であったが，1950年（昭25）に取締役会の制度が導入されたとき，株主総会の権限は法令・定款に定められた事項に限られることになった。株主が決定できるのは会社の基本的事項に限られることになり，会社の事業運営に関する決定権はほぼ取締役の手に委ねられた。その後，**株主総会の形骸化**が進み，支配株主による資本多数決制度の濫用や総会屋による弊害が指摘されるようになると，一時は**株主総会不要論**すら生じたのである。

しかし，株式会社が株主による出資を基礎とする営利団体であり，事業活動の結果が配当となって株主に還元される仕組みである以上，会社の重要事項の決定に当たり，株主の意思を無視することは許されない。株主総会を不要な仕組みと断じてしまうことはできないのである。そうすると，株主総会の権限強化とその活動の促進という方向性は期待できないとしても，資本的多数決制度の濫用による弊害を抑制しつつ，株主の意思が会社の経営に反映されるように工夫していくことが必要であるといえる。

■株主総会の権限は取締役会の有無によって異なる

定款自治の原則（→第２章①）により，株式会社が取締役会を設置するかどうかを選択できるようになった結果，株主総会が果たす役割にも違いが生じている。すなわち，まず，取締役会が置かれていない会社においては，経営監督が比較的弱いために，株主が直接に決定に関与して経営をチェックすることが望ましい。そのため，取締役会を置いていない会社における株主総会は，会社法に定められた事項のみならず，会社の組織，運営，管理その他会社に関する一切の事項について決定できるとされている（295条１項）。これに対して，取締役会が置かれている場合には，会社の業務に関わる決定と監督はまず取締役会を通じて行うこととされている。したがって，取締役会設置会社の場合には，株主総会は会社法または定款に規定する事項についてのみ決議をすることができる（295条２項）。

ただし，会社法に規定されていないことであっても，定款の定めにより株主総会の決定事項とすることは可能である。たとえば，**代表取締役の選定**は通常取締役会で行われるが，株主総会で選定することも可能とする旨を定めた定款規定が有効とされた事例がある（最判平成29年２月21日金判1519号８頁）。取締役会による監督機能が弱くなるという問題点はあるにせよ，株主がそれをあえて望むのであれば，定款自治が尊重されるべきだといえるからである。しかし，定款により株主総会の権限拡大が行われると，取締役会の権限が制約され決定手続も煩雑になるために実例は多くない。以上とは逆に，株主総会の法定権限を狭くすることは，定款の定めによってもできない（295条３項）。株主が多くの権限を手放すことによって不利益を受けるのを防止するためである。

■株主総会で何を決めるのか

会社法に定められた株主総会で決めるべき事項を**法定決議事項**という。

取締役会設置会社における主な法定決議事項は以下のとおりである。

〈公開会社の場合〉

①役員および会計監査人の選任と解任（329条，339条）

②定款の変更（466条），事業の譲渡等（467条），組織変更（776条），組織再編（783条，795条）

③株式の併合（180条），自己株式の取得（156条），剰余金の配当（454条）

④役員報酬の決定（361条，379条，387条），役員等の責任の一部免除（425条）

〈非公開会社の場合〉

①～④に加えて，

⑤募集株式の発行の決定（199条2項，202条3項4号），新株予約権の発行の決定（238条2項，241条3項4号）

一方，取締役会を設置していない会社においては，取締役会で決議すべき多くの事項が株主総会の決議事項になっている。たとえば，譲渡制限付き株式の譲渡承認（139条1項），株式の分割（183条2項），株式の無償割当（186条3項），募集株式および募集新株予約権の割当（204条2項，243条2項），新株予約権無償割当に関する事項の決定（278条3項），競業および利益相反取引の承認（356条1項）などである。

■勧告的決議は原則として効力をもたない

定款の定めもなく，かつ法律で株主総会の決議事項とされていない事項について株主総会が決議を行った場合，その決議の効力はどうなるのか。このような決議は**勧告的決議**とよばれ，原則としては，なんら法律関係を生じさせるものではない。わざわざ費用と労力をかけて無用な決議を行った場合には，取締役の責任問題が生じる可能性もある。しかし，その株主総会決議が法的に一定の意味をもつといえる場合には，例外的に有効とされる余地がある。たとえば，敵対的企業買収（→第14章③）に直面した会社が防衛策として新株予約権を発行するにあたり，その発行権限自体は取締役会にあるが，株主の意向を確認する目的で株主総会決議を行った事例がある。株主総会決議により圧倒的多数の株主が発行を支持している場合には，差別的な条件のついた新株予約権発行も株主平等原則（→第8章②）に違反せず，著しく不公正な発行方法にはあたらないとされた（最決平成19年8月7日民集61巻5号2215頁）。

COLUMN　オンライン株主総会

いわゆる「新型コロナ禍」により，日本の株主総会をめぐる状況は変化を迫られつつある。ウィルス感染を怖れる多くの株主が出席を控えた結果，株主総会の開催が事実上困難になったのである。会社法では，株主総会の招集にあたって株主総会の「場所」を定めなければならないとされており（298条1項1号），現実に株主が出席できる会場を確保する必要があった。これに対応するため，2021年（令3）6月に**産業競争力強化法**が改正され，経産大臣等の許可を受けた上場会社が定款の定めを置くことで「場所の定めのない株主総会」の開催が認められることになった。これにより，株主総会をオンラインで開催することが可能になった。オンライン株主総会では，株主が特設ウェブサイトに質問内容を入力，これを司会が代読し，社長がカメラを通じて回答するという方法などで質疑が行われることになる。議案の採決もオンラインで行われる。参加者がウィルス感染の心配をすることなく，また，遠方に在住している株主にも参加の機会が拡大する点において，オンライン株主総会は大きな可能性を有している。しかし，同時に，オンライン株主総会に対しては，通信障害が発生する，会社にとって都合の悪い質問が意図的に排除される，株主なりすまし不正が行われる，などの懸念事項が指摘されている。とくに定款変更や組織再編などの重大な決定において，これらのリスクは深刻さを増すことになる。オンライン株主総会を利用する会社には，利便性の享受だけではなく，株主に対して誠実に向き合う姿勢やシステムの整備などが求められる。

（2）株主総会の招集手続き

■招集の決定

取締役会設置会社においては，株主総会の招集は，取締役会が決定するのが原則である。取締役会では，①株主総会の日時および場所，②株主総会の目的である事項（議題），③書面投票を認めるときはその旨，④電子投票を認めるときはその旨，⑤その他省令で定める事項，を決定しなければならない（298条4項）。また，取締役会のない会社で複数の取締役がいる場合は，その過半数により招集を決定する（348条2項）。これらの決定に従って，代表取締役が実際の招集手続を行うことになる。

例外的に，株主が株主総会の招集を決定し実行する場合もある。敵対的企業買収（→第14章②）によって対象会社の支配権を獲得した株主（買収者）が現在の経営者を交替させる場合などである。すなわち，総株主の議決権の100分の3以上の議決権を6ヶ月前から引き続き有する株主は，取締役に対し，議題および招集の理由を示して株主総会の招集を請求することができる。もし，一定期間内に株主総会が招集されないときは，裁判所の許可を得て自ら株主総会を招集できる（297条）。

■招集通知

株主総会の招集が決定したときは，株主に対して株主総会の開催日時，開催場所，議題等を記載した招集通知が発せられるが，これは公開会社の場合は総会日の2週間前，非公開会社では総会日の1週間前までにしなければならないとされている（299条1項）。非公開会社の場合は短期間となっているが，株主が多くの参考書類を検討する必要がある場合には1週間では足らない。そこで，非公開会社についても，株主に書面投票または電子投票を認めるとき，または後述の株主総会資料の電子提供制度を定めた場合には，公開会社と同じく，総会日の2週間前までとされている。

招集通知は議決権を有するすべての株主に対してしなければならない。一部の株主に招集通知を発するのを忘れていた場合には，総会決議の取消原因となる。ただし，招集通知をしなくても，株主全員が同意して総会のために集合した場合は，とくに不利益を被る株主はいないから総会は有効に成立する（**全員出席株主総会**〔300条〕）。また，株主全員が書面により同意した場合には，株主総会の開催自体を省略して，当該議題を可決することもできる（**書面決議**〔319条〕）。

ところで，取締役会設置会社においては，株主総会の招集通知は書面でしなければならず，定時総会に際しては計算書類と事業報告を株主に提供しなければならないとされている（437条）。さらに，株主に書面投票または電子投票を認めるときには，**株主総会参考書類**を添付しておく必要がある。取締役会のない会社では招集通知は口頭でもかまわず計算書類等も添付する必要がないことに比べると，これはなかなか大変な作業である。株主の事前の承認があれば，招集通知は電子メールで行うこともできるとされているが（299条3項），上場会社では株主数が多いために株主の同意を得ることは難しく電子メールはほとんど使われなかった。そこで，2019年（令元）改正により，定款の定めを置けば，取締役は，株主総会に関わる資料を自社のホームページなどのウェブサイトに掲載し，株主に対しては招集通知の中に当該ウェブサイトのアドレスを記載することにより，適法に株主総会資料を提供したものとする株主総会資料の**電子提供制度**が導入された（325条の2）。

会社がこの措置を採用した場合には，株主総会参考資料等を印刷したり株主に郵送する時間が削減されるため，提供開始の期限が前倒しされ，総会日または招集通知を発した日のいずれか早い日の3週間前から電子提供措置をとらなければならない。できるだけ早く情報開示をして，投資家に議決権を行使するための株主総会参考書類等の検討をする期間を確保するためである。また，この電子提供措置は，決議取消の訴えの証拠として使用される場合に備えて，総会日の後3ヶ月を経過する日まで継続しておかなければならない（325条の3）。なお，会社が電子提供措置をとることができる場合であっても，インターネットに不慣れな株主のために**書面交付請求制度**が置かれている。すなわち，そのような株主からの請求があれば，いつでも，取締役は電子提供されている事項が記載された書面を交付しなければならないとされる（325条の5）。

■議題と議案のちがい

株主総会の目的である事項を**議題**といい，その議題に関して株主総会において具体的に投票をする対象を**議案**とよぶ。たとえば，「定款変更の件」が議題であり，「定款の事業目的に洋菓子の製造販売を追加する」というものが議案になる。

取締役会設置会社の株主総会は，とくに法に規定された事項を除き，あらかじめ収集通知で定められた議題についてしか決議することはできない（309条5項）。そのような会社の株主はつねに会社経営に関わっているのではないため，出席するかどうかを決定するにあたり議題が重要であるから，あらかじめ招集通知にそれが記載されていなければならないのである。一方，取締役会のない会社では，株主が日々の経営に関与していることが前提なので，あらかじめ議題を記載することなく，株主総会の場で自由に適切な事項を決議することができる。

しかし議案については，取締役会設置会社においても事前に定めておくことは要求されていないから，株主総会の場において自由に決議することができる。たとえば，「剰余金配当の件」という議題のみを定めて株主総会を開催し，会場での提案に従って配当金500円を決議することも可能である。

そうはいっても，何が議題で何が議案にあたるのかは会社法上必ずしも明確ではなく，問題が残されている。たとえば，「取締役2名選任の件」が議題で，「Aを取締役とする」「Bを取締役とする」がそれぞれ個別の議案であることには異論がない。しかし，選任の場合とは異なり，解任の場合には特定の取締役を解任することが議題の内容であると考えられている。したがって，「C取締役解任の件」が議題となり，これに対する議案としてはCの解任に賛成か反対かしかない。このように，選任と解任で扱いが異なっている理由は必ずしも明らかではなく，実務上の慣行というほかない。

■株主提案権

議題と議案については，株主総会の招集を決定した取締役会が提出するのが原則であるが，一定の要件の下では，株主も，議題や議案を提出することができるとされている。

株主の**「議題」の提案権**については，以下のとおりである。すなわち，取締役会設置会社では，6ヶ月前から引き続き総株主の議決権の100分の1以上の議決権または300個以上の議決権を有する株主は，取締役に対して，総会の日の8週間前までに議題の提案を行うことができる（303条2項）。提案された議題は，招集通知に記載される。一方，取締役会のない会社では，議決権を有する株主である限り議題の提案をすることができ，これは総会の日の前にしてもよいし，総会当日に会場において行ってもよい（303条1項）。

つぎに，株主の**「議案」の提案権**については以下のとおりである。ある議題について，会社提案と異なる議案を提出することは，当該議題について議決権を有する株主であれば可能である。総会当日に会場で行われる株主提案は**動議**とよばれ，原則として，会社はこれを無視することはできない。無視するとその決議は取消可能となる。また，この提案は事前にしておくことも可能であり，株主は総会の日の8週間前までに，会社に対し，提案しようとする議案の要領を他の株主に通知することを請求できる（**通知請求権**〔305条1項〕）。なお，取締役会設置会社では，総会日の前に議案の提案ができるのは，総株主の100分の1以上または300個以上の議決権を6ヶ月前から引き続き有する株主に限られる。また，2019年（令元）の改正により，この場合に株主が通知を要求できる議案数は10までに制限された（305条4項）。

取締役会設置会社において，議題または議案を提案する株主に一定の持株要件が課されているのは，濫用的な権利行使を防止するためであるが，これだけでは十分とはいえない。ある株主提案が，特定の個人や会社を困惑させる目的で行われた場合や，提案の数や内容からみて，会社・株主に著しい損害を与えるような場合には，**権利の濫用**として，会社は当該提案を拒絶することができる（東京高決平成24年5月31日資料版商事340号30頁）。

法令または定款に違反する内容の議案を提案できないことは当然である。また，ある議案が，株主総会において総株主の10分の1以上の賛成を得られなかったときは，当該決議の日から３年を経過しない限り，当該議案と実質的に同一の議案の提案は許されない（304条）。

2〉株主総会の運営

(1) 議　事

■議　長

株主総会の運営について会社法に規定のない事柄は，**一般の会議体ルール**によって補充されることになる。すなわち，議長の選任については会社法にとくに規定がないので，毎回，会議の最初に選出する必要があるが，この手間を省くために多くの会社では「社長が議長になる」という趣旨の定款規定が置かれている。この場合，社長が議事進行は苦手だからといって，勝手に他の者（たとえば顧問弁護士）に議長を任せると，定款違反になるので注意が必要である。何らかの事情により定款で定められた議長を他の者に交替するには，出席株主の多数による承認決議が必要である。

株主総会においては，議長の進行に従って，議題を審議し，議案の提案者による趣旨説明の後，質疑応答，決議（議題が報告事項だけの場合は決議がないこともある），が行われる。議長は**議事整理の権限**をもち，命令に従わない者や秩序を乱す者がいるときは退場させることができる（315条）。

株主総会の議場において，株主が議案の提案をすることを**動議**といい（304条），その内容が一定の除外事由に該当していない限り，議長はそれを審議しなければならない。採決方法，質疑の打ち切りや議長の不信任などの手続的な動議については，議長はそれを審議するかどうかについて一定の裁量権を有していると解される。ただし，調査者の選任（316条），延期または続行（317条）など，会社法に規定のある手続的な動議については，株主総会で決めることが予定されている事項であるから，議長は総会に諮らなければならない。

なお，株主総会の議事については，省令の定めるところに従って，**議事録**を作成しなければならない（318条１項）。議事録は総会の日から本店に10年間，その写しは支店に５年間備えられ，株主および債権者の閲覧に供せられる（同条２項）。

■役員の説明義務

株主総会に出席した株主は，議題について疑問があれば質問し，それについて必要な説明を受ける権利がある。これは「株主の質問権」ということもできるが，会社法ではこれを「役員等の説明義務」という形式で規定している（314条1項）。両者は同じことであるが，なぜそのような裏側から規定する方法をとったのだろうか。これには日本独自の理由がある。かつて，わが国の株主総会には**総会屋**（**特殊株主**）とよばれる人々がいた。本業は右翼とも暴力団ともいわれるが，その正体は明らかではない。毎年，総会の時期になると，複数の会社に対して質問状を送りつけ，総会当日には会場で質問に立って，いろいろ会社に難癖をつけるのである。株主総会が長時間となるのを嫌がる会社は，総会屋に金品を与えて懐柔しようとする。そうすると，総会屋は今度は「与党」となって，新たな総会屋（野党）の攻撃から会社を守るようになるのである。このような総会屋の跋扈（ばっこ）により一般の株主は総会に来なくなり，会社側も総会屋が複数の株主総会に出られないようにするため，総会の日を6月末の同じ日に設定するようになった。いわゆる**株主総会の形骸化**が生じたのである。このような状況に対応するため，1981年（昭56）の商法改正により利益供与禁止規定が設けられ，総会屋はかなり影を潜めた。また，同時に，株主総会の活性化を目指して株主が提案したり質問をする仕組みが導入された。そのとき，経済界から総会屋に「質問権」を与えるとそれが悪用される可能性があるという指摘が出て，結局，「役員の説明義務」として裏から規定する形になったのである。

この規定により，取締役，会計参与，監査役，執行役（以下では「役員」という）が，株主総会において株主から特定の事項について質問を受けたときには，当該事項について必要な説明をしなければならない（314条1項）。これは法的な義務であって，株主の意思決定のために必要な情報提供を怠ると，その総会決議は法的瑕疵をおび，決議方法の法令違反として取消しが可能となる（831条1項1号）。とはいっても，株主によって理解度に差があるだろうし，どの程度の説明をすれば十分かという点が問題となる。これについては「平均的な株主が，議題について合理的な理解および判断をするために客観的に必要と認められる程度に行えばよい」とされている（東京地判平成16年5月13日金判1198号18頁）。したがって，役員は株主からの質問に対して無制限に答え続けなければならないわけではなく，議長が1人の株主ができる質問数や発言時間に合理的な範囲で制限を設けたり，一定時間が経過した後に質疑を打ち切ることも可能である。ただし，総会屋の質問を恐れるあまり，対応が過剰になってはいけない。たとえば，会社の従業員で株主であるものを株主総会に出席させて，会場の前列に座らせておいて，議長の提案に対して一斉に「異議なし！」と叫んだり，他の株主の質問を遮って「議事進行！」などと言わせている会社があるが，このような措置が過剰になると，一般株主を威圧してその質問機会を奪うことにもなりかねず，決議方法の瑕疵として取消しの原因となることがある（831条1項1号）。

ところで，役員が株主からの**質問に答える必要がない場合**があることが，314条1項および省令において定められている。それによると，①当該質問事項が議題に関連しないものである場合，②説明をすることで株主共同の利益を著しく害するおそれがある場合，③説明をするために調査を必要とする場合，④説明が会社その他の者の権利を侵害する場合，⑤株主が同一事項について繰り返し説明を求める場合，⑥その他正当な理由がある場合，には役員は説明を拒否することができる。上記のうち，①と⑤については当然のことであり，②については営業秘密に関する質問，④については個人情報に関わる質問を受けた場合に拒否理由になりうるであろう。問題は③であるが，株主が総会の日の相当期間前に質問事項を通知していた場合や，調査が著しく容易でその場で担当者に聞けばすぐに判明するような場合には役員は説明を拒むことができない（会則71条1号イ・ロ）。

ただし，説明義務は株主総会で役員が質問を受けた場合にはじめて生じることになっているので，株主が質問事項を事前通知してあっただけで，総会当日に会場に来ていない場合には，役員は事前の質問状に対応して説明する義務はない。また，役員が複数の株主から事前に通知された質問事項を整理したうえで，それに**一括回答**することは可能であり，一括回答の中でどの株主の質問に対する回答であるかが明確にされていなくても説明義務違反にはならない（東京高判昭和61年2月19日判時1207号120頁）。総会議事運営を円滑に進めるために，合理的な方法と考えられるからである。

■総会検査役の選任

株主と経営者側が対立する議案を提案しているなど株主総会が紛糾するおそれがある場合には，会社は決議の方法を調査するため，あらかじめ裁判所に申し立てて，**総会検査役**を選任することができる（306条1項）。通常，裁判所の指名する弁護士が総会検査役に選任される。実際には，検査役は株主総会に出席して議事進行を見守り，その結果を裁判所と申請者に対して報告することになる。また，総株主の議決権の100分の1以上の議決権を有する株主も，総会の招集手続きや決議方法を調査するために総会検査役の選任を申し立てることができる（同条）。総会検査役による調査の結果，不適切な総会手続きが発見されれば，その報告を受けて，株主から決議取消訴訟などが提起されることもある。総会検査役は，**業務執行についての検査役**（358条1項）とは異なるので，混同しないように注意が必要である。

（2）株主の議決権行使

■1株1議決権とその例外

すでに説明したように，株式会社では資本的多数決制度がとられている。株主は1人議決権を有するのではなく，1株式について1議決権を有するのが原則である。したがって，多数の株式を有する株主はより多くの議決権をもち，株主総会において強い影響力を行使することができる。議決権の過半数を有する場合にはその会社の支配権を握ることになる。このように，議決権の保有割合は，単に会社から得られる配当の多さを示すものにとどまらず，会社における構成員としての株主の地位を表すものである。ある株主の地位の重みはその持分割合に比例するのが株式会社における基本的原則であり，1株1議決権はそのような原則を支えるためのルールなのである。

ところで，1株1議決権には重要な例外もいくつかある。

まず，さまざまな実務的理由から，会社が定款により1株1議決権の原則を修正している場合がある。**議決権制限株式**（108条1項3号）は，会社が発行する種類株式の一種として，株主総会で議決権を行使できる事項について制限のある株式を発行するものである。一定の議題について議決権をもたないことにすることもできるし，すべての場合に議決権なしにしてしまうことも可能である（105条2項参照）。1株1議決権原則よりも資金調達の利便性を優先し，会社が議決権の増加を望まないときにも株式発行ができるようにしたものである。また，株主管理コストの削減を目的とした**単元株制度**のもとでは，株主は1株ではなく，1単元ごとに議決権を有することになり（308条1項但書），単元未満株主には議決権がなく総会の招集通知を受けることもない。逆に，株主の種類ごとに異なる単元株式数を定めれば，わが国の会社法上は原則認められていない複数議決権制度を実現することが可能である。たとえば，配当等の権利内容について違いのある2種類の株式を発行し，A種類株式は10株で1単元，B種類株式は5株で1単元とすれば，A：B＝1：2の割合で複数議決権となる。

さらに，非公開会社においては，定款の定めにより，議決権について株主ごとに異なる取扱いを行うことができる（**属人的定め**〔109条2項〕）。「株式ごと」ではなく，「株主ごと」である。たとえば，ベンチャー企業において創業者に対して他の株主よりも多くの議決権を与えることが可能である。

つぎに，会社支配の公正を維持する目的から，法律の規定によって1株1議決権の例外が置かれている場合もある。まず，**自己株式**には議決権がない（308条2項）。自己株式とは，株式会社が株主から取得し保有している自社の既発行株式である。このような株式にも議決権が認められるとすると，代表取締役等の経営者が議決権を行使することにより，株主総会の決議が都合の良いように左右されてしまうからである。また，会社同士がお互いの株式を保有する場合に**相互保有株式**には議決権がない（308条1項本文かっこ書）。すなわち，A株式会社がその株主であるB株式会社の「経営を実質的に支配することが可能な関係」にあるものとして法務省令に定める場合には，B社はA社の株主総会において議決権を行使することができない。これは，わが国で株式の持ち合いが多いことから，A社の経営陣がB社を支配することにより，A社の株主総会において自己の都合が良いようにB社の議決権を行使させないようにする目的で置かれている規定である。しかし，ある会社が他の会社の25%を超える議決権比率を有していることはほとんどないため，「経営を実質的に支配することが可能な関係」にはあたらず，実際には，株式持ち合いを規制する役割を十分に果たせていない。

■総会に出席せずに株主が議決権を行使する方法

株主が遠方に住んでいるとか，仕事が多忙であるとかの理由で株主総会に出席できないことも多い。株主総会には定足数の決まりがあるため，出席者が少ないと会議が成立しなくなるおそれもある。また，株式会社の潜在的所有者である株主の意思をできるだけ反映させるという観点からも，出席できない株主に対しても議決権行使の機会を与えることが望ましい。そこで，会社法では，株主総会に出席しない株主に対して**書面投票**ができることにしている。議決権を行使できる株主が1,000人以上いる会社は会社法の規定（298条2項）により，また，上場会社については上場規程により，原則として株主に書面投票を認めなければならない。これらの会社では，総会に出席できない株主が多いと考えられるためである。それ以外の会社については，招集権者が定めた場合にのみ書面投票を用いることができる（298条1項3号）。書面投票が認められる場合には，招集通知に加えて，株主総会参考書類および議決権行使書面を株主に交付しなければならない（301条1項）。**株主総会参考書類**とは，株主に対して議決権行使のために必要な情報をあらかじめ提供するためのもので，会社側提案に関わる議案，提案理由，その他の事項（法務省令に定められている）が記載されている。また，株主からの提案があった場合には，その記載請求に応じて，議案，提案理由を参考書類に記載しなければならない（305条）。株主提案に対して取締役からの意見があるときは，これも記載される。これらの書類は株主総会資料の電子提供制度によりウェブサイトに掲載することができる。

書面投票に用いられる**議決権行使書面**には，各議案について賛否の記載欄を設けなければならず，全議案を一括して賛成または反対を選ぶことしかできない様式は許されない。株主は，指定された提出期限までに議決権行使書面を会社に提出しなければならず，期限までに到着した書面投票は総会当日に出席した株主の議決権に参入される（311条2項）。株主が賛否の記載欄を白紙のまま議決権行使書面を提出した場合には，会社はあらかじめ通知してある方法により，賛成・反対・棄権いずれかの意思表示があったものとして取り扱うことができる（299条4項，298条1項5号，会則63条3号ニ，66条1項2号）。通常は，会社提案に賛成，株主提案に反対，という取扱いがされている。提出された議決権行使書面は，確認のために，一定期間，会社の本店に備え置かれる（同条3項・4項）。

なお，書面投票をより進化させた方法として，**電子投票**がある。これは会社が議決権行使用のウェブサイトを設け，株主に送られる招集通知に当該サイトのＵＲＬおよびＩＤ・パスワードを記載する方法で行われる。郵送による書面投票よりも便利で安価な方法であるが，利用にあたっては一定のリテラシーが求められるため，電子投票の方法を採用するかどうかは総会招集者の判断に委ねられている。現在のところ上場会社の半数近くで，機関投資家の議決権行使について電子投票を用いているようである。電子投票の方法による場合には，議決権行使のための参考情報として株主に株主総会参考書類を交付しなければならないなど（302条），多くの点について書面投票と同じ規制に服することになる。

■他人の手により株主が議決権を行使する方法

自ら株主総会に出席できないとき，株主は会社に委任状を提出することにより**代理人**を立てることができる（310条1項）。議決権の行使は株主の財産権に関わることであり代理に馴染む行為だからである。ただし，代理人は株主総会ごとに選任する必要があり（同条2項），多くの場合には会社により1人の株主は1人の代理人しか選任することができないものとされている（同条5項参考）。

このように，代理人によって株主が議決権を行使することは会社法により保障されているけれども，会社が定款によって，代理人の資格について合理的で相当な程度の制限を加えることは可能である。たとえば，ほとんどの上場会社では，代理人の資格を他の株主に制限する旨の**定款の定め**を置いているが，これについて判例は，「株主総会が，株主以外の第三者によって攪乱されることを防止し，会社の利益を保護する趣旨にでたものと認められ，合理的な理由による相当程度の制限ということができ」有効であるとしている（最判昭和43年11月1日民集22巻12号2402号）。しかし，上場会社では誰でも株式を購入することによって株主となることができ，代理人資格を株主に限定しても株主総会の攪乱を防止する効果は期待できないから，このような定款による制限は合理的根拠に欠けるという意見もある。上記判例のような立場によれば，代理人を株主に限る定款規定がある場合にも，法人株主がその職員や従業員を代理人として株主総会に出席させることは，総会を攪乱させるおそれはないといえるから，上記定款規定に反しないことになる（最判昭和51年12月24日民集30巻11号1076頁）。弁護士を代理人にする場合にも同様の問題が生じるが，弁護士という職業の性質から総会を攪乱するおそれがないといえるかどうかについては下級審の立場が分かれている（定款規定の適用を否定する例として，神戸地尼崎支判平成12年3月28日判タ1028号288頁。一律に肯定する例として，東京高判平成22年11月24日資料版商事322号180頁）。

以上は株主がみずから進んで代理人を立てる場合であったが，逆に，他の株主から代理権を授与するよう頼まれることもある。たとえば，株主提案を行った株主が自己の提案への賛同を求めて，他の株主から委任状を集めるケースがある。このような行為を**委任状勧誘**といい，その株主提案に反対する現経営陣の側も対抗して委任状勧誘を開始すると，委任状勧誘合戦に発展することもある。上場会社の株主に対して委任状勧誘をする場合には，金融商品取引法上の**委任状勧誘規則**の適用があり（金商法194条），勧誘をする株主は，勧誘を受ける株主に対して法定の情報を記載した委任状参考書類を交付しなければならない。その内容は株主総会参考書類とほぼ同じである。この場合，提案株主は，

305条の権利を行使すれば，その議案と提案理由を会社の費用で株主総会参考書類に記載させることができるのだが，委任状の場合には，①字数制限がなく自由に主張ができる，②白紙委任を受けたときにも代理人の判断で議決権行使をできる，③会場で出された修正動議に対しても議決権行使ができる，などの理由から，あえて費用をかけて委任状勧誘を行うことが多いとされる（田中亘・会社法［第三版］186頁）。

■議決権の不統一行使

ある株主が議決権を行使するときには，その株主自身の意思に従って賛成・反対に投票するのが通常である，しかし，会社法においては，２個以上の議決権を有する株主は，それらを不統一に行使することができるという定めが置かれている（313条１項）。たとえば，5,000個の議決権を有する株主は，ある議案について，3,000個を賛成に，2,000個を反対に投票することができるのである。なぜこのような不自然な投票行動が認められるのだろうか。それは，**信託銀行等**が，複数の機関投資家のために自己の名義で株式を保有している場合があるからである。議決権行使の指示は機関投資家ごとになされるから，信託銀行等は保有株式について議決権を不統一に行使する必要がある。ただし，取締役会設置会社において議決権の不統一行使を望む株主は，総会の日の３日前までに理由を付して議決権の不統一行使を会社に申し入れなければならず（同条２項），株主が他人のために株式を有するものでないときには，株式会社は議決権の不統一行使を拒むことができるとされている（同条３項）。

COLUMN　議決権拘束契約の有効性

比較的小規模な株式会社において，株主間で契約を結び，株主総会において議決権をどのように行使するかについて取り決める場合がある。また，会社が一方当事者となって，株主との間で議決権の行使内容について契約を締結する場合もある。これらを議決権拘束契約とよび，その有効性および契約に違反した方法で株主が議決権行使した場合の効力が問題となる。

まず，株主が自らの意思に基づき議決権の行使方法について株主間で契約を結ぶことは，契約自由の原則からみても許されることであり，議決権拘束契約は一般に有効であると考えられる。ただし，会社が一方の当事者になる契約の場合には，株主が会社の意向に沿って議決権を行使する結果になりやすく，経営者の会社支配のために利用されるおそれが強いため，その法的効力には疑問が残る。その契約内容によっては公序良俗違反（民90条）として無効と解すべき場合も少なくないだろう。

また，株主が議決権拘束契約に違反した議決権行使を行った場合については，それが契約違反（債務不履行）になるとしても，議決権行使の効力には影響がなく，結果的に成立した決議についても法的瑕疵はないのが原則である。契約当事者に損害が生じた場合には債務不履行をした株主は損害賠償責任を負うことになる。例外的に，会社の全株主が契約当事者になっている場合には，一部の株主が議決権拘束契約に違反する方法で議決権行使をした場合には，その総会決議は取消可能となる。この場合は定款違反の決議と同視できるし，株主全員が合意している以上，決議の効力を否定しても不利益を受ける株主はいないはずだからである。

3〉 株主総会決議とその瑕疵

（1）決　議

■決議の種類

審議が熟すと投票が行われる。ある議題が可決されるために必要な要件は，その議題の種類によって異なっている。

まず，一般的な事項については，**普通決議**が必要であり，定足数要件として，議決権を行使できる株主の議決権の過半数を有する株主が出席し，決議要件として，出席株主の議決権の過半数が賛成すれば成立する（309条1項）。ただし，これらの要件については，定款の定めにより変更しておくこともできる。たとえば，普通決議の定足数要件については必要でないと定款で定めている会社も多い（役員の選任・解任の決議の場合を除く。341条参照）。

つぎに，株主の地位に重大な影響を及ぼす決議，取締役と会社・株主との間で利益相反を生じる決議など，慎重な判断が必要とされる一部の事項については，**特別決議**が必要であり，定足数要件として，議決権を有する株主の議決権の過半数が出席し，出席した株主の議決権の3分の2以上の賛成で成立する（309条2項）。特別決議の定足数要件については，定款の定めにより，定足数を3分の1まで軽くすることができる（加重することも自由である）。また，決議要件については，定款により，3分の2よりも重くすることが可能である。

さらに，株主の地位に与える影響がとくに重大であるいくつかの決議については，特別決議よりも厳格な要件が課されており，これらは**特殊決議**とよばれる。①定款を変更して発効する株式すべてについて譲渡制限を課す場合には，議決権だけでなく株主の頭数での多数が必要であり，また，出席した株主ではなく議決権を行使できる株主すべての中での3分の2以上の賛成が要求される（309条3項）。②公開会社が合併の消滅会社または株式移転・株式交換の完全子会社となる場合で，その株主が対価として譲渡制限株式の交付を受ける場合において，当該会社組織変更の承認決議についても，上記①と同様の決議要件が必要である。③非公開会社が株主ごとに異なる取り扱いを行う場合は，総株主（議決権のない株主も含む）の半数以上で，かつ，総株主の議決権の4分の3以上の賛成が決議成立のために必要である（309条4項）。

■決議の方法

議案ごとに採決を行うのが原則であるが，時間の短縮をするために議案について**一括採決**することは，違法ではなく実例も多い。ただし，株主から個別採決の動議が出されれば，原則として，議長は投票にかけなければならない。会社法の中には決議方法に関する定めがないので，定款の中に規定を置くか，会議体の一般原則によることになる。挙手を数えても良いし，電子投票などの仕組みによっても良い。事前に書面等で行使された議決権だけで可決に必要な賛成票が明らかに得られている場合には，とくに採決をせずに，拍手やかけ声だけで済ませることも許される。

なお，ある議案について，議決権を有する株主全員が書面または電磁的記録により同意の意思表示をしたときは，株主総会を開く手間を省略して，当該議案を可決する決議があったことにすることができる（**書面決議**〔319条〕）。

（2）決議の瑕疵

■総会決議の効力を争う

株主総会の決議はその招集手続き，審議方法，採決の内容，などについて，すべて公正に行わなければならない。いずれかの点に問題があれば，その決議は事後的に法的効果を否定される場合がある。しかし，現実には，いったん決議が行われてしまうと，それを前提として多くの関係者の行為が積み重ねられていく。あとから決議の有効性を争うことはなかなか大変である。また，かりに裁判を起こして株主総会決議の無効が宣言されたとしても，通常の民事訴訟の判決は訴訟当事者間においてのみしか拘束力をもたず，それ以外の第三者にとっては総会決議が依然として有効ということでは困る。そこで，会社法では，株主総会の法的有効性を争うための手段として，通常の訴訟とは異なる特別タイプの訴訟手続きが用いられる。どこに問題があったのかに応じて，決議不存在の確認，決議無効の確認，決議の取消という異なる3つのタイプの訴訟を準備している。また，これらの訴訟の結果として，訴訟当事者以外の者に対しても判決の拘束力が及ぶことを認めている（これを**判決の対世効**という）。このような制度が目的としているのは，株主総会をめぐる法律関係を画一的に確定させることである。

■決議不存在・無効確認の訴え

株主総会を実施していないにもかかわらず，実施したことにして議事録を作成してしまうことがある。しかし，そもそも総会決議がないのだから，議事録だけで法的効果が生じるはずはない。「存在しない」というのは客観的な事実であるから，誰でもいつでも主張できるのが原則だが，株主総会の存在を主張する者がいて混乱が生じているときには，きっちりと裁判を起こして株主総会の不存在の事実を確認してもらうのがよい。このような場合に用いられるのが，株主総会決議の**不存在確認の訴え**（830条1項）であり，この確認判決を得ると対世効が生じる。注意しなければならないのは，決議の不存在とは，物理的に決議が存在しない場合の他に，手続きの瑕疵が著しいために決議が存在しているとはいいがたいケースも含まれることである。そうなると，後で説明する決議取消の場合との区別が難しくなり，結局，どこまでが不存在でどこからが取消原因になるかは程度の問題というほかない。

株主総会の決議の内容が法令違反である場合には，その決議を有効とすることはできない。決議が無効であるという主張は，誰でもいつでもできることになるが，本当に法律違反にあたるかどうかは素人判断では難しい。決議が無効となる原因も会社法の中には書かれていない。そこで，裁判所に決議の無効を確認してもらうのが，**決議無効確認の訴え**（830条2項）である。この場合にも判決には対世効が生じる。ただし，裁判でなくても（口頭でも）決議の無効を主張することはできるので，裁判をするかどうかは当事者の判断に任される。

以上の2つの訴えは民事訴訟法でいう**確認訴訟**である。原告となり得る者にはとくに制限がなく，訴えることに利益を有する者であれば，誰でも決議の不存在・無効を主張できる。被告は株式会社である。不存在または無効の決議が時間が経てば有効になるということはあり得ないから，訴えの利益が失われない限り，どんなに時間が経っていても確認の裁判を起こすことは可能である。

■決議取消の訴え

最後の決議取消の訴えについては，それが**形成訴訟**というタイプに分類されることもあり，上の２つの訴訟とは異なる点が多い。

まず，**取消原因**は法律に定められている（831条１項各号）。つまり，限られた一定の場合にしか決議取消の訴えを起こすことができないのである。具体的な取消原因はあとで説明する。つぎに，**原告になれる者**は，株主のほか，取締役・監査役・執行役・清算人に限られている（「株主等」。828条２項１号）。ただし，総会決議により地位を失った株主や解任された役員等も利害関係をもつからその決議の取消しを請求することができる（831条１項後段）。**被告**は，株式会社である。役員の選任決議を取り消そうとする場合には，訴えが認められると地位を失うことになる当該役員も被告に加えた方が公平だと思えるが，これを否定するのが判例の立場である（最判昭和36年11月24日民集15巻10号2583頁）。最後に，決議取消の訴えは，決議のあった日から３ヶ月以内に提起しなければならない（**提訴期間**〔831条１項〕）。提起をしないまま３ヶ月が過ぎると，たとえ瑕疵がある決議であっても有効となる。この提訴期間が過ぎてしまうと，新たな取消原因を追加して主張することは許されない（最判昭和51年12月24日民集30巻11号1076頁）。以上のように，決議取消の訴えについては，取消原因，提訴権者，提訴期間にそれぞれ制限が置かれているのが特徴的であるが，これは紛争をできるだけ早期に確定させて法律関係の安定を図ることを目指したものである。

具体的な取消原因は以下の３つである。その第１は，**招集手続きまたは決議の方法**が法令または定款に違反し，または著しく不公正な場合である。たとえば，一部の株主に対して招集通知を発しなかった場合，招集通知を発するのが法定期限を過ぎた場合，取締役会の決議に基づかずに株主総会を開いた場合，などは招集手続きに問題があった場合である。役員が説明義務に違反した場合，株主の動議を無視した場合，などは決議方法に法令違反があった場合に該当する。第２は，**決議内容**が定款に違反する場合である。すでに説明したように，決議内容が法令に違反していればその決議は無効であるが，定款に違反するだけであれば取消原因となるのである。たとえば，定款に記載された人数を超える取締役を選任してしまった場合などがこれにあたる。第３は，決議の結果について**特別の利害関係を有する者**の議決権行使により，著しく不当な決議がなされた場合である。特別利害関係人とは，他の株主とは異なった利害をもつ者をいう。たとえば，株主でもある会社役員が，自身の報酬について株主総会で決定する場合には，その役員は特別利害関係人にあたる。しかし，特別利害関係人は自分自身の利益を守るために行動するのであるから，株主総会の決議には参加することができる。この点，会社の利益のために議決権を行使しなければならない取締役の場合には，特別利害関係をもつ取締役は取締役会の決議に参加できないのと異なる。すなわち，特別利害関係を有する株主が多数派であり，その議決権行使によりその決議の結果が著しく不当になった場合にのみ，取消原因となるのである。

なお，総会決議の取消原因のうち，招集手続きまたは決議方法に法令・定款違反がある場合については，提訴を受けた裁判所としては，①その違反が重大ではなく，かつ，②決議に影響を及ぼさないものであると認めるときには，決議取消の請求を棄却することができる（831条2項)。①②の要件は両方が満たされる必要があるが，要件がそろうと必ず棄却しなければならないわけではなく，裁判所の裁量において判断することができるので，**裁量棄却制度**とよばれる。このような軽微な原因については，あえて決議を取り消すことなく法律関係の安定を優先するほうが望ましいと考えられるからである。たとえば，一部の株主に対する招集通知の発送が法定期限よりも6日遅れたが，出席した株主の全員一致で決議が可決された事案について，決議取消訴訟が裁量棄却された判例がある（最判昭和55年6月16日判時978号112頁)。

Self-Check

1. 取締役会設置会社の株主総会の権限については縮小される傾向にある。このような傾向を正当化する根拠は何か。
2. 株主提案権の濫用のおそれから，その数を10までに制限する改正が行われた。権利濫用による制限との関係はどうなるか。
3. 株主総会における株主からの質問に対して，役員はどの範囲まで答えなければならないか。企業秘密に関する質問にも答える必要があるか。
4. 決議取消の訴えについて，他の2つの確認訴訟との相違点を3つあげなさい。

関連文献

田路至弘＝鈴木正人＝伊藤広樹編著・新株主総会物語―8つのストーリーで学ぶ総会実務（商事法務，2017年）
菊地正俊・アクティビストの衝撃（中央経済社，2020年）

第2部　コーポレート・ファイナンス

第7章　株主の地位と権利

■

　多くの皆さんは銀行に預金口座をもっているだろう。銀行における普通預金や定期預金の金利は比較的に高くはないが，かりに銀行が倒産した場合であっても預金保険により一定の元本は保証されることになっており，一般の預金者が損をすることはまずない。これに対して，証券会社などで，株式会社の募集に応じて株式を購入した場合には，銀行預金に比べて高利回りの配当が期待でき，配当に満足しなければ株式市場の値上がりを待って株式を売却することもできる。そのかわり，投資先の株式会社が倒産してしまえば株式は紙切れ同然であり，投資者はリスクが大きい。このような投資リスクの見返りとして，株式会社の株主にはどのような内容の権利が与えられているのであろうか。また，保有している株式を売却するときにはどのような手続きをとればいいのだろうか。新たに発行される株式や社債を購入する場合にはどうだろうか。さらに，株主はつねに配当を請求する権利をもっているのだろうか。本章では，以上のことについて学習しよう。

Key Points

◆企業会計とは，企業のある時期における資産や損益の状況を投資者や債権者に対して明らかにするための情報提供手段である。

◆ファイナンス理論とは，企業会計とは異なり，経営目標の実現を目指してキャッシュフローを管理し，その活動を通じて株主利益の最大化を図ろうとするものである。

◆株主は有限責任を認められている点において有利にみえるが，会社から経済的利益を受ける場合には債権者に比べるとかなり劣後的立場に置かれており，法律による一定の権利保護が必要である。

◆株主の権利は自益権と共益権に分けることができ，自益権は会社から直接経済的な利益を受けることを目的とする権利であるのに対して，共益権とは会社の経営に参加することを目的とする権利である。

◆１株の株主でも行使できる権利が単独株主権であり，発行済み株式総数の一定割合以上または総株主の議決権の一定割合以上・一定数以上を有する株主だけが行使できる権利が少数株主権である。

◆株式を譲り受けた者が会社に対して株主の権利を主張するためには，株主名簿上の名義を自己の名義に書き換えてもらう必要がある。また，株券不発行である場合には，名義書換をすませていないと，会社だけではなく，会社以外の第三者に対しても株主の地位を主張できない。
◆株主権の行使が権利濫用として認められないこともある。
◆株式を共有している場合には，権利行使者を決めて会社に対して通知しておかなければ，議決権などの権利行使ができない。

1〉企業価値の最大化

(1) 会計とファイナンス

■金融手段としての株式会社

たとえ才能のある起業家がいたとしても，十分な資金がなければ，事業を始めることはできない。貯蓄などの自己資金だけでは大きな夢を実現するには不足するであろう。もしも多数の人々からの出資を受け入れることができれば，優秀な人材を雇い，大胆な設備投資を行い，事業を拡大してより多くの利益を得ることができるだろう。多額の資金を多数の小口投資者から集めるという**資金調達の目的**を実現するためには，株式会社は最適の手段である。すなわち，起業家は，株式会社という企業形態を採用することにより，多数の株主から出資という形で長期資金を調達し，それを元手に事業を行い，その成果を配当として株主に分配する。このように，株式会社は，多数の投資者からの資金を利用することにより，１人だけでは不可能なことを実現することができる素晴らしい仕組みなのである。

■企業会計

ところで，株式会社は事業を継続している間，長期にわたり投資者や債権者など多数の人々と関わりをもつことになるので，ある時期における会社の資産や損益の状況を明らかにする手段が必要になる。これが**企業会計**である。13世紀のイタリア商人の間で始まった**複式簿記**が源流となっており，その後，19世紀のスコットランドで，単なる決算勘定ではなく企業の財政状態と獲得した利益を株主に開示する目的で決算報告書類が作成されるようになった。いわば複式簿記が会計へと進化し，情報提供機能をもつようになったのである。さらに，産業革命の時期には多くの株主をもつ巨大な株式会社が登場し，１年間の企業成果をストックとフローの両面から要約した**貸借対照表**と**損益計算書**が作成されるようになった。これらの書類に虚偽や不正がないことを専門の第三者によって証明するための**公認会計士制度**も，19世紀後半にイギリスで誕生した。以上のような企業会計については，第11章①で詳しく説明する。

■**ファイナンス理論の登場**

20世紀になると事業会社に対する投資が活発となり，株式市場が急速に発展した。多数の株式が市場で頻繁に取引され，株価が人々の関心を集めるようになると同時に，科学が株式市場に接近してきた。株式の本当の価値や，効率的な資源配分を求める方法などがアカデミックな視点から考察されるようになった。これらは後に**ファイナンス理論**（**金融工学**）とよばれて，この分野から多くのノーベル賞受賞者が輩出されたのである。

ファイナンス理論は株式会社に関わるさまざまな場面で役に立つ。まず，投資家の立場からは，1952年に経済学者ハリー・マーコビッツが複数の異なった資産に配分して投資する方法である**ポートフォリオ選択**を考案した。また，経営者の立場からは，1958年にミラーとモディリアーニが株式と債務の最適な資産配分を示す**MM理論**を発表した。さらに，1964年にウィリアム・シャープが，株価はある証券の変動の大きさが市場平均の価格変動に比べて大きいか小さいかを示す値（ベータ値）だけで説明できるという**資本資産価格モデル**（**CAPM**）を発表し，翌65年には，ユージン・ファーマが**ランダムウォーク仮説**を主張する博士論文を書いた。このほか，配当政策や企業買収の場面においても，ファイナンス理論の影響は多大なものがある。

企業会計との違いは何かというと，会計は資産や利益を扱うのに対して，ファイナンスは**キャッシュフロー**を扱うものであるといえる。すなわち，会計は企業の日々の事業活動を所定の規則に従い数字の形で表現して利益の記録や報告をすることであり，企業の過去・現在に重点がある。これに対して，ファイナンスは経営目標の実現を目指してキャッシュフローを管理し，その活動を通じて**企業価値の最大化**を図ろうとするものであり，企業の将来に重点がある。

■**株主利益の最大化をめざす**

会計的な指標であるＲＯＡやＲＯＥは簿価をベースにする利益率であるのに対して，ファイナンス理論で用いる**資本コスト**は時価をベースにして考える。すなわち，ＲＯＡやＲＯＥは会計利益を用いるが，資本コストではキャッシュフロー（投資家に配分できる資金）を用いるのである。

ファイナンス理論では，資産が生み出すキャッシュフローの**現在価値**を企業価値という。すなわち，**企業価値**は将来の期待キャッシュフローを総資本コストで割り引いた値になる。

会計上の利益では，事業運営のために調達した資本の出し手に支払う対価が反映されず，投資の収益性や経営効率を正確に測れない。資本コストを織り込んだ経営指標は多角化事業の評価などに利用されている。**株主重視の企業経営**とは，資本コストを意識しそれを上回る成果が出るように努めること，いいかえれば，資本コストを上回る成果が期待できるようなビジネスを行うことである。

（２）ファイナンス理論に対する批判

■将来予測に役立たない

ファイナンス理論はその明確性・実用性から，金融実務界に対しても急速に支持を広げていった。多くの投資銀行がこの理論を用いて投資やM&Aを行うようになった。ところが，2009年の**リーマン・ショック**を経て米国をはじめとする世界経済は勢いを失い，ファイナンス理論に対する信頼は地に落ちた。このとき多くの人々が，金融市場には**不確実性**が存在し，正確に予測することは不可能であるという事実を再認識したのである。

ファイナンス理論は数式を活用し複雑で難解なモデルも多いため，見た目は精緻で正確なように見えるが，そもそも前提や仮定が大まかなので，精緻なモデルを使っても結果は大雑把なものにならざるをえない。ファイナンス理論である特定資産の将来価格やリターンを推定はできるが，不特定多数の人間の行動を正確に予測できるものではなく，不確実性が残る。今後の株価を予想するのは難しいのである。ただし，このことはファイナンス理論があまり役に立たないということを意味するわけではなく，同理論は少なくとも投資判断，リスク管理にとっては有益なものである。万能ではないので使い方を間違ってはならず，予測可能性に関して過度な期待はすべきではないということである。

■ステイクホルダー論・ESG情報開示の拡充

また，株主利益の最大化を重視した経営をめざすというファイナンス理論の目的についても批判がある。株式会社に利害関係をもつのは株主だけではない。従業員，取引先，銀行，関連企業，地域住民など，さまざまな利害関係者が存在している（これらの人々を**ステイクホルダー**という）。これらの人々の利益は，株主利益を最大化することによっては十分に図ることができない。たとえば，長い年月をかけて特別の技術を身につけた従業員の利益は同一事業の継続であり，事業の転換という株主の最善の利益とは対立することになる。また，ある製造会社の注文に対応するために特別仕様の設備投資を行った下請け企業についても同じことがいえる。さらに，工場排水による河川の水質汚染のために被害を受ける周辺住民の利益が株主の利益と対立することは明らかであろう。そこで，株式会社における経営者の役割は，株主の利益だけではなく，これらの人々の利害を調整し，全体として企業価値の向上を図ることにある，という考え方が日本では有力であり，ファイナンス理論の強かったアメリカにおいても次第に支持を集めている。さらに，最近は，世界規模で企業に対する**ESG**（**環境・社会・企業統治**）の情報開示規制の強化が進んでおり，気候変動や人権への配慮，経営陣の多様性確保といった**非財務情報**の開示を拡充する企業の市場価値が高まりやすくなっている。

２〉株主の地位

（１）株主とは

■法人の構成員

株主は，株式会社という法人の構成員である。すなわち，会社に対して出資を行い，会社資産に対する持分を有しており，最終的には配当を受け取る立場にある者を意味している。また，通常は議決権その他の権利を有しており会社経営に対して影響力を行使できる。このように株主は株式会社における構成員としての地位を有しており，その地位を均一に細分化したものが**株式**にほかならない（→株式の法的性質については第８章①〉参照）。これに対して，常識的には会社の構成員のようにみえる**従業員**は，会社と雇用契約を結び労働を提供する見返りに賃金を受け取る存在であり，法律的にみると会社の構成員ではない。ただし，実際には，従業員が株式を取得して株主になっている場合も少なくない。

COLUMN　従業員持株制度

従業員の財産形成とともに，会社との一体感を強めてその発展に寄与させることを目的として，多くの株式会社において，従業員持株制度が導入されている。上場会社の９割がこの制度を実施しており，同族的な閉鎖企業でも利用されている。ただし，証券会社や信託会社の管理により制度が整備されている上場会社に比べて，閉鎖会社の場合は制度の形態もさまざまである。

閉鎖会社の従業員持株制度においては，①退職により株式の売り渡しが強制される，②退社時の株式譲渡の相手方が取締役会の指定する者に限定される，③譲渡の対価があらかじめ固定されている，などの問題点があり，退職する従業員と会社との間で紛争が生じやすい。

■誰が株主になっているか

会社の株主としては，実際には**法人株主**の割合が多い。協同組合や銀行，保険会社，事業会社，市町村などの地方公共団体も株主となることができる。これに対し，資産をもつ個人が投資のために金銭を支出して株式を購入する場合は**個人株主**とよばれる。

一般投資者から資金を集めた**機関投資家**が，この資金を信託銀行に信託し，引き換えに取得する受益権を小口に分割して一般投資者に取得させる仕組みを**株式投資信託**といい，わが国において広く普及している。この場合，投資先企業の株主名簿上の株主（名義株主）になるのは信託銀行であるが，投資判断や議決権行使の判断を行うのは資金を委託した機関投資家である（実質株主）。その投資の成果は，受益者である一般投資者に対して配分される。

日本では，銀行や生命保険会社などの法人株主が事業会社の株式を購入して長期保有することが多かった（**安定株主**）。しかし，株主になるために国籍は関係ないから，外国人も株主になっている。とくに海外の投資ファンドなどが積極的に日本企業への投資を行っている。最近では外国の機関投資家が増加しており，**アクティビスト**（**物言う株主**）として話題になっている。

（2）株主の権利保護の必要性

■会社の営利性

会社は**営利法人**である。営利法人とは，対外的な事業活動で利益をあげ，それを構成員に分配する目的を有する法人をいう。これに対して，学術・宗教や医療などを目的とする公益法人はもちろん，利益を構成員に分配しない中間法人（相互保険会社や協同組合など）は営利性を有しない。

実は，会社法には会社が営利を目的とする法人であることを明示的に示している規定は設けられていない。しかし，会社については，事業によって得られた利益（剰余金）を社員に分配するという意味での営利性は会社法の下でも認められる。

すなわち，株式会社については，会社法105条2項が剰余金の配当を受ける権利および残余財産の分配を受ける権利の全部を株主に与えない旨の定款の定めは無効であると定めており，これを反対解釈すると，いずれか一方の権利を与えない旨の定款の定めは有効であり，株主に剰余金配当をまったく与えないとする定款の定めをすることも可能であると解する余地がある。しかし，同項は，種類株式に関する108条1項1号および2号との関連でのみ意味を有するものと解されており，すべての株式の内容として定めることができる事項は107条が定めるものに限られる。したがって，定款の定めによっても，すべての株式について剰余金の配当を受ける権利を排除することはできない。そうでなければ，株主は経済的リターンを期待して出資しているにもかかわらず，実質的には公益法人に財産を拠出したのと同じ結果になってしまうからである。

以上のように，株主は剰余金配当請求権を有しているといえる。しかし，それは抽象的な権利にすぎず，もしも株式会社に配当可能利益額がなければ剰余金の分配は受けられない（→第11章②）。株主の具体的な剰余金配当請求権は，株主総会において利益処分案が決議されるまでは生じないのである。

■株主の債権者に対する劣後的地位

株主は有限責任であるから（株式会社の特徴のひとつ。→第1章②），会社が倒産して負債が残された場合にそれを負担するのは会社の債権者である。そのため，株式会社に貸し付けを行っている銀行等は，リスクを負うべき債権者の立場から経営者に対する監視のインセンティブ（動機）をもつことになる。また，資本金が少額である小規模な株式会社の場合には，債務返済が不能の場合に備えて**経営者の個人保証**などの担保を求める方法により，債権者は自己防衛を行っている。

株主は有限責任を認められている点において有利にみえるが，会社から経済的利益を受ける場合には，債権者に比べるとかなり劣後的立場に置かれているといえる。まず，債権者は契約において定めることにより利息を確実に得ることができるが，株主については上述のとおり配当が得られるかどうかは会社の業績次第であって定かではない。また，たとえ利益が出ている場合であっても，会社が設備投資に回すことを決定した場合のように，株主総会決議がなければ配当を受けられないこともある。つぎに，株式会社が解散し精算を行うときには，まず債権者に債務を弁済し，なお残余財産がある場合に限って株主は分配を受けられるのである。経済的利益に対する権利は，①労働債権，②担保付債権，③一般債権，④株主という順序であり，株主の権利はすべての債権者に劣後するのである。このように，株主の権利は極めて不確実であるため，法律によりその保護が必要なのである。

3 株主の権利とその行使

（1）株主の権利

■自益権と共益権

株主の権利は，その内容に応じて自益権と共益権に分けることができる。法律上の区別ではなく，あくまでも学問的な分類である。まず，**自益権**は，会社から直接経済的な利益を受けることを目的とする権利である。剰余金配当請求権と残余財産分配請求権が代表的なものであるが，株式買取請求権も自益権に分類される。つぎに，**共益権**とは，会社の経営に参加することを目的とする権利である。株主総会における議決権や提案権が代表的なものであるが，ほかにも，会社の経営を監督是正するための株主総会決議取消権や，取締役の違法行為差止請求権などが共益権に含まれる。共益権については，その行使が他の株主の利益にも影響を与えるので，単独では行使できなかったり，行使することが権利濫用とされたり，自益権の行使と比較すると一定の制約が認められる場合が少なくない。なお，会計帳簿書類閲覧権のように自益権にも共益権にも分類できる権利もある。

■単独株主権と少数株主権

１株の株主でも行使できる権利が**単独株主権**であり，発行済み株式総数の一定割合以上または総株主の議決権の一定割合以上・一定数以上を有する株主だけが行使できる権利が**少数株主権**である。

すべての自益権と，共益権の中でも議決権は，株主が独自で行使できる必要があるから単独株主権とされている。議決権以外の共益権には，単独株主権であるものと少数株主権であるものとがある。たとえば，提案権や取締役の解任請求権など，濫用的行使が懸念される権利については，総株主の議決権の３％以上または発行済み株式総数３％以上の少数株主権とされている。なお，複数の株主がそれぞれ保有する株式数を合計して少数株主権の要件を充足することも可能である。

図表７－１　株主の権利一覧表

	単独株主権	少数株主権
自益権	剰余金配当請求権（105条１項１号） 残余財産分配請求権（105条１項２号） 株式買取請求権（116条など）	
両方に分類		会計帳簿閲覧権（433条）
共益権	議決権（105条１項３号） 株主総会決議取消権（831条１項） 取締役の行為差止請求権（360条，422条） 代表訴訟提起権（847条，847条の２） 累積投票請求権（342条） 募集株式の発行差止権（210条等） その他	総会招集権（297条） 提案権（303条，305条） 総会検査役選任請求権（306条） 検査役選任請求権（358条） 多重代表訴訟提起権（847条の３） 取締役等の解任請求権（854条，479条） その他

（２）株主権の行使方法

■株主名簿に記載された株主が権利行使できる

株券を発行しない会社の場合，**株主名簿上の株主**であれば，株主総会の招集通知や配当通知などは会社から送られてくるので，それらにより権利行使できる。ただし，新たに株式の譲渡を受けたときは，その譲渡人と共同で請求して株主名簿の名義書換を済ませない限り（133条１項・２項），譲受人は会社に対して権利行使をすることができない。名義書換は会社に対する対抗要件だからである（130条１項）。また，株券発行会社においても，会社に対する権利行使にあたっては株主名簿の制度が利用されている。株主名簿上の株主であれば，例外的ケースを除いて（219条参照），権利行使にあたり毎回株券を提示する必要はない。株式を譲渡する場合には株券の交付が必要であるが，その具体的方法については後述する（→第９章①）。

上場会社における**振替株式**については特別法があり，株主は以下のとおり振替機関から会社への通知に基づいて権利を行使する。すなわち，会社が株主総会の開催や剰余金の配当にあたり権利行使者を定めるため基準となる日を決定したときは，振替機関は当該日の振替口座簿に記載された株主の氏名・住所・保有株式の種類と数などを速やかに会社に対して通知しなければならない（**総株主通知**〔振替 151条１項〕）。その後，会社は通知事項を株主名簿に記載するので，それにより株主は権利行使できるのである。また，株主が会計帳簿閲覧権などの少数株主権を行使しようとするときは，振替機関に申し出ることにより，保有株式の種類と数などの事項を会社に対して通知してもらうことができる（**個別株主通知**〔振替 154条3項～5項〕）。この場合は，通知から4週間以内に株主は権利行使できる。この個別株主通知は株主名簿の記載の代わりであるから，もし通知を済ませていないと，会社が株主資格を争った場合には，株主は会社に対して少数株主権を行使することができないことになる（最決平成22年12月7日民集64巻8号2003頁）。

以上のとおり，株主が剰余金配当請求権や議決権などの権利行使をするにあたっては，株主名簿や振替口座簿に権利行使者として記載されていることが必要であるが，株式売買が頻繁に行われている会社においては，誰が本当の株主であるかを把握することは容易ではない。そこで，会社としては，一定の日を決めて，その日時点の株主名簿・振替口座上の株主を会社が定めた内容（たとえば剰余金配当請求権）についての権利行使者と定めることができる。これを**基準日**の制度という（124条1項・2項）。この基準日以降に株主になった者については，一定範囲の議決権行使を会社が認めた場合を除いて（124条4項），権利行使ができない。基準日と行使できる権利内容については，定款で定めるか，または2週間前までに公告しなければならない（124条3項）。なお，基準日以後も株式を譲渡することは可能であり，株主名簿の書換も行われることから，基準日株主と権利行使日における真の株主が食い違うこともある。あまりに多くの食い違いが生じることを避けるため，基準日は権利行使日前の3ヶ月以内の日に設定しなければならないとされている（124条2項）。

■株式を共有している場合

2名以上の者が共同で株式を引き受けたり，複数の相続人による株式の共同相続があった場合などに，株式の共有が生じる。共有状態が解消されない限り，株主名簿には共有者全員が同順位の株主として記載されることになる。この場合，①共有者は，その共有株式についての権利を行使する者1名を定めて会社に通知しなければ，権利を行使することができない（106条）。権利行使者の指定方法については，共有物の変更（民251条）に準ずる行為として共有者の全員一致を要するという見解もあるが，判例は**共有持分の多数決による指定**を認める（最判平成9年1月28日判時1599号139頁）。また，②会社から株主に対する通知や催告については，共有者は通知や催告を受ける者1名を定めて会社に通知しなければならない。もしそれを共有者が行わない場合には，会社は共有者のうちいずれか1名に対して通知や催告をすればよい（126条4項）。

なお，株式共有者が民法252条の規定に従って共有持分の多数決で議決権行使の方法を定めた場合には，**会社法106条但書**により，それに会社が同意すれば，権利行使者の指定・通知がなくても，当該議決権の行使は有効になる。権利行使者の指定・通知を求めるのは会社の事務処理上の便宜のためにすぎないからである。しかし，そのような多数決による決定がなく，共有者の1人が勝手に議決権の行使をした場合には，たとえ会社の同意があったとしても，その権利行使は有効にならない（最判平成27年2月19日民集69巻1号25頁）。

■株主権の不適切な行使は禁止される

株式会社は，何人に対しても，株主の権利行使に関連して，財産上の利益を供与することを厳しく禁じられている（**株主権の行使に伴う利益供与**〔120条1項〕）。利益供与を要求した者や違法な利益供与を実行した取締役等については刑事罰が科される（970条）。この規定は，**総会屋**（→第6章②）への対応策として導入されたものであるが，本来，会社経営の健全性を図りかつ財産の浪費を防止する趣旨である。そのため判例は，「株主の権利行使」の意味を広く解している。たとえば，会社から見て好ましくないと判断される株主により議決権が行使される事態を回避する目的で，その株主から株式を譲り受けるための対価をある者に供与する行為は，株主の権利行使に関する利益供与に該当するとされた（最判平成18年4月10日民集60巻4号1273頁）。

この規定に違反して利益の供与を受けた者は，それを会社または子会社に返還しなければならず（120条3項），会社が返還請求しない場合に備えて株主代表訴訟も認められている（847条）。また，違法な利益供与に関与した取締役・執行役は，その行為について無過失を証明できない限り，会社に対して**損害賠償責任**を負う（120条4項）。任務懈怠により違法な利益供与を見逃した監査役も連帯責任である（423条，430条）。この場合，特定の株主に対する無償の利益供与は，株主の権利行使に関連したものと推定される。狡猾な総会屋は直接金品を受領せずに，自己が発行している雑誌の広告代金として法外な金額を請求することもあったため，会社またはその子会社の受けた利益が当該財産上の利益に比して著しく少ないときも同様とされている（120条2項）。

以上のほか，株主の共益権については不適切な行使が問題となることが多い。会社法上の明文規定はないが，会社に対する嫌がらせや偏った思想に基づく株主の権利行使が**権利濫用**（民1条3項）として否定されることもある。たとえば，ある株主総会における100を超える株主提案の申し出が権利濫用として拒否された事例がある（東京高決平成24年５月31金融商事1473号26頁）。

Self-Check

1　企業会計とファイナンス理論の違いは何か。

2　会社の営利性とは，具体的にどのような内容を意味するのか。

3　法律により株主の権利を保護する必要性があるのはなぜか。

4　株主権の行使方法を，会社が株券を発行している場合と，株券を発行していない場合とに分けて説明しなさい。

5　株式を共有している場合，権利行使者の指定・通知がなくても，当該議決権の行使が有効になるのはどのような場合か。

関連文献

渡邉泉・会計学の誕生―複式簿記が変えた世界（岩波新書，2017年）

砂川伸幸・コーポレート・ファイナンス入門〈第２版〉（日経文庫，2017年）

第8章　株式の内容

百貨店や商店街に行けば，いろいろな種類の商品が販売されている。すべて同じような商品ばかりではつまらない。顧客の好みはさまざまである。色やサイズや性能など，それぞれの顧客にアピールする特徴をもった商品であれば，より多く販売できるはずである。株式については，できるだけ多くの投資者から資金を集めるために均一単位であることが原則であるが，そのような目的を損わない限度において権利内容を多様なものにして投資者にアピールすることができれば，より多くの投資を誘い込むことができるであろう。

本章では，異なる権利内容をもった株式として会社法はどのようなものを認めているのか，また，異なる権利内容を定めた場合に株主間の平等はどの程度まで守られるのか，そして，投資単位を大きくしたり小さくしたりすることにはどのような意義があるのか，について学習する。

Key Points

◆株式とは，株式会社における構成員の地位を示すものであると考えるのが現在の多数説である。

◆株式会社はその発行する全部の株式の内容について，定款に特別の定めを置くことができる。特別の定めができる内容としては，譲渡制限，取得請求権，取得条項がある。

◆株式会社は，定款の定めにより，権利内容につき異なる定めをした2種以上の種類株式を発行することができる。ただし，種類株式の内容とできるのは会社法108条に列挙されたものに限られる。

◆株式会社は株主をその有する株式の内容および数に応じて平等に取り扱わなければならず，これを株主平等の原則という。ただし，この原則は絶対的なものではなく，法律上の例外があるほか，必要性と相当性が認められるときには例外的な扱いをすることも許される。

◆株式会社が投資単位を調整するための方法として，株式分割および株式併合がある。株式併合の場合には株主総会の特別決議が必要である。

◆株式会社は，定款の定めにより，株式の一定数をまとめたものを一単元とする単元株制度をとることができ，上場会社についてはこれをとることが強制されている。単元未満株式については議決権がない。

1〉 株式の種類

（１）株式とは何か

■株式の法的性質をめぐる学説

株式が法的にどのような性質をもっているかについては，株主の権利の譲渡性の有無と関連して，学者の間で活発な議論があった。最も有力な見解は，株式は株式会社における構成員の地位であると理解し，株式が移転すると自益権と共益権も移転すると考える（**株式社員権説**）。これに対して，株式の内容は配当請求権などの自益権だけであり，共益権は株主が会社の機関としての資格で有する権限にすぎないとするもの（**社員権否認説**），また，株式の法的性質は金銭債権そのものであり，共益権は株主が株式会社において有するいわば公権の一種とするもの（**株式債権説**）が唱えられた。社員権という概念を否定するこれらの見解は，自益権は株式の譲渡により移転するが，共益権はその人にのみ認められた権利であって移転せず，株式の譲受人が会社の構成員になると原始的に取得するものであると説いた。さらに，株式会社を営利「社団」法人ではなく営利「財団」法人だと理解し，株式は配当請求権と残余財産分配請求権のみを内容とする純粋な債権であって，これだけが譲渡することができ，その他すべての自益権や共益権には譲渡性がないとする見解（**株式会社財団説**）も主張された。現代ではコンピューターによる株式の高速取引が広く行われるようになっており，一瞬の間しか株主にならない者が「会社の構成員」といえるのか，という疑問が生じる。以上の議論は，個性を失った売買が進展する大量取引の現実を前提として株式の本質を考察しようとしたもので，議決権以外の共益権がなぜ認められているのか，株主の経営に対する監督是正権をどの程度認めるべきか，という問題に通じており，その意義は失われていない。

■株式とは株主の地位を細分化して均一割合の形にしたものである

株式とは，とくに個性のない多数の出資者が株式会社に参加できるようにするため，株主としての地位を細分化して**均一割合の形**にしたものである。こうすることにより，株主と会社間の法律関係を明確にし，株主の権利行使や会社からの各種通知や配当支払いが容易になり，株主は株式を譲渡することによって投下資本を回収することができる。

すなわち，第1章でみたとおり，株式会社制度の最大の利点は失敗リスクの高い事業を行うために多数の投資家から小口の資金を集めることができる点にある。その事業が失敗した場合には，出資者が少数であれば負担が大きくなる（自己破産の危険すらある）のに対して，多数の者が少額の出資をしている場合には個々のダメージは比較的少ない。すなわち，株式という単位に細分化・均等化することにより，投資を容易にしているのである。

■株式の多様化は資金調達の円滑化に役立つ

株式会社が発行する各株式の権利内容は同一であることが原則であるが，後述のとおり，会社法では，①すべての株式の内容として特別の定めをすること（107条），②権利の内容の異なる複数の種類の株式を発行すること（108条）を例外として認めている。

このように，多様な内容をもつ株式を創出して利用することは，出資者のさまざまなニーズに対応し，かつ，会社側のさまざまな事情に配慮して，会社が必要とする資金調達を円滑に進めることに役立つのである。

■株式と資本金との関係はほぼなくなった

出資者からの拠出金は株式の対価として会社に支払われるものであるから，本来，株式と資本金の間には密接な関係があるはずである。実際に，かつてのわが国には**額面株式**が存在し，その券面額の合計額（株金総額）は資本金の額と一致していた。たとえば，50円の券面額をもつ額面株式を1,000株発行している株式会社の株金総額および資本金はともに50,000円であった。しかし，1950年（昭25）に**無額面株式**が導入されると同時に額面株式についても資本と株金総額との関係が切断され，その後，1981年（昭56）には資本金の額は原則として発行済み株式の発行価額の総額とすることになった。このため，資本金の額は株金総額を超えることが当たり前になった。最終的には，2001年（平13）の法改正により額面株式の制度は廃止され，現在の株式はすべて額面のない株式である。

以上の結果，株式と資本金の関係はほぼなくなったといえる。すなわち，会社法では，実際の払込額のすべてを資本金の額とすることを原則とし（445条1項），株式発行の際に払い込まれた金額の2分の1までを資本金に組み入れずに資本準備金とすることが許される旨が定められているだけである（同条2項・3項）。また，資本金の額の増減をしても，株式数には影響しない。

（2）全部の株式の内容または種類株式の内容にできるもの

■株式内容についての特別の定めと種類株式

株式会社は，その発行する**全部の株式の内容**として，①譲渡による株式の取得につき会社の承認を要すること，②株主が会社に対して株式の取得を請求することができること，③会社が一定の事由を条件として株主から株式の取得をすることができること，を定めることができる（107条1項）。これを**株式の内容についての特別の定め**という。また，株式会社は，権利内容について異なる定めをした2種以上の**種類株式**を発行することもでき（108条1項），このような株式を発行している株式会社を**種類株式発行会社**と呼んでいる。

株式会社が株式の内容について特別の定めをするときには，その定款において，107条2項各号に所定の事項を定める必要がある。このとき，株式の全部につき譲渡制限を付するときには，会社形態が変更になることから，株主総会の**特殊決議**（309条3項1号）を必要とし，かつ，反対株主に対しては株式買取請求権が認められる（116条1項1号）。また，強制的に株主としての地位を奪うことになる取得条項を定めるときには，**株主全員の同意**が必要とされる（110条）。逆に，株主からの取得請求権を定めるときは，定款変更の場合と同様に，株主総会の特別決議により行うことができる。

これに対して，株式会社が種類株式を発行するためには，各種類の株式の**発行可能種類株式総数**とその内容について会社法の規定する事項を定款の中に定めなければならない（108条2項）。ただし，種類発行の機動的な発行を可能にするために，定款には**内容の要項**のみを定めておき，具体的な内容の決定は株主総会または取締役会の決定に委ねることもできる（108条3項）。

■譲渡制限株式

譲渡による株式の取得について，株式会社の承認を要するとする内容の株式は**譲渡制限株式**とよばれ，発行する全部の株式の内容として定めることもできるし（107条1項1号），または種類株式発行会社が種類株式の内容として定めることもできる（108条1項4号）。種類株式発行会社が発行する複数の種類株式のうち，1種類でも譲渡制限株式でないものがあれば，その会社は**公開会社**（2条5号）である。譲渡制限株式の具体的な譲渡方法については，第9章1〉を参照のこと。

■取得請求権付株式

株主が会社に対して株式の取得を請求することができる内容の株式は，**取得**

請求権付株式とよばれ，発行する全部の株式の内容として定めることもできるし（107条１項２号），または種類株式発行会社が種類株式の内容として定めることもできる（108条１項５号）。取得請求権付株式を発行するときは，原則として，取得請求権の行使期間や取得対価の種類・内容等の事項を定款で定めなければならない（107条２項２号，108条２項５号）。

なお，種類株発行会社では，取得対価として他の株式を発行することもできるため，組み合わせによって，会社法制定前に**転換株式**もしくは**転換予約権付株式**とよばれていたものと同様の結果を得ることが可能である。たとえば，会社が，議決権はないが優先的配当請求権のある種類株式を発行しておけば，この種類株式を有する株主は会社の収益が少ないときには優先的に配当を受け，収益が向上して普通株式の配当が多くなれば普通株式に転換を請求することができる。このような方法により株式投資の魅力を高めて，会社は資金調達を有利に行うことができるのである。

■取得条項付株式

会社が一定の事由を条件として株主から株式の取得をすることができる内容の株式は**取得条項付株式**とよばれ，発行する全部の株式の内容として定めることもできるし（107条１項３号），または種類株式発行会社が種類株式の内容として定めることもできる（108条１項６号）。取得条項付株式を発行するときは，原則として，取得事由や取得の対価の種類・内容等の事項を定款で定めなければならない（107条２項３号，108条２項６号）。また，取得条項付株式の全部ではなく，その一部のみを取得するという定め方をすることもできるが（107条２項３号ハ，108条２項６号イ），この場合は後述の株主平等原則に注意しなければならない。

なお，種類株発行会社では，取得の対価として金銭だけではなく他の種類の株式を交付することもできるため（108条２項６号ロ），これにより，会社法制定前には**強制償還株式**もしくは**強制転換条項付株式**と呼ばれていたものと同様の結果を得ることが可能になっている。すなわち，強制償還の場合には金銭を対価とする取得条項付株式の取得として，また，強制転換の場合には普通株式を対価とする取得条項付株式の取得として行うことになる。

(3) 種類株式の内容とできるもの

■配当・残余財産分配についての種類株式

種類株式発行会社は，剰余金の配当または残余財産の分配について，内容の異なる2種以上の種類株式を発行することができる（108条1項1号・2号）。たとえば，あまり業績が良くない会社では，優先的に配当を受けられる内容の種類株式（**優先株式**）を発行することによって投資家にアピールして資金調達を容易にすることができ，また，利益が多い会社の場合には他の株主に対して配当が劣後する内容の種類株式（**劣後株式**）の発行により会社にとって有利な条件で資金調達を行うことができる。また，種類株式に関しては株主の剰余金配当請求権と残余財産分配請求権についてはどちらかがあればよいとされているので（105条2項），剰余金配当請求権をなくして残余財産分配請求権のみが認められる内容の種類株式を発行することも可能である（小規模会社で，剰余金配当の代わりに役員報酬として支払いを行う場合など）。

■議決権制限種類株式

株主の中には，剰余金配当のみに関心があり，まったく議決権行使をしない者も少なくない。そのような株主に対して毎回株主総会の招集通知を送り続けることは，手間と費用の無駄である。もし株主総会のすべての事項について議決権を有しない株式を発行すれば，その株式のみを有する株主に対しては招集通知を送る必要はなくなる。また，会社としては，既存の株主の議決権割合に影響を与えずに資金調達を行いたい場合もあり得る。そこで，種類株式発行会社は，株主総会の全部または一部の事項について，議決権を行使できない内容の種類株式（**無議決権株式**）を発行することができる（108条1項3号）。なお，議決権の内容については，0.5とか2とかの定め方は認められず，1か0かのいずれかでなければならない。諸外国には**複数議決権株式**を許容する会社法もあるが，現在のところ，わが国では認められていない（ただし，同様の結果は株式の種類ごとに異なる単元株式数を定めることにより実現できる）。

■全部取得条項付種類株式

全部取得条項付種類株式とは，種類株式発行会社が，株主総会の特別決議により，その全部を取得することができる内容の種類株式をいう（108条1項7号）。もともとは，債務超過会社の私的整理等の局面において100％減資（株主の総入れ替え）を可能にするために導入された制度であったが，実際には**マネジメント・バイアウト**（MBO）の場合において，公開買付により取得できなかった残余株式を少数株主から強制的に取得するための手段として用いられてきた（→詳細は第14章3を参照）。このような場合には，支配株主による**少数株主の締め出し**が行われることがあるため，2014年（平26）改正により，少数株主に対して**差止請求権**が与えられた。すなわち，全部取得条項付種類株式の取得が法令または定款に違反する場合，株主が不利益を受けるおそれがあるときは，株主は，会社に対し，全部取得条項付種類株式の取得をやめることを請求することができる（171条の３）。また，株主総会の決議にあたっては事前および事後の情報開示が認められるとともに（171条の２，173条の２），反対株主には株式買取請求権と同様の機能をもつ**裁判所への取得価格決定申立権**が与えられている（172条１項）。

■拒否権付種類株式

種類株式発行会社は，定款の定めにより，株主総会または取締役会において決議すべき事項の全部または一部について，その決議に加えて，その種類の株式の種類株主を構成員とする種類株主総会の決議を必要とする旨の定めのある株式を発行することができる（108条１項８号）。その種類株主による承認がなければ当該決議を成立させることができないので，一般に，このような内容の株式は**拒否権付種類株式**とよばれている。

たとえば，中小企業においては，創業者が拒否権付種類株式を保有することで最終的なコントロール権を維持することがよく行われている（実務では「黄金株」とよばれている）。しかし，場合によっては，会社の機動的な経営を阻害する危険もあるので，一定の条件のもとで消却できるようにするため，拒否権と同時に取得条項を付けておくなどの工夫が必要である。

■取締役・監査役の選解任についての種類株式

国籍の異なる複数の企業が**合弁会社**として株式会社を設立し，共同で事業を行うことがよくある。このような合弁会社の取締役・監査役については，通常，各出資割合に応じて選任するなどの内容で株主間合意が行われるが，これはあくまでも契約としての効力をもつにすぎない。これと同様の結果を会社法上でも得るために，種類株式を利用することができる。すなわち，**非公開会社**は，ある株式の種類株主を構成員とする種類株主総会において，取締役または監査役を選任するという定めのある株式を発行することができる（108条１項９号）。たとえば，合弁会社の各株主に対してＡ種・Ｂ種という２種類の株式を発行し，それぞれの種類株主総会で３名ずつの取締役を選任するというやり方を採用することができる（**クラス・ボーティング**）。ただし，公開会社においては，この仕組みは経営者による支配のため利用されるおそれがあるので禁止されている。

■種類株主総会は異なる種類株主間での権利調整手段である

種類株式発行会社では，それぞれの種類株主から構成される**種類株主総会**を開催することにより，異なる種類株主の間で各種の権利調整を行うことになっている。複数の種類株式を発行している場合には，複数の種類株主総会を開催することになる。

種類株主総会の開催が求められる場合としては，法律の規定がある場合と，定款の定めがある場合とに分けられる。まず，種類株式発行会社が322条1項各号に掲げる一定の行為をする場合において，ある種類の株式の種類株主に損害を及ぼすおそれがあるときは，その種類の株式の種類株主を構成員とする種類株主総会の決議が必要である。たとえば，優先株式の優先配当金額を減額することは，株式の内容の変更に関わる定款変更であり，しかも優先株式の種類株主に損害を及ぼすおそれがあるから，定款変更のための通常の株主総会の特別決議だけではなく，その優先株式の種類株主による種類株主総会の決議が必要である。ただし，種類株式発行会社は，定款変更に関わる場合でなければ種類株主総会の決議を不要とすることができ（322条2項），その場合には種類株主に**株式買取請求権**が与えられる。

つぎに，その種類株式に譲渡制限を付けたり，全部取得条項付株式に変更する定款変更の場合など，会社法で要求される一定の場合についても種類株主総会の決議が必要である。これらの場合には，種類株主に損害を及ぼすおそれがあることの要件はない。さらに，定款の定めにより**拒否権付種類株式**を発行している場合において，所定の決議事項が発生したときには，通常の株主総会の決議に加えて，種類株主総会の決議を行うことが要求される（323条）。これは，その種類株主に拒否権を認めるための仕組みである。

2 株主平等の原則

（1）平等原則の内容

■何の平等なのか

株式会社は，株主をその有する株式の**内容および数に応じて**平等に取り扱わなければならないとされている（109条1項）。すでにみたように，会社は権利内容が異なる株式（種類株）を発行することができるため，種類の異なる株式の間では平等といえないことになるが，その場合であっても同じ種類の株式においては不平等な扱いをすることは許されないのである。また，すべての株式の内容が同じであれば，株式は均一に細分化されているから，ある株主が享受できる利益は，その株主の所有する株式数に応じて決定する。たとえば，10株の株主は1株の株主と比較すると10倍の配当金請求権と10倍の議決権を有していることになる。結果として，個々の株主が同一の内容の権利を有しているわけではない。多額の出資というリスクをとったものは，より多くのリターンを得ることができるというのが株式会社のルールなのである。したがって，正確に言えば「株主」原則ではなく，「株式」平等原則である。

■平等原則は絶対ではない

同一の内容および数の株式を有する株主に対しては，会社は平等な取扱いをしなければならないはずである。しかし，実際には次のようなケースが生じたことがある。料理用ソースを製造販売する老舗の日本企業について，その経営権の取得を目的とする外国人の**敵対的買収者**が現れた。経営者はこの買収に対抗するために，既存の株主に対して無償で同社の株式を取得できる権利（新株予約権）を発行することにしたが，買収者についてだけは株主であるにもかかわらず，新株予約権に代えて現金を交付することにした。そこで，買収者はこのような扱いは株主平等原則に違反するとして，新株予約権の発行差止めを求める裁判を起こした。最高裁判所は，株主平等原則は絶対的なものではなく，**必要性と相当性**が認められる場合には例外的な扱いをすることも許されるとしたうえで，株主総会決議において8割の株主が賛成していたことから必要性が認められ，また，買収者も新株予約権の価値に相当する金銭を受け取っていることなどを理由として，この会社による扱いについては会社法109条1項に反しないと結論した（最決平成19年8月7日民集61巻5号2215頁）。

■株主優待制度は株主平等原則に違反しないか

平等原則に関連して，株主優待制度が問題となる。わが国の上場会社の多くは，株主に対して，毎年一定の時期に金券やサービス利用権など（Quoカードや割引料金での利用券が多い）を交付している。このような**株主優待制度**の習慣は，一部の株主に対する贈与であって，持ち株数に応じた割当になっていないことも多いから，平等原則に違反するのではないかという疑いが生じる。しかし，株主優待を目的として株式投資を行う個人投資家もおり投資促進という意味では合理的目的があること，交付される金品も比較的少額なものであること，などから平等原則に違反して無効とまでいう必要はないと思われる。ただし，業績不振から株主に剰余金配当をしないことを計画している会社が，株主総会において大株主の支持をとりつけるため，その大株主に対して相当額の金銭を交付することは株主平等原則に違反するとされたことがある（最判昭和45年11月24日民集24巻12号1963頁）。

（２）属人的定め

■属人的定めは非公開会社において利用される

すべての株式について譲渡制限が付されている非公開会社においては，株主総会の特殊決議により，保有株式の内容や数とは無関係に，特定の株主のみに対する取扱いを定款で定めることができる（**属人的定め**〔109条２項・４項〕）。たとえば，創業者の保有株式についてのみ複数議決権としたり，株主総会で各株主はその保有株数によらず「１人１議決権」を有するもの等とすることができる。ただし，属人的定めができるのは，議決権のほかは，剰余金の配当を受ける権利，残余財産の分配を受ける権利に関する内容に限られる。

このような株主平等原則の例外が認められている理由は，非公開会社においては定款自治の範囲が広く認められるべきこと，また，株主の個性に重要性があり属人的定めを置く合理性があること，があげられる。

■属人的定めが濫用される事案

上述のとおり属人的定めは，本来，会社運営の自由度を発揮するために認められた制度であるが，非公開会社は同族会社であることも多く，株主間紛争を抱えるケースにおいて属人的定めが少数株主に対する抑圧手段として用いられることがある。たとえば，父親の創業した会社の株式を相続した兄弟間で紛争が起きて，多数の株式を相続した兄が，少数株主である弟を会社経営から排斥するために，その保有株式について剰余金配当請求権および議決権なし，とする内容の定款変更をしたようなケースである。このように，株主ごとの異なる取扱いが合理的な理由に基づくものではなく，目的における正当性または手段の必要性・相当性を著しく欠いている場合には，株主平等原則に反して当該定款の定めは無効になると考えられる。

3 投資単位の調整

(1) 株式の分割と併合

■株式分割と無償割当

現在の会社法においては，少ないコストでより多くの資金を集めるために，株式会社が投資単位の調整をする手段が準備されている。そのような手段のひとつとして，**株式の分割**（183条1項）がある。これは，ある上場会社の発行している株式の時価が高くなりすぎて，個人株主が手を出しにくくなり，売買高が減少している場合などに用いられる調整手法である。株式分割により，各株主の保有株数は一律に増加し会社の発行済み株式数も増加することになるが，会社財産に変動は生じない。株式会社が株式の分割をするには，株主総会決議または取締役会決議により，分割の割合，基準日および効力発生日などを定めた上で行う（183条2項）。株式分割については，後述する株式併合の場合とは異なり，分割の結果1株未満となり株主の地位を失う者はいないので，株主総会の特別決議（309条2項4号）は必要とされていない。また，株式分割の事前差止めを認める明文規定は存在していない。しかし，近年では，敵対的買収に対する企業の防衛策として株式分割が利用されるケースもあり，濫用のおそれがないとはいえない。不公正な株式分割については，株主の差止請求権を立法化するなどの対応が必要である。

なお，株式会社が株主に対し，保有株式数に応じて，その会社の株式を無償で交付することがある。これは**株式無償割当**（185条）とよばれ，経済的には株式分割と同じ意味がある。たとえば，保有する1株につき2株を無償で交付すれば，既存株式1株を3株に分割したのと同じことになる。ただし，分割の場合は各株式は同じ種類であるが，無償割当ならば既存株式と異なる種類の株式を与えることもできる。無償割当の実施手続きは，株式の分割の場合とほぼ同じである（186条）。

■株式併合

株式の分割とは逆に，複数の株式を合わせてより少数の株式にすることがある。これは**株式の併合**（180条1項）とよばれ，上場会社において株式の時価が低すぎるために多くの零細株主が存在し事務処理費用がかさんでいる場合などに用いられる投資単位の調整手法である。株式併合により，各株主の保有株数は一律に減少し，会社の発行済み株式数も減少することになるが，会社財産に変動は生じない。

株式会社が株式の併合をするためには，株主総会の**特別決議**により，併合の割合や効力発生日を定める必要がある（180条２項）。特別決議が要求される理由は，株式の併合が株主の利害に重大な影響を与えるおそれがあるからである。たとえば，保有10株を１株とする株式併合を行うと，９株以下しか株式をもたない株主は，その端数に対しては金銭を受け取れるものの，株主の地位を失ってしまうことになる。そこで，株式の併合を行う場合には，株主に対して，その利益を保護するために，株主総会の決議事項を事前に通知または広告しなければならないほか（181条），法令または定款違反の場合に株式併合を差し止める請求権（182条の３），併合により端数となる株式を公正価格で買い取ってもらう請求権（182条の４）が認められている。また，株式併合の効力が発生した後は，会社は当該事項を記載した書面を本店に備え置き，併合により株主の地位を失った者等の閲覧に供しなければならない（182条の６）。

■端株の処理方法

株式の分割（無償割当を含む）または併合を行うと，いずれの場合についても，１株未満の端数が生じる可能性がある。**端数の処理方法**としては，会社はその端数の合計額に相当する数の株式を売却して，その売却金を株主に交付する（234条，235条）。

（２）単元株制度

■導入の経緯

たとえ１株式しか有していない株主であっても議決権を有する限り，会社は，毎年定時株主総会の開催にあたって計算書類やその監査報告書を招集通知に添付して送付しなければならない。インターネットがない時代には，これには相当の費用がかかった。また，今日ではあり得ないことだが，資産の少ない者がリスクのある株式投資をすることは望ましくないというおせっかいな考え方もかつては有力であった。そこで，株式の細分化に歯止めをかけるために，1981年（昭56）の改正商法は，１株式当たりの出資の最低限を５万円とすることにした。すなわち，この改正以後に新設される株式会社については，株式の発行価額を５万円以上にしなければならないとすると同時に，実務界に不満があった額面株式の券面額の最低限の定めを廃止して，株式分割が容易にできるようにした（ただし，１株当たりの純資産が５万円を下ることはできないとされた）。また，この改正前から存在していた会社については，株式の一定数をまとめたものを一単位とする「単位株制度」を新たに導入し，上場会社に対してはその適用を法律で強制した。単位未満株については自益権のみが認められ議決権などの共益権がなかったため，この制度を採用した会社は株主管理コストを削減することができたのである。

ところが，その後ベンチャー企業を中心として株価が高騰して，株式分割をしたくても上記の純資産額5万円という制限があるために分割を実行できない事態が生じるようになった。そこで，2001年（平13）には株式の出資の最低限を5万円と法定することをやめ，従来の単位株制度に代えて，**単元株制度**を創設した。これにより，出資単位の設定は一定の範囲で会社が自由に行うことができるようになった。同時に，端株制度や株式併合制度も大幅に改正された。

■単元株制度の採用

株式会社は，定款の定めにより，一定数の株式を1個の議決権を有する1単元の株式とすることができる（188条1項）。結果として，会社の議決権の総数は発行済み株式の総数よりもかなり少ない状態になるため，会社は事務処理費用を節約できるのである。会社の設立後に単元株制度を採用する場合には，取締役は必要とする理由を開示したうえで，定款変更のため株主総会の特別決議を得なければならない（190条）。ただし，**株式分割と同時**に単元株制度を導入する場合には株主総会決議を要しないとする例外がある（191条）。また，すでに単元株式制度をもつ会社が単元株式数を減少したり制度を廃止する場合にはとくに株主の不利益が生じないので，定款変更のために株主総会の承認は必要なく，取締役会設置会社においては取締役会決議のみでできる（取締役会のない会社の場合は取締役の決定による195条1項）。

単元未満株式については議決権がない（189条1項）。たとえば，会社が100株を1単元とすると，99株式の保有株式には議決権は認められず，議決権を前提とする株主提案権等も与えられない。そのため，あまり大きな単元を許すと株主の利益が害されるので，一単元は最大1,000株または発行済株式総数の200分の1までと法務省令で定められている（188条2項，会則34条）。

単元未満株式を有する株主は議決権以外のすべての権利を有するのが原則であるが，会社は定款に定めることにより，法律で禁じられたもの以外の権利を奪うことができる（189条2項各号参照）。たとえば，代表訴訟提起権を単元未満株主に認めないことは可能である。また，株券発行会社である場合にも，単位未満株式の株券について発行しないことができる（189条3項）。

なお，単位未満株式は権利が制限されていることから譲渡が困難であるので，株主は自己の保有する単元未満株式について会社に買取りを請求する権利を与えられている（**単元未満株主の買取請求権**〔192条1項〕）。このときの買取価格については，市場価格があればそれにより，市場価格がなければ当事者の協議を経たうえで合意できないときは裁判所が決定する（193条）。また，会社は定款の定めにより，株主がその保有する単元未満株式とあわせて単元株式となるのに必要な数だけ会社の有する自己株式を売り渡すよう請求する制度を置くことができる（**単元未満株主の売渡請求権**〔194条〕）。

Self-Check

1. 拒否権付種類株式の仕組みはどのようなものであるか。
2. 株主平等原則の例外が認められるのはどのような場合であるか。
3. 会社が株式の分割および株式の併合をするのはどのような場合か。

関連文献

バートン・マルキール・ウォール街のランダム・ウォーカー〈原著第12版〉（日本経済新聞出版社，2019年）

第9章　株式の流通

株式会社により発行された株式は，創業者の手元で長らく保管されることもあるが，多くの場合には会社がある程度大きくなった段階で一般の投資者に対して売り出され，新しい株主の手に渡ると，まもなく再び売り渡され，人から人へと次々に流通していく。私たちが毎日目にしている株式市場の相場は，そのような転々流通していく株式に対して付けられた値段である。人気のある企業の株価は高くなるし，そうでない企業の株価は下落する。株式市場は会社の人気投票である。その後，株式の一部は再び会社によって買い戻され，必要があるまで金庫の中で眠っていたり，あるいはこの世に別れを告げて消滅することもある。一方で，比較的小さな株式会社においては同族だけで経営が行われており，株主が勝手に他人に株式を売却できない仕組みになっていることもある。

本章では，株式譲渡の仕組みとして，株券，振替決済制度，株主名簿について学び，また，定款や契約による譲渡制限の内容，株式の消却と自己株式の取得について学習する。

Key Points

◆株主には投下資金を回収する機会が与えられていなければならず，保有する株式を譲渡することは原則として自由にできる。

◆株式の譲渡方法は，株券が発行されている場合と発行されていない場合とで異なっている。株券発行会社の場合には株券を譲受人に交付することにより株式の譲渡を行い，株券不発行会社の場合には意思表示だけで株式譲渡の効力が生じる。ただし，上場会社では振替制度が広く利用されている。

◆会社法では，株式会社は株券を発行しないことが原則になっている。

◆上場された株式や社債などの有価証券が取引される市場を有価証券市場といい，有価証券の発行会社の情報開示および有価証券の市場取引に対しては金融商品取引法の規制が適用される。

◆株主の個性が重要となる小規模・中規模の株式会社においては，定款の定めにより，株式の全部または一部の種類株式について，譲渡にあたり会社の承認を要するものとすることができる。

1〉株式譲渡の仕組み

（1）株式の移転

■株式の譲渡は自由にできるのが原則だが制限も少なくない

株主の出資金が会社から払い戻されるのは，取得条項が実行された場合などの例外的ケースに限られる。株式会社が解散したときの残余財産分配請求権は権利としてあるけれども，すべての債権者が回収を済ませた後に残余があればという前提なので実際に分配を受けられることは少ない。以上のことは，もし株主が会社の経営に不満や不安をもったとしても資金を会社に固定されてしまうことを意味する。いつでも株式を売却することにより**投下資本回収の機会**が与えられていなければ，株主としても出資を行うことは容易でない。そこで，会社法では，原則として，**株式の譲渡自由**を定めている（127条）。

注意が必要なのは，株式譲渡の自由はあくまでも法律上の原則であって，定款の定めや契約による譲渡制限を行うこともできる（これについては，後述する）。さらに，そのような譲渡制限が付されていなくても，利用可能な**株式流通市場**が存在しなければ事実上株式譲渡の自由はないといえる。たとえば，上場されていない株式会社の株式を売却したいと希望しても，よほどの幸運でもない限り，買い手を見つけることは難しい。多数の株式の売買が頻繁に行われ，希望するときにはいつでも売却できる流通市場が存在していることが株式譲渡自由の前提条件なのである。

■株式譲渡の具体的方法

株式という目に見えない権利を紙の証券に結びつけて（これを「権利を表章する」という）可視化したものを**株券**という。この株券が発行されている場合と発行されていない場合とで，株式の譲渡方法は異なっている。**株券発行会社の場合**には，株券を譲受人に交付することにより株式の譲渡を行う（128条１項）。この場合，その株券を実際に渡すことが権利移転の要件であり，これを欠くと譲渡行為が完了しないことに注意が必要である。これに対して，株券不発行会社の場合には，意思表示だけで株式譲渡の効力が生じるとされる。この場合，証拠となる株券が存在しないので，株式譲渡がされたことを会社やその他の者に対抗するために，譲受人の氏名・住所を株主名簿に記載しておかなればならない（130条1項）。ただし，実際には，すべての上場会社で後述の**振替制度**が利用されており，その手続きに従って譲渡が行われる。

ところで，株券発行会社であるのに株券が発行されていない場合はどうなるのだろうか。これは，会社が株券の発行を怠っていたり，後述の株券不所持制度をとっているときに生じる問題である。この場合には，株主は譲渡する前に会社に申し出て株券の発行を受けなければならない。株券が発行されないで株式を譲渡してしまうと，当事者間では有効であるが，会社との関係では譲渡の効力が否定される（128条2項）。ただし，株主が申請したにもかかわらず会社が不当に株券を発行しないときにまで株式譲渡を認めないのはひどいので，そのような場合については，会社は譲渡の効力を否定できず，譲受人を株主として取り扱わなければならないとされている（最大判昭和47年11月8日民集26巻9号1489頁）。

（2）株主名簿

■名簿の記載内容とその閲覧

株主名簿は，紙の台帳または電磁的記録によって作成され，①株主の氏名または名称および住所，②株主の有する株式数（種類株式の場合は権利内容と種類ごとの数），③株式の取得日，④株式の株券の番号（株券発行会社に限る）を記載しておかなければならない（121条）。株主数の多い会社では，信託銀行などの株主名簿管理人を別に定め，これらの事務処理を委託することができる（123条）。

会社は，株主名簿をその本店（または株主名簿管理人の営業所）に備え置いて，**株主および会社債権者**から理由を明らかに示した請求があれば，会社の営業時間内はいつでも，株主名簿の閲覧または謄写に応じなければならない（125条1項・2項）。また，**親会社の社員**（株主その他の構成員）も権利を行使するために必要があるときは裁判所の許可を得て株主名簿の閲覧請求をすることができる（125条4項）。株主名簿の閲覧請求がなされるのは，株主が少数株主権の行使のために協同してくれる他の株主を探す場合などが典型例である。債権者が含まれているのは，銀行が貸付先の会社の株主構成を監督するときなどに閲覧する必要があるからである。ただし，会社が**閲覧請求を拒絶することができる場合**として，請求者が会社の業務の遂行を妨げる意図をもつ場合や，いわゆる名簿屋に株主情報を売り渡そうとしている場合など，が定められている（同条３項）。

従来，拒絶事由が裁判で問題となったケースとしては，株主が会社に損害賠償を求める集団訴訟の原告を募集する目的で閲覧請求を行ったことが「請求を行う株主がその権利の確保または行使に関する調査以外の目的であるとき」（１号）に該当するとされたものがある（名古屋高決平成22年６月17日資料版商事316号198頁）。裁判所は，名簿閲覧権行使が認められるのは株主であることを当然の前提とする権利に限られ，損害賠償請求権はそれにあたらないとした。しかし，あまりに形式的な理由であるうえに，株主の地位を必ずしも前提としない株式公開買付などの場合に株主名簿の利用がすべて排除されてしまうことにもなりかねず，この裁判例に対しては批判が多い。

株主の権利行使に関しては，会社は，権利行使ができる株主を**基準日**（→第７章③）の方法により確定したうえで，株主総会の招集通知や配当金の支払い通知などを株主名簿上の株主の住所または株主が指定した宛先に対してすればよい（126条１項）。たとえこれらの通知が到達しなくても，通常到達すべき時期に到達したものとみなされる（126条２項）。通知の不着が５年間継続した場合には，それ以降は通知する必要はない（196条１項）。なお，**所在不明株主の株式**については，会社の株式事務の合理化のため，取締役会決議によりその株式を売却または会社が買い取ることができる制度がある（197条・198条）。株式の売却代金は従前の株主のために供託されることになる。

■**株主名簿の名義書換**

株主がその株式を他人に譲渡しようとする場合，すでに述べたとおり，株券発行会社であれば株券を交付することにより，株券発行会社でないときは譲渡の意思表示によって，当事者間においては有効に株式の譲渡が成立する。しかし，株式を譲り受けた者が会社に対して株主の権利を主張するためには，株主名簿上の名義を自己の名義に書き換えてもらう必要がある。また，株券不発行会社である場合には，名義書換をすませていないと，会社だけではなく，会社以外の第三者に対しても株主の地位を主張できないことになる（**対抗要件**〔130条１項・２項〕）。

株主名簿の書換は，株券発行会社においては，株式の譲受人が株券を会社に提出する方法によって行われる。このとき真正な株券を所持する者は**適法な権利者と推定**されるから（131条１項），会社はその者が無権利であること（たとえば株券を拾った，あるいは株券を盗んだ等）を証明できない限り，名義書換に応じなければならない。その代わりに，たとえその者が無権利であったとしても，あとで会社は責任を問われることはない。一方，株券不発行会社であるときは，名義書換請求は株主名簿に記載された譲渡人と株式の譲受人が共同して請求する方法によってのみ行われ（133条１項・２項），または，上場会社の場合には株主名簿ではなく後述の振替制度によって振替口座簿の方法で行われるために，問題は少ないといえる。

非上場会社においては，たとえ実際に株式譲渡があったとしても，株主名簿の名義書換がなされないままになっているケースがある。このような場合，会社は株主名簿上の元の株主を株主として扱ってもかまわない。ただし，名義書換は対抗要件にすぎないから，名義書換未了の株式の譲受人も自己が譲渡を受けた真の株主であることを証明できれば権利行使ができる。また，会社のほうから進んで名義書換未了の株式の譲受人を株主として扱い，名簿上の株主を株主として扱わないことも可能である（最判昭和30年10月20日民集９巻11号1657頁）。

さらに，株式の譲受人が名義書換をしていない間に，会社から元の株主に対して配当金や分割株式が交付された場合にはどうなるか（いわゆる**失念株**の問題）。このような場合，当事者間ではすでに株式譲渡の効力が生じており，譲受人が真の株主であるから，譲受人は元の株主に対し不当利得返還請求[1]として配当金や分割株式の返還請求ができるとされている（最判昭和37年４月20日民集16巻４号860頁）。分割株式がすでに売却されている場合にはその売却代金を取り戻すことができる（最判平成19年３月８日民集61巻２号479頁）。ただし，株主割当による募集株式の発行がされた場合には，名簿上の株主に対して募集株式の割当を受ける権利が与えられたものであり，法律上の原因がないとはいえないから，不当利得返還請求は否定される（最判昭和35年９月15日民集14巻11号2146頁）。

（3）株　券

■株券は発行しないのが原則である

会社法では，株式会社がその定款において株券の発行を定めている場合に限

1）　法律上の原因がないのに，何らかの理由で，他人の財産や労務によって利益を受け，そのために他人に損失を及ぼした者を不当利得者とよび，とくに契約関係がなくても，衡平の観点から，その者は現存している利益を損失を受けた者に返還する義務を負う。民法703条。

って株券を発行することができるとしており，株券を発行しないことが原則になっている（214条）。これは，2004年（平16）までは株式会社であれば株券の発行が法律上義務づけられていたにもかかわらず，実際の中小企業では流通の必要性がないために株券を発行しないケースが多かったこと，また，上場企業については後述する振替決済制度への移行を促進するために株券のペーパーレス化が要請されていたこと，が主な理由である。

なお，会社が異なる種類の株式を発行している場合は，特定の種類株式についてのみ株券を発行することはできず，すべての種類株式について株券を発行するか，まったく発行しないかのどちらかしかない（214条かっこ書）。

■株券の記載事項

株式会社が株券を発行する場合には，株券の表面に，①会社の商号，②株式数，③株式譲渡制限の定めがあるときはその旨，④株券が表章する株式の種類と内容，⑤株券番号を記載したうえで，代表取締役が署名または記名捺印しなければならない（216条）。

なお，１枚の株券には複数の株式を表章することができ，100株券や1,000株券を発行することができる。しかし，株主から１株式を譲渡する請求があれば，かならず１株券を発行しなければならない。また，株主からの請求があれば，株券の分割（1,000→500+500）や株券の併合（100×10→1,000）にも応じなければならない。

■株券紛失の場合など

盗難などにより株券を紛失してしまった場合には，かつては公示催告・除権判決[2]という煩雑な手続きを経て会社から株券の再発行を受ける必要があったが，会社法では**株券失効制度**が準備されており，株券を失った者は会社の喪失登録簿に記載を請求することができ，登録の翌日から１年後に株券は無効となり再発行を受けられることになった（221－228条）。

また，大量の株券は保管に困ることがあるし，紛失の危険をおそれて，株主がそもそも株券を所持したくないと考える場合には，株券を会社に提出して，その株券を無効にすることもできる。これを**株券不所持制度**という（217条３－５項）。

2）裁判所が，申立に基づく掲示を行って，一定期間（６ヶ月）経過後に権利の届出がない場合には，除権判決により株券から株式という権利を切り離す手続。

（4）振替制度

■振替制度の必要性

上述のように，株券は株式の譲渡や権利行使をする場合に便利なものである。多くの会社の株券は，厚手の上質な紙を使って洒落たデザインで作られている。しかし，数枚の株券であれば持ち歩くことも可能であるが，有価証券市場では毎日多数の株式の売買が行われており，大量の株券を移動させることは困難である。そこで，当初，株券を移動することなく一定の場所に保管しておき，数字の上だけで売買をするやり方が考案された。これは株券保管振替制度とよばれた。その後，コンピューター技術の進展とともに，一般の社債や国債等について無券面化を実現するため社債等の振替に関する制度が作られ，さらに，不発行が原則となった株券についても統合して，完全に電子的な方法により社債および株式等の売買をする仕組みが作られた。これが，**社債，株式等の振替に関する法律**（**振替法**）に基づく**振替制度**である。同法は2009年（平21）年1月に施行された。

■振替制度の内容

この制度において，株券不発行会社で振替制度の利用に同意した会社の株式は，**振替株式**とよばれる。現在，上場会社の株式はすべて振替株式である。振替株式を取引しようとする者は，振替機関（現在は「証券保管振替機構」のみ）または口座管理機関（証券会社等）に自己の口座を開設する必要がある。口座の開設者を加入者とよび，振替機関等は各加入者の口座ごとに区分された**振替口座簿**を備えなくてはならない（振替12条3項，45条2項，129条1項）。各口座には，加入者の氏名・住所や保有株式の銘柄・数等の事項が記録されている。加入者の口座における保有株式の記録には株券と同様の権利推定効力が認められており（振替143条），口座振替によって善意取得も生じうる（振替144条）。

振替株式の譲渡は，譲受人が自己の口座における保有欄に譲渡株式数の増加の記載または記録を受けることで，その効力が生じ，対抗要件も具備される（振替140条・141条）。この場合，株式譲渡に関する会社法の規定は適用されない。なお，振替株式の所有者が死亡し相続が生じた場合には，相続人は振替株式を当然に承継取得するとともに，口座開設者の地位も承継する（民896条）。その結果，とくに振替手続を要することなく，相続人は振替株式の株主となる。

2〉 株式上場と情報開示規制

（1）株式の上場

■株式上場のメリット・デメリット

会社が発行した株式は，当初は創業者の手元にとどまっている。しかし，株式の流通性を高め，会社の資金調達を容易にするためには，その株式が**金融商品取引市場**で売買されることが望ましい。このように株式などを市場における取引の対象とすることを**上場**という。上場にあたっては，発行会社と金融商品取引市場との間で上場契約が締結され，以後，発行会社の株式は取引所の定めた業務規程に従って取引されることになる。

会社は，株式を上場することによって，以下のような**メリット**が得られる。

- 上場会社は一流企業と考えられており，社会的評価が高まる。
- 銀行からの融資や他企業との商取引において有利な条件が得られる。
- 優秀な人材を集めやすい。

反面，上場することによる**デメリット**もある。

- 開示コストが生じる。
- 敵対的買収を受けるおそれがある。

会社から上場の申請があったときには，上場株式数，株式分布状況，設立後経過年数，株主資本（純資産）の額，利益額，財務諸表における虚偽記載等の有無，株式事務代行機関の設置，株券の様式，株式の譲渡制限，などを考慮して，証券取引所が**上場審査**を行う。取引所の審査に合格すれば，内閣総理大臣にその旨の届け出がなされ（金商121条），株式市場における取引が開始される。

上場後，発行会社の状況に変化が生じて上場基準を満たさなくなったり，または，株式が特定の者に保有されて公正な株価形成が阻害されている場合には，投資家の利益を守るために，取引所は当該株式の上場を廃止することができる。これは，各取引所が定める**上場廃止基準**に従って行われるが，一般に，上場株式数が少ないこと，株式の分布状況が偏っていること，売買高が一定数より少ないこと，債務超過が続いていること，などがその事由に含まれる。

■取引所における売買取引

金融商品取引所における売買取引は，その取引所の会員だけしか行うことができない。一般の投資者が株式等を売買するにあたっては，通常は会員である証券会社に委託することになる。委託を受けた証券会社は，自己の名をもって顧客の計算で証券の売買を行うことになる。

売買注文にあたっては，売り買いの別，銘柄，数量，価格の4つがある。現在の金融商品取引所における株式の売買取引は，コンピューターを使った競争売買の方法によって行われている。そこでは価格優先の原則と時間優先の原則が適用されている。**価格優先の原則**とは，価格を指定する注文では，高い買い付けが低い買い付けに優先し，低い売り付けが高い売り付けに優先するというものである。**時間優先の原則**とは，価格の上で同一順位の買い付けや売り付けの注文は，時間が前のものを優先するというものである。特定の金額を具体的に指示して注文することを「指値（さしね）注文」という。一定の指値よりも相場が上昇したら買付をし，相場が下落したら売付をすべしという委託をすることは「逆指値注文」とよばれる。顧客が値段について指示せず，銘柄と数量だけを指示するものを「成行（なりゆき）注文」という。成り行き注文では，取引所が1日の値幅制限を定めているため，その範囲を越えた価格で売買が成立することはない。このほか，一定の値幅をもたせて注文を行い，その範囲であれば証券会社の裁量を認めるという注文があり，これは「はからい注文」という。

代金と株券の受渡方法に関して，かつては，普通取引においては，顧客は，原則として，売買取引成立の日から起算して4日目の午前9時までに代金を証券会社に交付しなければならないとされていた。株券や社債券はそれと引き替えに交付されていた。しかし，大量の株券や社債券を移動させることは煩雑であり非効率であるため，1984年（昭59）に，株券等を1ヶ所に保管し，口座のみの振替を行う保管振替制度が成立した。その後，社債券や株券の不発行が原則とされ，2009年（平21）からは，**社債，株式等の振替に関する法律**に基づき，上場会社の株式・社債についてはすべて振替が行われている。

COLUMN　東証の市場区分再編

東京証券取引所（東証）は，2022年4月，従来の5つの市場をプライム，スタンダード，グロースという3つの市場に再編する。プライムには海外機関投資家の投資対象となるような規模と経営の質を備えた企業を集め，スタンダードはこれに準ずる企業，そしてグロースには小規模であっても今後高い成長が期待できる企業を集める。

東証がこの再編を行った理由は次のとおりである。すなわち，従来の東証二部とジャスダック・スタンダードはともに中堅企業が中心であり，投資者にとって両市場の違いがわかりにくかった。また，東証一部は過去20年余りで1,000社近く増えており，その中には一部上場に安住して経営努力を怠たる企業もあり，必ずしも世界に誇れる市場とはいえなくなっていた。そこで，市場の構成をシンプルに再編して投資を呼び込みやすくし，かつ，最上位市場のブランドを高めることを目指したのである。

再編後の各市場には企業が満たすべきハードルとして，企業の発行株式のうち市場で自由に売買できる株の比率を示す「流通株式比率」，流通株式の総額である「流通株式総額」が設定されている。プライム市場の場合，流通株式比率35%以上，流通株式時価総額100億円以上が求められるが，当面はそれらの基準を満たしていなくても，経過措置として，東証一部企業の大半はプライムに移行できる。しかし，いずれは基準をクリアしなければならず，今後は，株の持ち合い解消や株主還元の強化などが必要になる。

（２）情報開示規制

■金融商品取引法による規制

上述のような市場における証券取引に適用される法律が**金融商品取引法**（**金商法**）である。その規制内容は，投資判断のための情報の開示を確保することを目的とする**情報開示の規制**，証券取引の公正の確保を目的とする**不公正取引の規制**，および証券取引に関与する業者や機関の規律を内容とする**業者規制**とに大別される。

金商法の性格は，会社法と共通する側面もある。そのため，金商法は「上場株式会社法」とよばれることもある。しかし，金商法は，情報面などで投資者が弱い立場にあることを考慮し，特に**投資者の保護**を図ろうとしている。金商法は，有価証券上の権利自体を保護するものではなく，有価証券を取引しようとする者，すなわち投資判断に直面した投資者の利益を図ろうとするものである。これに対し，会社法は企業をめぐる経済主体間の利害を相互調整することを目的とするもので，特定の経済主体の保護を図るものではない点に違いがある。

■開示制度の機能と有効性

企業内容開示制度（**ディスクロージャー制度**）は，金融商品取引法の最も重要な内容をなすものであり，戦後，証券取引法の制定によってわが国に初めて導入されたものである。それは，多数の投資者により取引される有価証券の投資判断に必要な情報を完全に開示させ，投資者がそれによって有価証券について合理的な投資判断ができるようにするものである。金融商品取引の規制を行う機関は，有価証券の投資判断に必要な情報が完全かつ正確に開示されているかどうかを審査するが，その情報に基づいて有価証券の価値自体について一定の判定をして取引を許容したり拒否したりすることはしない。情報開示の規制は，有価証券の発行開示の規制，企業内容の継続開示の規制，および公開買付取引の開示の規制に分けることができる。

ランダムに情報を開示すればよいというわけではない。投資者に与えられるべき情報は，まず，**完全・正確**であることが求められる。すなわち，重要情報は，一部ではなく，その全部が開示されなければならず，虚偽の情報に対しては厳重な制裁が課されなければならない。また，開示情報は**迅速・頻繁**であることが求められる。このため，現在では四半期ごとに報告書が作成・提出されており，取引所および業界団体による自主規制としてタイムリー・ディスクロージャーがなされている。さらに，開示情報は**利用が容易**でなければならない。かつては企業ごとに作成された書面による開示であったが，2001年（平13）よりオンライン開示手続制度（EDINET）を通じた届出・縦覧が行われている。専門的な財務内容の分析は素人の投資者には困難であるため，**証券アナリスト**による分析も利用されている。

■開示制度の必要性

情報開示の規制は，投資者の合理的な投資判断の資料とするため，上場株式会社の経営・財務に関する情報を強制的に開示させる制度である。この制度には2つの機能があるとされる。まず，①合理的な投資判断のための資料である。預金と異なり，投資にはリスクがつきものであり，損失が出たとき投資者は自ら損失を負担しなければならない。このような**自己責任原則**の前提として，各投資者には十分な情報が与えられることが必要である。また，②開示制度は投資者を証券取引に関する詐欺的な行為から保護する機能を有する。経営情報を開示させることにより，発行企業の行動を監督することができる。ただし，このような経営監督は，本来，会社法が担うべき役割であり，金商法が直接の目的とするものではない。

上述のように，投資者にとって企業情報を知ることが重要だとしても，それは法による強制が必要であることを直ちに意味しない。情報が開示されなければ投資者を集めることができず，リスクの高い証券だと判断されてしまうと発行条件が悪くなるから，法で強制されなくても企業は進んで情報を開示するのではないか，という意見もある。だが，開示情報に関する法規制がなければ，発行企業は自らに有利な情報のみを開示するかも知れないし，虚偽の情報により多くの投資者を集めようとする危険性もある。また，開示情報が法により標準化されず各企業で形式が異なっていれば，それらの情報の比較には相当の困難がともなう。このように，開示情報に対する法規制は投資者保護のために不可欠なものだといえる。

3〉 株式譲渡の制限

（１）定款による譲渡制限

■譲渡制限制度の必要性

大規模な株式会社にあっては株式を自由に譲渡できることが重要であって，譲渡を制限する必要性は見当たらない。しかし，株主の個性が重要になる小規模・中規模の株式会社においては，株式譲渡により会社にとって望ましくない者が株主になることを防ぐための仕組みが必要である。たとえば，同族会社においては親族以外の者が株主として経営に関わることを望まないことが一般的である。そこで，会社法においては，株式の内容として譲渡制限を付することが認められており，定款の定めを置くことにより，会社が発行する全部の株式について（107条１項１号），または一部の種類株式について（108条１項４号），その譲渡にあたっては会社の承認を要するものとすることができる。

ただし，譲渡制限株式であっても，個別の取引ではなく，株主の死亡に伴い相続人が株式を取得する場合など（これを**一般承継**という）には，会社の承認は不要である（134条４号）。この場合には取引前に会社が望まない者が株主となることを避けることができないので，会社は相続人など一般承継により株式を取得した者に対してその株式を会社に売り渡すことを請求することができるとされている（**一般承継人に対する売渡し請求権**〔174条－177条〕）。ただし，会社にこの制度があることはあらかじめ定款に定めておかなければならず，売渡し請求にあたってはその都度，株主総会決議を受けることが必要である。

なお，譲渡制限を設けることは株式の流通性を阻害することにを意味しており，上場基準に抵触するため，譲渡制限株式が有価証券市場において取引されることはない。

■譲渡制限株式の譲渡方法

譲渡制限株式を有する株主は，その取引の相手を自由に選択することはできないけれども，その保有する株式を譲渡すること自体は法律上可能である。会社の閉鎖性の維持が認められるとしても，最低限，株主の投下資本の回収は保証しなければならないからである。以下のような方法による。まず，譲渡先を見つけた株主は，会社に対して譲渡の承認を求め（136条），会社がその譲渡を承認しない場合には，**会社**または**指定買取人**による買取りを請求することができる（138条1項）。譲渡承認の決定は，取締役会のある会社においては取締役会，取締役会のない会社においては株主総会の決議により行うのが原則である（139条1項）。ただし，定款の定めにより決定機関を変更することができるので，代表取締役が承認することにしてもよい。

株主の見つけてきた相手に対する譲渡を承認しない場合には，会社は自らその株式を買い取る旨を株主に通知しなければならない（140条1項）。あるいは，会社は対象株式の買取人を別に指定することもでき，その場合には，指定買取人から株主に対して通知がなされる（142条1項）。この通知を受けた後，株主は一方的に譲渡の請求を撤回できなくなる（143条）。

会社または指定買取人が株主に対して通知すると，その時点で，両者間において株式の売買契約が成立する（最決平成15年2月27日民集57巻2号202頁）。なお，売買価格について契約当事者間で合意できない場合には，申立により裁判所が決定する（144条2項以下）。

COLUMN　非公開株式会社における少数株主

本文にあるとおり，会社法は譲渡制限株式についても譲渡の方法を定めており，どのような株主であっても投下資本回収の道が保証されているようにみえる。しかしながら，実際には，全部の株式について譲渡制限を付している非公開株式会社の少数株主については困難な問題がある。

すなわち，このような非公開会社（同族会社が多い）においては，経営者が過半数を超える株式を有しており，少数株主は，経営に関与することはもちろん，満足な配当金も支払われていないケースが少なくない（経営者は取締役の報酬として会社の利益を独占できるので，剰余金配当をする必要がない）。たとえ少数株主が保有株式を手放す決心をして会社に直接買取りを要求しても，拒絶されたり，法外に低い価格でしか応じてもらえないことが多い。経営者以外の者に株式を売却したいと考えても，上場会社のような流通市場は存在しないために，そもそも買取りに応じてくれる相手を見つけることは難しい。また，譲渡制限株式は会社側が譲渡を承認しないことがほとんどであり，当事者間で売買契約をしても，結局，その株式の名義書換をすることはできないからである。

結果として，日本に多数ある非公開会社の少数株主は，相当に資産価値のある株式を有していながら，事実上売却をすることもできず，株式を抱え込んだままになっている。このような少数株主に対しては，本文のような譲渡承認の制度だけではなく，会社に対する買取り請求権を認める立法が望まれる。

（2）株式譲渡に関するその他の問題

■契約による株式の譲渡制限

従業員持株制度（→第7章②コラム）に関連して，退職時には取締役会の指定する者に譲渡することを約束するなど，当事者間の契約により株式譲渡を制限することが実務上広く行われている。このような契約も，株式の譲渡自由原則を定める会社法127条の趣旨に反していたり，あるいは著しく不合理な内容で公序良俗違反（民90）にあたる場合でない限り，有効であるとされている（最判平成7年4月25日裁判集民175号91頁）。ただし，従業員の売却利益（キャピタルゲイン）をまったく認めないような内容の取り決めは，公序良俗（民90条）に反して無効となる可能性が高いであろう。なお，株券が発行されている場合には，当事者がそのような契約に違反して株券を交付してしまうと株式譲渡自体は有効といわざるを得ず（128条1項），会社は譲受人からの株主名簿の書換請求を拒むことはできない。したがって，実際には，持株会で購入した株券は従業員に渡さずに，別の場所に預託して株券の移転ができないように工夫されていることが多い。

■株式の譲渡担保も株式の譲渡にあたる

担保のために株式を債権者に譲渡する場合があり，これを株式の**譲渡担保**[3]という。担保であるから，借入金を返済すれば，いったん譲渡した株式は返却してもらえる。判例は，株式の譲渡担保も株式の譲渡にあたるとしており（最判昭和48年6月15日民集27巻6号700頁），したがって，その株式に譲渡制限が付されている場合には会社の承認が必要である。先に譲渡担保が設定されたときには，株式取得者からも会社の承認を求めることができるが（137条・138条2項），たとえ会社からの承認が得られなくても，当事者間の譲渡担保契約は有

3）抵当権や質権など民法上の典型担保ではないが，債権の担保のために，債務者が対象物の所有権を債権者に移転することを譲渡担保という。裁判所の手続を経ない簡易な方法で債権の回収を実現することができるため，多く使われている。

効に成立する。しかし，譲渡担保における担保権者の多くは株主としての権利を行使する意図はないため，会社の承認が受けられなくても不都合はない。そこで，譲渡制限株式への担保権の設定にあたって会社の承認は不要であり，担保権を実行する必要があるときにのみ承認を受ければよいとする見解もある（江頭憲治郎・株式会社法［第8版］244頁）。

Self-Check

1　株券発行会社であるのに株券が発行されていない場合には，どのように株式を譲渡すればよいか。

2　株主が会社に損害賠償を求める集団訴訟の原告を募集する目的で株主名簿の閲覧請求を行ったとき，会社はこれを拒否できるか。

3　株式の譲受人が名義書換をしていない間に，会社から元の株主に対して配当金や分割株式が交付された場合にはどうなるか。

4　ある小規模株式会社における従業員持株制度の内容として，従業員の退職時には取得時の価格と同じ価格で会社に対してその保有株式を売却する取り決めになっている場合，このような合意は無効とならないか。

関連文献

牛島信・少数株主（幻冬舎文庫，2018年）

第10章　証券発行による資金調達

才能ある個人が資金を集めようとするときに用いる方法として，最近，クラウド・ファンディングがよく用いられる。たとえば，ピアノを得意とする女性が，海外のコンクールに参加したいけれども渡航のための費用がないとする。彼女はクラウド・ファンディングを実施するサイトに自己の計画を掲載して資金提供者を募集する。彼女の計画を応援して資金を提供してくれた人に対しては，御礼として彼女のピアノ演奏曲が録音されたCDや動画が送られる。このようにして，個人でもインターネットを通じて自己の将来性や魅力をアピールすることにより，多数の人から資金到達ができるのである。これに対して株式会社の場合には，より多額の資金を得る方法として，会社の将来性や事業内容によって価値が決まる有価証券を発行することで資金調達することができる。本章では，そのような有価証券である株式，新株予約権，社債の発行に関する法的仕組みについて学習する。

Key Points

◆株式会社の証券発行による資金調達手段としては，募集株式の発行等（新株発行および自己株式の処分），募集新株予約権の発行，および社債発行の方法がある。

◆株式会社が，将来発行することができる株式総数をあらかじめ定款に定めておき，その範囲内においては株主総会の決議を要さず，取締役会の決議等だけで株式を発行することができる仕組みを授権資本制度という。

◆公開会社における募集新株の発行にあたり，例外的に，取締役会の決議等だけでは決定できず，株主総会の決議が必要になる場合がある。それは，有利発行の場合と，支配権の移動をともなう場合である。

◆違法な募集株式の発行等に対して株主等の利害関係者がとりうる救済手段としては，発行差止の訴え，発行無効確認の訴え，不存在確認の訴えが認められている。

◆新株予約権とは，権利者が権利行使期間内に権利行使価額を発行会社に出資することによって，その会社の株式の交付を受けることができる権利である。ストック・オプションと呼ばれることもある。

◆違法な新株予約権の発行に対して株主等の利害関係者がとりうる救済手段としては，発行差止請求，発行無効の訴え，および不存在確認の訴えがある。

◆社債についての法律関係は，社債契約および会社法における社債に関する規定に従う。会社法が定めているのは，社債管理者の設置，社債権者集会の制度など多数の社債権者の権利を保護するための規定が中心である。

1　資金調達の概要

（1）株式会社の資金調達

■日本における資金調達方法の変遷

設立後一定の期間を継続した会社であれば，それまでの事業から出た利益を株主に分配してしまうことなく，一部を会社内部に留保しておき，それを新規事業のための資金として利用することができる。しかし，新規事業の規模によっては，**内部留保金**だけでは足りずに外部からの資金調達が必要になる場合があるだろう。

外部からの資金到達の方法としては，会社と出資者との間に金融機関をはさむか否かによって，間接金融と直接金融とに分かれる。まず，**間接金融**とは金融機関を仲介させた借り入れであり，歴史的にみると戦後の高度経済成長期においては日本の会社は資金調達を銀行からの借り入れに依存する割合が高かった。これは，当時は証券市場が発展していなかったこと，および低利子で長期に貸し付けをしてくれる長期信用銀行や日本興業銀行などが企業の資金需要に応じていたためである。その後，わが国で証券市場が発展してくると，次第に**直接金融**の割合が増えてきた。これは，多数の投資者に有価証券を購入してもらう方法の資金調達を意味しており，証券市場を通じて新株発行および社債発行が行われた。バブル経済の時期には，大手企業は大量の新株発行をして手元資金を潤沢なものとしていくと同時に，銀行からの借り入れは激減して，まもなく長銀や興銀はその歴史的使命を終えることになる。しかし現在でも，中小規模の会社においては証券発行の道が事実上閉ざされているために，その資金調達の大部分を銀行からの借り入れに依存している。

■証券発行による資金調達

上述のとおり，かつては，株式会社が資金調達のため発行できる証券は株式と社債であったが，その後，これらに**新株予約権**が加わった。また，新株発行については自己株式の処分を含めて**募集株式の発行等**とよばれるようになった。新株発行は発行済株式総数および資本金額の増加をともなうのに対して自己株式の処分の場合にはそうではないが，既存株主に対する影響の点では同じであるので，会社法は両者を共通の規制の下に置いたのである。要するに，現在では，証券発行による資金調達の方法として，①募集株式の発行等（新株発行および自己株式の処分），②募集新株予約権の発行，③社債発行の方法が存在することになる。

なお，**社債**については，かつては，発行することができるのは株式会社のみであったが，会社法の下では，持分会社（合同会社，合資会社，合名会社）も発行可能とされている。ただし，あくまでも法律上は可能ということであり，現実には購入してくれる投資者がいなければ社債発行は難しい。実際には，合同会社の形態をとるベンチャー企業が少数の知人やファンドに向けて私募債を発行するケースなどに限られるであろう。

（2）募集株式・募集新株予約権の発行

■既存株主への影響

社債の法的性質は後述するように金銭の借入れと同じであるため，既存株主に対する影響はほとんどない。利息支払負担のコストが増える程度である。それに対して，募集株式の発行等（新株発行および自己株式の処分）と募集新株予約権の発行の場合は，発行済み株式数が大幅に増える結果として，既存株主に対する影響が少なくない。それは，①保有する株式の議決権割合が減少するという**割合的地位の低下**と，②１株当たりの株式価値が希釈化されるという**経済的利益の損失**の２つである。以下では，発行類型ごとに分けて，それぞれの既存株主への影響を説明する。

■会社法は既存株主に対して株式の割当を受ける権利を保障していない

株式会社が，既存株主に募集株式または募集新株予約権の割当を受ける権利を与えて株式発行を行う場合を**株主割当**（202条）という。この場合には，従前の持株比率に応じて割当が受けられるため，各株主の議決権比率の低下は生じない。また，株式の発行により保有する株式の価値が低下したとしても，既存株主は市場価格より安価に募集株式の発行等を受けられるので，株式価値の希釈化による経済的損失を埋め合わせることができる。このように，株主割当という発行方法は，**既存株主にとって最も公平で有利**である。しかし，この方法にはデメリットもある。まず，会社側からすれば株主割当はリスクが大きい。というのは，もしもその既存株主が割り当てられた株式を購入するための十分な資金を有していなければ，その分だけ会社が得られる資金が少なくなるからである。また，株主としても，割合的地位の低下および経済的利益の損失を避けるために，無理な資金繰りを事実上強制されることになる。募集新株予約権の場合にはそれを他人に譲渡することにより経済的損失を避けることができるが，募集株式の発行等の場合には株式割当を受ける権利を他人に譲渡できないから弊害はより深刻になる。したがって，会社法では会社に対して株式発行方法の選択権を与えており，既存株主に対して優先的に新株を引き受ける権利を保障していない（**新株引受権**[1]は廃止された）。外国の会社法では既存株主にこのような権利を認める例もあるが，わが国では株主の公平性よりも会社の資金調達の確実性を優先させることにしたのである。

なお，会社が，既存株主以外の者に募集株式または募集新株予約権の割当を受ける権利を与えて株式発行を行う場合を**第三者割当**という。他の会社との間で資本提携を行う場合などに行われる。また，誰にも募集株式または募集新株予約権の割当を受ける権利を与えずに行われる証券発行は，**公募**と呼ばれる。

■授権資本制度

上述のように，株式の発行は既存株主の利益に影響を及ぼすことになるから，本来は株主総会において発行の承認を受けることが望ましい。しかし，発行のたびに株主総会の開催が必要ということになると，市場の状況に応じた機動的な資金調達ができなくなるおそれがあり，結局は株主のためにならない。そこで，会社法は，ある株式会社が将来発行することができる株式総数（**発行可能株式総数**）をあらかじめ定款に定めておき，その範囲内においては，株主総会の決議を要することなく，取締役会だけで株式を発行することができる仕組みを認めている。これを**授権資本制度**（または授権株式制度）という。

この仕組みの下で，定款で授権された範囲内であれば取締役会はいつでも必要なときに株式発行を決定することができるが，以下のような制限事項がある。①公開会社の設立時には発行可能株式総数の少なくとも4分の1以上は株式を発行しなければならない（37条3項），②公開会社が定款を変更して発行可能株式総数を増加させる場合には，発行済み株式総数の4倍までしか増加できな

1）　会社法制定以前には，株式会社が新株発行をする場合に他の者に優先して新株を引受ける権利（新株引受権）が認められていて，定款の定めまたは取締役会の決議により株主またはその他の第三者に与えることができた。また，株主は新株引受権を譲渡することもできた。

い（**4倍規制**〔113条3項〕）。③逆に発行可能株式総数を減少させる場合には，発行済み株式総数を下まわることができない（同条2項）。④発行可能株式総数の定款の定めを廃止することはできない（同条1項）。会社法がこれらの規定を置いているのは，株式発行について取締役会に自由な裁量権を与えた反面，既存株主が被る不利益に一定限度を設けるように配慮した結果である。

さらに，第三者割当の場合において，**特に有利な払込金額**で募集株式の発行をするときは，既存株主の経済的利益を害するおそれが大きいので，株主総会の特別決議が必要とされている（201条1項，199条3項）。また，たとえ払込金額が公正であっても，持分比率の低下という既存株主の不利益を看過できない例外的な場合には，取締役会のみで発行を決定することはできない。すなわち，**公開会社において支配株主の異動をもたらすような株式発行**については，一定の場合に株主総会の普通決議が必要であり（206条の2），非公開会社における株主割当以外の発行には，株主総会の特別決議が必要とされている（199条2項，200条1項，202条5項）。これらの募集株式の発行手続については後に詳しく説明する（→本章②）。

（3）社債の発行

■社債の法的性質は金銭債権である

一般に，社債とは比較的長期の資金を調達するために会社（株式会社および持分会社）が投資家に向けて発行する債券をいう。証券発行による資金調達の方法という意味で株式と同じであるが，株式のように会社の構成員としての権利を示すものではなく，社債は**純然たる債権**であって社債権者は会社経営に関わることはできない。その反面，社債は元本の返済については保証されているうえ，配当のように会社の業績に左右されることはなく，決められた金利を受け取ることができる。また，会社が倒産した場合にも，株式と比べて元本を返済してもらえる優先順位が高いのである。

以上のとおり，社債の法的性質は金銭債権であって，経済的には通常の銀行融資によって生じる金銭の貸付け債権となんら違いはない。現在では，会社の判断で社債について社債券（有価証券）を発行しないことも普通であるから，なおさらそうである。ただし，①均一条件で小口化されており多数の投資者から資金を調達するのに適していること，②転売（債権譲渡）しやすいこと，および，③**間接金融**である銀行融資の場合は会社倒産によるデフォルト・リスクは与信を行った銀行が負うのに対して，**直接金融**である社債の場合は投資者自身がリスクを負う，などの点において異なっている。このように社債は投資者がリスクを負うため，これまでは，生命保険会社，銀行，信用金庫，投資信託や信託銀行といった**機関投資家**だけに発行されることがほとんどであったが（私募債），近年はマイナス金利の影響により個人投資家向け社債の発行が増加している（公募債）。

会社法における社債の定義は，「会社法の規定により会社が行う割当により発生する当該会社を債務者とする金銭債権であって，676条各号に掲げる事項についての定めに従い償還されるものをいう」（2条23号）となっており，極めて**形式的な定義**になっている。これは，上述のように社債は通常の貸付け債権と事実上変わらないことから，ある金銭債権を社債とするかどうかは，その扱いにつき会社法の規定に従うか否かという決定を通じて，発行会社自身が選択できることを意味していると考えられる。

■さまざまな社債

会社が発行する社債には，会社法中に定めのある**普通社債**，**新株予約権付社債**のほか，特別の法律の適用を受けるものがある。たとえば，会社は，不動産抵当権などの物的担保を付した**担保付社債**を発行することができ，この場合には会社法ではなく，その特別法である担保付社債信託法が適用される。同法によれば，担保付社債を発行する会社は，信託銀行等との間で社債権者を受益者とする信託契約を結ばなければならず（担信法2条1項），信託銀行等は担保の受託会社として，すべての社債権者のために社債の管理および担保権の保存・実行をする義務を負っている（担信法2条2項，36条）。かつてのわが国では，償還不能となる社債が多発したことから，社債を公募するときは担保付とすることが長い間要求されていたが（**有担保原則**），現在では**社債格付け機関**の発達により無担保での発行が自由にできるようになったため，担保付社債の発行は激減している。

また，従来，資本市場で短期の資金調達をするために発行する債券は，**コマーシャル・ペーパー**（**CP**）とよばれていた。もともとCPには法律上の定義はなかったのだが，そのペーパーレス化を実現するために，振替法（→第9章①）において**短期社債**として定義された。短期社債とは，①各金額が1億円以上，②満期1年未満で分割払いでない，③利息の支払期限が元本の償還期限と同じ，④無担保，の各条件を満たす社債をいう（振替66条1号）。この短期社債は，振替機関が取り扱うことによって**振替社債**となり，口座振替の方法で譲渡される。振替社債は社債の一種であるから，会社法の社債に関する規定が原則として適用される。ただし，新株予約権を付すことができない，社債権者集会がない等の例外的扱いがある。

最近では，特定の分野に関心をもつ投資家にアピールするために，調達した資金の使い道を制限した社債も発行されている。たとえば，電力会社の発行する**環境債**（**グリーンボンド**）は，調達された資金が海外での水力発電や洋上風力発電など再生可能エネルギー事業に使われることになっている。

2 募集株式の発行

（1）会社による募集事項の決定

■募集株式の発行等の意義

会社が株式を発行して資金調達を行う場合には，新たに株式を作成して発行する場合（**新株の発行**）と，以前に取得した自己株式を処分して発行する場合（**自己株式の処分**）とがある。会社法はこの両者を合わせて**募集株式の発行等**とよび（会社法第2編第2章第8節の見出し），共通の規制を及ぼしている。ここで注意しなければならないのは，会社法の「募集」という言葉には，多数の人に引受けを呼びかけるという日常用語とは異なり，単に199条以下の手続に従い発行されるという意味しかなく，会社がただ1人の引受人に対して新株の発行や自己株式の処分をした場合にも，やはり募集株式の発行等である。

募集株式の発行等は，必要な資金を得るための手段という**会社の業務執行行為**であると同時に，株主数を増やすという**会社の組織に関する行為**であるという側面を有している。このような二面性をもつために，募集株式の発行等は会社の既存株主の利益に対してさまざまな形で影響を与えることになり，特別の法規制が必要なのである。

なお，新株予約権の行使に応じて新株発行や自己株式の処分がされたり，合併等の組織再編の対価として新株が発行される場合もあるが，これらは**特殊の新株発行**または**特殊の自己株式処分**とよばれ，上述の募集株式の発行等とは区別して規定されている。しかし，募集株式の発行等に関する規定がこれらの場合に類推適用される場合があり，新株予約権の行使による新株発行が会社法210条の類推適用により差し止められた裁判例がある（東京高決平成20年5月12日判タ1282号273頁）。

■**公開会社の場合**

会社が募集事項を決定する場合には，**授権資本制度**（→本章①〉（2））に基づき，取締役会の決定によることが原則である（201条1項，199条2項）。ただし，指名委員会等設置会社では執行役に（416条4項），監査等委員会設置会社では一定の条件の下で取締役に（399条の13第5項・6項），募集事項の決定を委任することも可能である。

募集事項とは，①募集株式の数（種類株式発行会社の場合は，募集株式の種類および数），②募集株式の払込金額（募集株式1株と引き換えに払い込む金額または給付財産の額）またはその算定方法，③現物出資をするときは，その旨ならびに出資財産の内容および価額，④払込期日または払込期間，⑤新株の発行をするときは，増加する資本金および資本準備金に関する事項，である（199条1項各号）。これらの事項は，毎回の募集ごとに均等に定めなければならないとされている（同条5項）。

上記の募集事項のうち，②募集株式の**払込金額またはその算定方法**については，会社法の規定に若干の変遷がある。公開会社では募集事項の決定から払込期日までの期間が2週間以上あるため（201条3項），その間に定められた払込金額に比べて株式の市場価格（時価）が下落すると，引受けが行われずに資金調達が失敗する危険がある。そこで，かつては1株の払込金額をあらかじめ株式時価に比べて10～15％ほど割り引いた額と取締役会で決定するのが一般的であった（**ディスカウント方式**）。しかし，これでは会社が受け取る額が低くなるので，その後，具体的な払込金額ではなく時価の一定割合の金額を計算により求めるという定め方が用いられるようになった（**算定方式**）。さらに，この方式では人為的に時価が下げられる弊害があることが指摘されて，現在では，法律で特定の算定方法を強制せずに，「公正な価額による払込を実現するために適当な払込金額の決定の方法」を取締役会決議により定めれば足りることになった（201条2項）。実務上は，引受証券会社がマーケット状況を調査したうえで一定範囲の払込金額を決めるという方式（**ブック・ビルディング方式**）が広く用いられている。

公開会社が取締役会決議により募集事項を定めた後は，既存の株主に申込みの機会を与えるため，払込期日（または払込期間の初日）の2週間前までに，株主に対しその募集事項を**通知**しなければならない（201条3項）。株主数が多い場合には，この通知に代えて**公告**をしてもよい（同条4項）。

なお，例外的に，公開会社における募集事項の決定にあたり取締役会の決議等だけでは決定することができず，株主総会の決議が必要になる場合がいくつかある。まず，第1の例外は，①株主割当以外の方法で募集株式等の発行をする場合であって，かつ②払込金額が募集株式を引き受けようとする者に特に有利である場合（**有利発行の場合**）である（199条3項）。たとえば，会社が，特定の取引先企業と資本提携関係を結ぶために，その企業に募集株式を引き受ける権利を与えて募集株式の発行等を行うことが少なくない（**第三者割当**）。**特に有利な払込金額**とは，株式の公正な価額に比べて特に低い金額をいう（東京地決平成16年6月1日判時1873号159頁）。このような場合は，既存株主がその保有株式の価値が希釈化することによる経済的損失を受けるおそれがあることから，募集事項の決定にあたっては，取締役は株主総会においてその払込金額で募集することを必要とする理由を説明したうえで，**特別決議**を受けなければならない（201条1項）。既存株主としては，第三者割当により短期的には経済的損失を受けるとしても，提携関係を構築した結果会社の業績が上がり，長期的には利益を受ける可能性もある。株主総会の承認を条件に，会社の資金調達の必要性を優先した制度であるといえよう。なお，株主総会の特別決議を受けずに，取締役と通謀して著しく不公正な払込金額で募集株式を引き受けた者（**通謀引受人**）は，その払込金額と公正な価額との差額を会社に対して支払わなければならない（212条1項1号）。

また，第2の例外は，株主割当以外の方法で募集株式の発行等をする場合であって，かつ**支配権の移動をともなう場合**（特定引受人に会社の支配権を取得させることになる場合）である（206条の2）。この場合は，総株主の議決権の10分の1以上を有する株主が反対の意思を会社に通知したときは，その特定引受人に株式を割り当てることについて株主総会の**普通決議**が必要である。このような，誰に会社のコントロールを任せるかという重大な決定については，取締役会の裁量に任せず，株主自身の多数決で判断させようという趣旨である。

■**非公開会社の場合**

非公開会社が募集株式の発行等をする場合には，原則として，株主総会の**特別決議**により，募集事項を決定しなければならない（199条1項・2項）。これは，公開会社の場合と異なり，非公開会社の株主は経営に関わることも多く，議決権比率の維持に関心が強いと考えられるためである。ただし，株主総会の特別決議によって，一定の制限を設けたうえで，取締役（取締役会設置会社の場合には取締役会）に決定を委任できるという例外が設けられている（200条1項後段）。また，払込金額が引受人に特に有利である場合（**有利発行の場合**）には，取締役が株主総会においてその募集を必要とする理由を説明しなければならないとされているが（199条3項），非上場会社については募集株式の市場価格がない場合が多く，公正な価格を求めることは必ずしも容易ではない。この点につき，株主総会で理由説明をしなかったことが取締役の任務懈怠にあたるとして損害賠償が求められた事案において，非上場会社の取締役が客観的資料に基づく一応合理的な算定方法によって払込金額を決定したといえる場合には，特段の事情がない限り，有利発行にはあたらないとした判例がある（最判平成27年2月19日民集69巻1号51頁）。しかし，やや特殊な事案に関するものであり，この判例を一般化することには慎重になるべきである。

以上に対して，**株主割当の場合**については，定款の定めがあれば，非公開会社が募集事項を決定するにあたり取締役（取締役会設置会社の場合には取締役会）のみで決定することができる（202条3項1号・2号）。この場合は，既存株主が議決権比率の低下や株式の経済的価値が希釈化する不利益を受ける可能性がないためである。

（2）募集株式の引受人が株主となるまで

■募集株式の引受け

募集に応じてきた者に対し，株式会社は募集事項や払込取扱場所などを改めて通知しなければならないのが原則であるが（203条1項），金商法の発行開示規制である目論見書の交付等を行っているときはこの通知をする必要はない（同条4項）。つぎに，募集株式の引受けの申込みをする者は，自己の氏名および住所，引き受けようとする募集株式の数を記載した書面を会社に提出する（203条2項）。このとき，実務上は，後述の払込金額に相当する金銭を**申込証拠金**として会社に提供することが多い。これに対して，会社は，申込みをしてきた者の中から，募集株式の割当を受ける者および割当数を決定して，払込期日の前日までに通知しなければならない（203条3項）。誰に何株の募集株式を割り当てるかは，会社が自由に決めてもよい（**割当自由の原則**）。ただし，会社支配権の争いがある場合に，経営者が保身目的で自己に有利な割当をした場合には，著しく不公正な発行方法として後述の発行等の差止原因になり得る。なお，株主割当の場合には，申込みをした株主が自己の保有株式数に応じて割当を受ける権利をもつので，会社側に割当自由はない。

また，特定の引受人が募集株式の総額を引き受ける第三者割当または公募（通常，証券会社が引受人となり，その後多数の投資者に転売される）の場合には，上述の申込みおよび割当に関する規定は適用されない。この場合には，会社とその引受人が直接に交渉して引受け条件を決めて契約を結ぶことになる（**総数引受契約**〔205条〕)。

以上の申込み，割当，および総数引受け契約に関する**意思表示**[2)]については，民法の心裡留保（民93条），虚偽表示（民94条１項）の規定は適用されない（211条１項)。したがって，これらの意思表示が後から無効とされることはない。また，引受人は株主となった日から１年を経過した後は，錯誤，詐欺または強迫を理由として引受けの意思表示を取り消すことはできなくなる（同条２項)。これらは早期に法律関係の安定を図る趣旨である。

会社から募集株式の割当てを受け，または会社と総数引受契約を締結した者は，**引受人**（206条）とよばれる。引受人は，定められた払込期日（または払込期間の末日）までに出資の履行をすることによって株主となる権利（**権利株**）を有している。この権利は他人に譲渡することもできるが，会社の株式発行事務を混乱させるおそれがあるので，権利株の譲渡を会社には対抗できない（208条４項)。

ところで，本来の出資者が自己の名義を使わずに，**他人の名義**で募集株式の引受人となるケースが実務上は少なくない。ある株式会社の株主になろうとする者が，実際には１人で出資したにもかかわらず親族間で株式の名義を分散させておいたところ，のちに親族間に紛争が生じたような場合に，真の株主は誰かという形で問題となりうる。**判例**（最判昭和42年11月17日民集21巻９号2448頁）は，法律行為の一般原則に従い，真に契約の当事者として申込みをした者が引受人であり，募集株式の効力発生後はその者が株主になるとしている。すなわち，誰が実質的に引受人となる意思を有していたかを具体的事実により判断すべきというのであり，多くの場合には現実に出資をした者が引受人になるであろう。なお，学説の多くはこの判例の結論を認めつつ，会社の不利益を避けるために，真の引受人といえども株主名簿の名義書換（130条）をしなければ会

2）民法上の基礎概念のひとつで，一定の法律効果を発生させる意思を外部に表示することをいう。契約は当事者間の意思表示が合致することにより成立しており，一方もしくは双方の意思表示が何らかの理由で無効とされれば，その契約は不成立となる。

社に対して株主の地位を主張することはできないとする。

■出資の履行と効力発生

募集株式の払込は，会社が定めた銀行等の**払込取扱機関**に対して，所定の期日までに全額を払い込むことを要する（208条1項）。もしも引受人が会社に対する債権を有していたとしても，払込金が現実に会社に出資されることを確保するために，履行義務と債権の**相殺は禁止**されている（208条3項）。また，募集株式の対価としては，現金だけではなく，それ以外の財産を出資の目的とすることもできる（**現物出資**〔199条1項3号〕）。ただし，この場合には一定の例外を除き，現物出資財産の価額を調査する**検査役**を選任するため裁判所への申し立てが義務づけられている（207条1項・9項各号参照）。現物出資財産の時価が199条1項3号で定めた価額に著しく不足する場合には，その財産を出資した引受人は，善意かつ無重過失により意思表示を取り消すことができる場合でない限り，その不足額を会社に支払う責任を負わなければならない（212条1項2号）。なお，引受人が所定の日までに出資の履行をしないときは，募集株式の株主となる権利を失うとされている（208条5項）。しかし，現実には，引き受けられた募集株式については，会社がすでに預かっている払込証拠金が出資の履行として充当されるので，失権が起きるケースはほとんどない。

引受人が出資の履行をしたときは，原則として払込期日（または払込期間のときは出資の日）から株主になる（209条）。募集株式の発行等が効力を生じると，それが新株発行である場合には，資本金額および発行済み株式総数が増加するため，その旨の**登記が必要**となるが（915条1項），自己株式の処分である場合はとくに登記は行われない。

COLUMN　出資の履行の仮装をした者の責任

募集株式の発行等において，出資の履行が正常に行われない場合がある。たとえば，A会社がB会社を割当先として第三者割当を計画したが，倒産寸前であったB会社は払込に必要な資金の銀行融資を受けることができなかったために，A会社が連帯保証をしてB社に金融業者から資金の借入れをさせた。B社が株式の払込を完了すると，A社は直ちにその資金を金融業者に返済したうえで，資本金額および発行済み株式総数が増加したとして変更登記を行った。以上のような事案について，判例は，当初から真実の株式の払込として会社資金を確保させる意思はなく，仮装の払込であって，株式の払込としての効力を有しないとした（最決平成3年2月28日刑集45巻2号77頁）。

このように有効な株式の払込がなかった場合には，仮装払込人に対して発行された募集株式の効力が問題となる。実は，この点に関する法規制には変遷がある。すなわち，会社法制定以前には，新株発行の登記がなされたにもかかわらず引受けがない株式がある場合には，取締役が連帯して当該株式を引き受けたものとみなされていた（商法旧280条の13）。その結果，取締役を新たな引受人として新株発行は有効に成立するとされていた。ところが，同規定が会社法では廃止されたため，仮装の払込があった場合には引受人になる者がおらず，208条5項の規定により，募集株式の発行等の効力は否定されることになった。しかし，それでは債権者の利益や取引の安全を害することになるので，仮装の払込をした者についても引受人として扱ったうえで，会社に対する支払義務を負わせるほうがよい。そこで，2014年（平26）会社法改正により，募集株式の引受人が出資の履行の仮装等を行った場合には，その仮装引受人は，引き続き払込金額の支払い義務を負うものとし（213条の2第1項），かつ，その支払いをするまでは株主としての権利を行使できないものとされることになった（209条2項）。

なお，仮装引受人は資力のない者であることが多いので，出資の履行の仮装に関与した取締役（または執行役）は，無過失を証明できない限り，仮装引受人と連帯して，会社に対する払込金額の支払義務を負うとされている（213条の3）。

（3）募集株式の発行等の瑕疵

■株主等の救済手段

募集株式の発行等は，新事業のため資金獲得や有利子の借入金返済に充てるなどの正当な目的のほか，さまざまな不正な目的で行われることがある。そのようなときには，株主に対して，募集株式の発行等を事前に差し止めたり，その効力を否定する手段が与えられている。その詳細は後述するとおりであるが，とりあえず株主等に与えられた救済手段を概観しておこう。

まず，株主は，募集株式の発行等により不利益を受けるおそれがあるときは，裁判所に対して**募集株式の発行等の差止**を求める訴えを提起することができる（210条）。しかし，訴訟で判決を受けるまでには時間がかかるので，その間に募集株式の効力が発生してしまうと差止請求は無意味になってしまう。そこで実務では，訴訟の提起前に，発行差止の仮処分命令の申立てをすることが通常である（民保23条）。**仮処分命令**は本案訴訟の判決が下るまで株式発行を禁じる暫定的なものにすぎないが，仮処分決定の結果と矛盾する本案判決が出される可能性はほぼなく，ひとたび差止の仮処分が命じられると，会社としては募集株式の発行等を断念せざるをえない。このことは，その他の会社法上の差止請求（360条など）についても同様である。

つぎに，株主に加えて一定範囲の者（取締役，監査役，清算人，執行役〔828条2項1号〕）は，募集株式が効力を生じた日から一定期間内に，訴えによってのみ，**新株発行の無効**および**自己株式の処分の無効**を主張することができる（828条1項2号・3号）。無効とされた行為は当初から効力をもたないのが私法上の原則であるが，会社法では，これらの無効判決が確定すると募集株式は将来に向かってのみ効力を失い，それまでに行使された株主権の効果は失われないとされている（**将来効**〔839条〕）。そうしておかないと，利害関係者の数が多すぎて収拾がつかなくなり，法律関係の安定を損なうからである。

以上は募集株式の発行等に何らかの瑕疵がある場合であるが，これに対して，募集株式の発行等の手続がまったくとられていないにもかかわらず登記だけがあるとか，代表権のない取締役が独断で新株を発行したような場合には，そもそも株式発行の行為自体が物理的に存在していない。このようなときには，株主を含む法律上の利益をもつ者は誰でも，**新株発行の不存在**または**自己株式の処分の不存在**について確認を求める訴えを提起することができる（829条）。これら不存在の主張は必ず確認訴訟によって行う必要があるが，とくに提訴期間は定められていない。一定期間をすぎると，ないものが有効になるのでは不合理だからである。

■募集株式の発行等の差止めができる場合

日本の法律において法的救済手段の中心は事後の損害賠償であり，事前差止めという手段は例外的にしか認められてない。会社法でも，株式発行の事前の差止めが可能なのは以下のケースに限られている。

まず，**法令・定款違反の場合**（210条1号）である。たとえば，法令違反の場合として，授権株式数を超えて株式の発行をしようとするとき，募集事項の決定を法定機関によって行わないとき，必要な募集事項の通知・公告が行われていないとき，現物出資について必要な検査役調査を行っていないとき，などがあげられる。また，株主割当以外の場合に，払込金額が引受人にとって特に有利であるにもかかわらず，必要な株主総会の特別決議を得ることなく募集株式の発行等を行ったときも法令違反にあたる。これは，会社支配権の争いに関連して頻繁に生じる問題であるので，そこで詳しく検討する（→第14章③）。

また，**著しく不公正な発行方法の場合**（210条2号）も差止めの原因となる。

これには，法令や定款に直接に違反するものではないが，正当な目的以外で募集株式の発行等を行うケースが含まれる。たとえば，敵対的企業買収を受けた場合に，経営者が自己の地位を守るため，発行済み株式数を増加させることにより買収者の持分割合を低下させることを主要な目的として新株発行を行ったときは，不公正発行に該当する。これについても，敵対的企業買収の箇所で詳しく説明する（→第14章③）なお，アメリカの会社法では，このような場合には取締役の信認義務に違反するから差止めが可能という法律構成がとられているが，日本の裁判例では，会社が遵守すべき法律に違反することが本条１号にいう法令違反であり，取締役を名宛人とする善管注意義務・忠実義務はこれに含まれないと一般的に理解されている。しかし，「法令」について会社を名宛人とする法律に限るという解釈は形式的にすぎるし，想定外のやり方で株式発行権限を不当に用いる事案に柔軟に対応するためには，取締役の善管注意義務・忠実義務違反についても本条１号の法令違反に含めるほうがよいと思われる。

■募集株式の発行等が無効となる場合

募集株式の発行等の**無効原因**については，会社法の中に明文の規定がなく，解釈に委ねられている。一般論としては，募集株式の発行等が無効になると多数の利害関係者に影響を与えて法律関係の安定や取引の安全を害するおそれがあるため，無効原因はできるだけ少なくするべきである。

たとえば，代表取締役が有効な取締役会の決議なく新株発行をした場合（最判昭和36年３月31日民集15巻３号645頁），株主総会の特別決議なく特に有利な払込金額で新株発行をした場合（最判昭和46年７月16日裁判集民103号407頁）については，無効原因にはならない。公開会社においては**株式取引の安全**が重視されるため，会社を代表する権限を有する取締役が定款の授権の範囲内で株式の発行等をしている限り，内部機関の決議がないことは決定的瑕疵とはいえないためである。同様に，経営者が自己の支配権を保持する目的で新株を発行したときのように著しい不公正発行として差止原因になりうる場合であっても，無効原因にはならないとされている（最判平成６年７月14日裁判集民172号771頁）。

これに対して，異論なく無効原因になるのは以下の場合である。まず，**定款による授権**を欠いた募集株式の発行等は，疑問の余地がなく無効である。たとえば，発行可能株式総数を超える数の新株発行や，定款の定めのない種類の株式発行などがこれにあたる。また，判例によれば，公開会社に要求されている募集事項の通知もしくは公告を欠いた場合（最判平成9年1月28日民集51巻1号71頁），および新株発行の差止の仮処分に違反した場合（最判平成5年12月16日民集47巻10号5423頁）には無効原因になるとされている。前者については，通知・公告がなければ株主が差止請求をする機会を失うことになるし，後者については，仮処分命令を無視されては差止制度自体の実効性が失われてしまうので，株式の発行等を無効にしなければならないのである。さらに，**非公開会社**において株主総会の特別決議を経ずに新株発行を行った場合にも，無効原因になる。公開会社の場合とは異なり，株式取引の安全に対する配慮の必要性が強くはなく，かつ持株比率の維持に対する既存株主の利益を尊重すべきだと考えられるからである。

3 新株予約権の発行

（1）新株予約権の内容

■新株予約権の仕組み

新株予約権とは，権利者が一定の期間内（**権利行使期間**）に一定の価額（**権利行使価額**）を発行会社に払い込むことによって，その会社の株式の交付を受けることができる権利をいう（2条21号）。たとえば，ある年の3月1日に，権利行使期間を4月1日から4月30日までとして，権利行使価額を1個につき100円とする新株予約権がA社により発行されたとする。4月10日の時点で，A社の株式の時価が1株170円であったとすれば，権利者は新株予約権を行使して会社から株式の交付を受け，それを市場で売却することにより，1株当たり170円（時価）－100円（権利行使価額）＝70円の経済的利益を得ることができる。もしも権利者がさらにA社株式の時価が上がると予想すれば，権利行使期間の最終日4月30日まで待って権利行使をし，より多くの経済的利益を手にすることもできる。逆に，権利行使期間内にA社株式の時価が100円よりも高くならなければ，新株予約権の行使をしなければよいのである。このように，権利者は権利を行使するかどうかの選択権（オプション）をもっているので，新株予約権は**ストック・オプション**と呼ばれる。

■新株予約権の利用目的

新株予約権は，実務上，さまざまな目的で利用されている。まず，新株予約権は，会社の役員や使用人に対する**インセンティブ報酬**として利用されることが多い。新株予約権を与えられた者は，会社の業績をあげて株価を高めれば高めるほど権利行使により多くの経済的利益を得ることができるため，熱意をもって働く誘因（インセンティブ）を持つことになるからである。また，新株予約権は資本・業務提携の一環として提携先企業に対して発行されることも多い（**第三者割当**）。新株発行の場合に比べると，提携先が直ちに払込みをする必要がなく，柔軟に権利行使条件を設定できる点で優れている。さらに，新株予約権を社債に付したものは**新株予約権付社債**とよばれ，上場会社やスタートアップ企業における資金調達手段として利用されている。会社の株式の時価が上場すれば，所持人は新株予約権を行使してメリットを受けることができるので，会社はその分だけ社債の利率を低くすることができる。新株予約権付社債には，権利行使にあたり，社債が消滅するタイプのもの（転換社債型）と，社債が存続するタイプのもの（ワラント債型）とがある。新株予約権付社債の発行にあたっては，社債の発行手続ではなく，新株予約権の発行手続が適用される（248条）。

なお，新株予約権を株主に対して無償で割当する場合については，特別の規定が置かれている。すなわち，株式会社は，株主に対して，その保有株式数に応じて，新たに払込をさせないで新株予約権を割り当てることができる（**新株予約権無償割当て**〔277条〕）。この場合は，通常の株主割当とは異なり，株主からの申込みを必要とせず当然にすべての株主に新株予約権が割り当てられる。権利行使価額を株式の時価未満に設定しておけば，株主により新株予約権が行使され，会社は権利行使価額分の資金を調達できる。また，株主としても無償割当てされた新株予約権を行使して新株の発行を受ければ，持株比率を維持できる。このように新株予約権の無償割当てを利用して資金調達を確実に行う方法は，**ライツ・オファリング**とよばれ，上場会社において広く用いられている。また，新株予約権の無償割当ては，権利者間に差別的な行使条件を付けるなどの方法により，敵対的企業買収に対する**防衛策**としても利用されている。これについては，第14章②で詳しく説明する。

（2）募集新株予約権の発行プロセス

■募集新株予約権の発行手続き

会社が新株予約権を発行するケースとしては，上述のように株主に対して無償で発行する場合や，組織再編の対価または取得請求権付株式・取得条項付株式の対価として新株予約権を発行する場合もあるが，それ以外の場合には，会社法第3章第2節（238条～248条）に定める手続きに従い引受人に割当を受ける権利を与える方法により行う。これを**募集新株予約権の発行**という（「募集」に多数に呼びかけるという日常的意味はないことに注意）。

募集新株予約権の発行については，多くの点において募集株式の発行等と類似の手続が定められている。すなわち，①募集事項の決定は，公開会社においては取締役会の決議を要し（240条1項），非公開会社においては株主総会の特別決議を要すること（238条2項），②引受人に特に有利な払込金額で発行する場合は株主総会においてその理由の説明が必要であること（240条1項，238条3項），③株主割当以外の方法で発行する場合には株主に対する通知または公告を要すること（240条2項・3項），などである。また，新株予約権の発行方法としては，募集新株の発行等の場合と同様に，株主割当，第三者割当，公募（ただし，公募の場合は新株予約権付社債として発行され，新株予約権のみで発行されることはない）がある。

以下では，**募集新株予約権の募集事項**について，募集株式の発行等とは異なる特徴的な点について説明する。

■募集新株予約権の発行の特徴

会社が募集新株予約権を発行するときに決めなければならない募集事項とは，新株予約権の内容，払込金額，割当日，などである（238条1項）。

まず，**新株予約権の内容**として，新株予約権の目的である株式の数，権利行使価額，などを定めなければならない（236条1項各号）。このとき，法律で要求されていない**新株予約権の行使条件**を付加することが認められており，発行会社が上場されることを行使条件とするなど，インセンティブ報酬として利用する場合に行われている。

つぎに，**払込金額**に関しては具体的金額または算定式を決定することになるが，会社は募集新株予約権と引き換えに金銭の払込みを要しないものとすることもできる（238条1項2号）。たとえば，会社が提携先の企業に対して新株予約権を第三者割当の方法で発行する場合に，払込みを要しないものとすることがある。このとき，**権利行使価格**と払込金額を混同してはいけない。権利行使価格は，新株予約権の所持人がその権利を行使して会社から株式を受け取る際に支払う金銭であり，払込金額とはその新株予約権自体を会社から受け取るときに支払う金銭のことである。権利を行使するときには，上場会社がその役員にインセンティブ報酬として新株予約権を交付する場合を除き（236条3項・4

項)，支払いが必要である。

また，払込みを要するとした場合でも，あえて払込期日を定めないことは可能である（238条1項5号参照)。払込みをしなくても，募集新株予約権の申込者または引受人は，**割当日**に新株予約権者になる（245条1項)。これも所定の払込金額の支払日に株主となる募集株式の発行等の場合とは異なる点である。ただし，払込みを完了するまでは権利行使ができない（246条3項)。

なお，募集新株予約権の払込金額（あるいは，払込みを要しないとすること）が，その引受人にとって**特に有利な払込金額**であるときには，株主総会の特別決議および取締役による理由の説明という特別の規制がある（238条3項)。しかし，募集株式の発行等の場合とは異なり，新株予約権の場合には将来の株式の市場価格が公正価額を決める基礎となるため，まだ存在していない市場価格をどのように算定するのかが問題となる。これについては，ファイナンス理論に基づきオプションの価値を測定する**ブラック・ショールズ・モデル**などにより，募集新株予約権の公正価額を算定することができる。実際に，有利発行であるとして募集新株予約権の発行の差止が裁判所で認められた事例もある（東京地決平成18年6月30日判タ1220号110頁)。

(3) 新株予約権の譲渡と権利行使

■新株予約権原簿

新株予約権を発行した後，発行会社は，新株予約権者の氏名および住所，保有する新株予約権の内容および数などが記載された**新株予約権原簿**を作成しなければならない（249条)。多くの場合，上場会社は株主名簿管理人を置いているので，同管理人が新株予約権原簿の管理も行う（251条)。

発行会社は，新株予約権原簿をその本店（または株主名簿管理人の営業所）に備え置き，株主および債権者（新株予約権者を含む）の閲覧等に供さなければならない（252条)。

■新株予約権の譲渡方法

かつては株式会社が株主割当で新株発行をする場合には，**新株引受権**を株主に与えたうえで行うことが通常であった。この新株引受権を譲渡できるか否かは，会社がどのような条件をつけるかにかかっていた。これに対して，現在の会社法では新株引受権は廃止され，株主割当は「株式の割当を受ける権利」を与えたうえで行うことになった（202条1項)。この権利は譲渡することができないとされているので，もしも会社が譲渡を認める場合には，株主に対して新株予約権を発行することになる。新株予約権は自由に譲渡できるのが原則だからである（254条1項）。

会社は，新株予約権の内容として，**新株予約権証券**を発行する旨を定めることができる（236条1項10号）。この証券が発行されている場合と発行されていない場合とで，新株予約権の譲渡方法は異なっている。**証券発行新株予約権の場合**には，証券を譲受人に交付することにより新株予約権の譲渡を行う（255条1項・2項）。この場合，その株券を実際に引き渡すことが権利移転の要件であり，これを欠くと譲渡行為が完了しないことに注意が必要である。これに対して，**証券不発行新株予約権の場合**には，意思表示だけで株式譲渡の効力が生じるとされるが，会社および第三者にその譲渡を対抗するためには，新株予約権原簿の名義書換が必要である（257条1項）。ただし，実際には，すべての上場会社で**振替新株予約権の制度**が利用されており，振替法の手続に従って譲渡が行われる。この場合，新株予約権の譲渡がされたことを会社および第三者に対抗するためには，譲受人の氏名・住所を振替口座簿に記録しておく必要がある（振替法174条）。

なお，インセンティブ報酬として新株予約権を発行する場合には，役員等に権利行使されることが予定されており，この権利を他人に譲渡されると無意味になってしまう。このように新株予約権が特定の者により行使されることが必要である場合には，会社は，新株予約権の内容として，譲渡による取得について会社の承認を要する旨を定めることができる（**新株予約権の譲渡制限**〔236条1項6号〕）。会社による譲渡承認の手続は，譲渡制限株式の場合とほぼ同じであるが（→第9章③），新株予約権の場合は会社に対して譲渡を承認するか否かの決定を請求できるだけであり（262条以下），買取人の指定を請求する権利はない。

■新株予約権の行使と消滅

新株予約権を行使する場合は，権利行使期間内に，その行使に係る新株予約権の内容と数，および行使日を明らかにして行わなければならない（280条1項）。証券発行新株予約権の場合は会社にその証券を提出すること（280条2項），また振替新株予約権の場合はその振替新株予約権の抹消を申請することが必要である（振替188条）。

新株予約権者が権利行使価額に相当する金銭の払込（または現物出資の給付）

を行うと，会社は新株の発行または自己株式の処分によってそれに応じなければならない。新株予約権を行使した者は，その行使の日に，発行会社の株主となる（282条1項）。

新株予約権は，権利者が権利行使をしないまま権利行使期間を過ぎた場合や，会社が自己新株予約権を消却した場合には消滅する（287条）。

■違法な新株予約権発行に対する救済

違法な新株予約権の発行に対して株主等の利害関係者がとりうる救済手段としては，違法な募集株式の発行等の場合と同様に，①募集新株予約権の発行差止請求（247条），②新株予約権の発行無効の訴え（828条1項4号）および不存在確認の訴え（829条3号），さらに，③取締役等の関係者に対する責任追及（285条，286条）がある。

4〉社債の発行

（1）社債権者の保護

■社債契約と会社法の規定

本章の冒頭で説明したように，社債の法的性質は金銭債権である。すなわち，社債の発行会社と社債権者の間には**社債契約**が存在する。社債についての法律関係は，この社債契約により決まるほか，会社法における社債に関する規定に従うことになる。会社法が定めているのは，社債権者のために社債権を管理する社債管理者の設置，社債権者の多数決によって社債権の内容を変更する社債権者集会の制度など，**多数の社債権者の権利を保護**するための規定が中心である。

社債を多数の投資者に向けて発行する場合（**公募債**），各社債の金額や利率，償還条件などについては，多くの投資者に受け入れられるように会社が決定することができる。銀行からの借入れの場合とは異なり，一般投資者には交渉力や審査能力がなく，社債権者となった後もその権利行使は容易ではないので，会社法により特別の規定をおいて保護する必要性が高い。これに対して，社債は機関投資家やファンドなどの特定の少数者に対して発行される場合も少なくない（**私募債**）。むしろ実際には，こちらの発行形態のほうが圧倒的に多いといわれている。会社法のもとではすべての形態の会社が社債を発行できるため，株式会社形態以外の同族会社やベンチャー会社が近親者や知人の間で社債発行をすることもあるだろう。このような場合には，投資者には十分な交渉力があり，また発行会社の財務や信用についての知識もあるケースがほとんどであるため，会社法は適用除外となり，社債契約により法律関係の大部分が規律されることになる。

■社債の格付け

上場会社の社債が多数の投資者に向けて発行される場合，一般投資者としては企業内容開示制度によって発行会社の状況を知りうるほか，**民間機関の格付け**によって社債の信用度を知ることができる。格付けとは，社債の銘柄ごとに元利金支払いの確実性を民間の格付機関が評価し，その信用度をランク付けしたものである。すなわち，社債は，一般的に，格付けの高いものほど利回りは低く，格付けの低いものほど利回りは高くなる。AAA～BBB以上の格付けは信用度が比較的良好だと考えられる「投資適格格付け」となり，BB以下は信用度が低いと考えられる「投機的格付け」となる。ただし，「投資適格格付け」は，発行会社が経営破たんする可能性がないことを保証するものではなく，また，「投機的格付け」の社債に投資してはいけないわけでもない。社債の格付けとはあくまで「信用度の相対的な位置づけ」を示すものであり，民間の格付機関の意見にすぎず，同じ社債であっても，格付け会社により評価が異なることがある。

（2）社債の発行と譲渡

■社債の発行プロセス

会社が応募者に対して割り当てる方法により社債を発行することを決定したときは，そのつど，発行総額，各社債の金額や利率などの募集事項を定めなければならない（676条）。取締役会がある株式会社が社債を発行する場合には，一定の重要な募集事項については必ず取締役会の決議で定めることを要する（**取締役会の専決事項**〔362条4項5号〕）。ただし，複数回の募集を予定している場合には，取締役会において，2回以上の社債募集を行う旨，募集総額の上限，利率に関する事項の要綱，および払込金額に関する事項の要綱を定めておけば，その範囲内であれば，委任を受けた取締役の決定により，市場動向に応じて発行条件を変えた社債を発行することも可能である（**シリーズ発行**〔会則99条1項1号〕）。つぎに，金融商品取引法の開示規制が適用される場合を除き，会社は社債の申込みをしようとする者に対し，募集事項その他の一定の事項を通知しなければならない（677条1項・4項）。さらに，募集社債を引き受けようとする者の申込みに応じて，会社は社債の金額と数を決めて割当を行う（678条）。これにより，発行会社と社債権者の間の社債契約は成立し，社債発行の効力が生じる。予定された募集社債の総額について割当がされなかった場合は，割り当てされた一部について社債発行の効力が生じることが原則であるが（**打ち切り発行**），あらかじめ募集事項の決定において全部の社債発行の効力が生じないと定めておくことも可能である（676条11号）。その後は，社債契約に従って，社債権者は募集事項で定められた期日までに払込金額の払込みをする義務を負い，会社は利息や元本の弁済義務を負う。

また，会社は募集によらず，機関投資家などの特定の投資者との間で社債の**総額引受契約**を締結することができる。総額引受契約とは，引受先が会社の発行する社債の全部を引き受ける一体的な契約である。引受先が少人数であれば簡単かつ迅速に社債発行を行えるように，会社法で新しく作られた制度である。この場合には，上述のような申込みや割当に関する規制は適用されない（679条）。当事者間の合意により自由に条件を定めることが可能であり，たとえば，発行会社の純資産や利益を一定額以上に維持することを要求し，それができなければ社債の期限の利益を喪失する旨の財務上の特約（**コベナンツ条項**）が付されることも少なくない。

社債を発行した会社は，遅滞なく**社債原簿**を作成し，社債権者の氏名や住所など所定の事項を記載しなければならない。ただし，無記名式社債の場合には社債権者の氏名や住所は記載されない（681条４号）。社債原簿管理人（683条），備置・閲覧請求（684条）や社債権者に対する通知（685条）等については，株主名簿と同様の定めがある（→第９章①〉）。

会社が募集事項の中で**社債券**を発行すると定めた場合は，発行日以後遅滞なく社債券を発行しなければならない（696条）。社債券には，発行会社の商号，社債金額，社債の種類，社債券番号を記載し，代表者が署名または記名捺印しなければならない。また，社債券には利息を請求するための**利札**（りふだ）がついている場合が多い（697条１項・２項）。社債券には社債権者の氏名・住所は記載されていないが，後述の社債原簿に社債権者の情報が記載されているかどうかに応じて，**記名式と無記名式**の２種類がある（681条４項）。公募債の場合の社債券は無記名式である場合が多い。

■社債の譲渡プロセス

社債については，株主の場合のような譲渡自由の原則は会社法において定められていない。しかし，社債は会社に対する債権であることから，民法の債権譲渡の一般原則により，**社債の譲渡は自由**である（民466条1項）。総額引受契約において当事者間の特約で譲渡を禁止したときにも譲渡自体は有効に行うことができるが，発行会社は悪意または重過失ある譲受人に対して債務の履行を拒むことができる（同条2項・3項）。

社債譲渡の具体的方法は，社債券の発行の有無により異なっている。まず，社債券が発行されていない社債の場合は，当事者の意思表示によって譲渡できるが，社債原簿の書換をしなければ発行会社その他の第三者に対して譲渡を対抗できない（688条1項）。また，振替法の適用がある**振替社債**については，振替口座簿の振替記録をしなければ譲渡の効果が生じない点を含めて，振替株式の場合と同様である（→第9章①）。つぎに，社債券が発行されている社債の場合は，意思表示に加えて社債券の交付をしなければ譲渡の効力が生じないが（687条），さらに記名式と無記名式とで対抗要件が区別されている。すなわち，記名式社債券が発行されている社債の場合には，社債券の交付により譲渡を第三者に対抗できるが，発行会社に対抗するためには社債原簿の名義書換が必要である（688条2項）。これに対し，無記名式社債券の社債の場合には，社債券の交付のみで第三者にも発行会社にも譲渡を対抗できる（688条3項）。このような仕組みでは，譲渡されると発行会社としては誰が社債権者であるかを把握できなくなるが，社債券の占有者は正当な社債権者と推定されるため（**権利推定効**〔689条1項〕），償還期に社債券を提示した者に対して弁済をすれば免責される。

（3）社債権者の権利行使と権利内容の変更

■社債の利払いと償還

社債の利払いの方法（676条5号）は，社債原簿に社債権者の氏名および住所が記載・記録されている記名社債については，その住所に宛てて通知がなされる（685条1項）。振替社債の利払いは，振替口座簿の記録に基づいて行われる。無記名社債の場合は，社債券に付されている**利札**（697条2項）と引換えに利息の支払いを受けることになる。利息請求権の消滅時効は，行使できるときから5年である（701条2項）。

また，社債は，発行時の定めで会社の続く限り利息の支払いを続ける社債（**永久債**）とされていない限り，一定の期限が来れば元本の返済を受けることができる。これを**償還**という。償還請求権は，これを行使できるときから10年で消滅時効にかかる（701条1項）。

■社債権者のために権利行使をする者

社債が多数の一般投資者に対して発行されている場合に，もしも発行会社が社債の履行をしなければ社債権者の権利はどうなるであろうか。多数の小口社債権者が，各自で裁判を提起したり，会社資産を差し押さえて弁済を受けることは必ずしも現実的ではない。そこで，会社法では，会社が社債を発行する場合には，原則として，**社債管理者**の設置を義務づける（702条）とともに，社債管理者の権限や義務を法定することにより，多数の社債権者の権利を保護しようとしている。社債管理者になりうるのは，**銀行，信託銀行など**，社債の管理について専門性を有する一定の金融機関に限られている（703条）。社債管理者の報酬については，原則として社債管理委託契約に定めによるほか，会社法にも規定がある（741条）。

社債管理者の権限としては，社債に関する弁済の受領および権利実現を保全するための包括的権限が与えられており，社債管理者の行為の効果は当然にすべての社債権者に対して及ぶ（705条1項）。社債管理者が社債権者のために発行会社から弁済を受けた場合，社債権者は社債の償還額および利息の支払を求める権利を有する（705条2項）。また，**社債管理者の義務**としては，社債の管理を行うにあたり社債権者をその権利内容および金額に応じて公平に扱う義務（**公平義務**），および自己と社債権者の利益が相反する場合に自己または第三者の利益を優先してはならないという義務（**誠実義務**）がある（704条1項）。さらに，**善管注意義務**もある（704条2項）。これらの会社法上の義務または社債権者集会決議に違反する行為をしたときは，社債管理者は社債権者に対してこれによって生じた損害を賠償する責任を負うことになる（710条1項）。なお，わが国においては，会社の主要取引銀行（メインバンク）が社債管理者となるケースが多く，この場合，自らも発行会社の大口債権者であることから，発行会社の財務状態が悪化したときに社債権者の利益を犠牲にして自己の債権回収を優先させる懸念があるため，社債管理者の**利益相反行為**に対しては無過失を証明できない限り損害賠償責任を課すことにして，より厳格な規制を行っている（710条2項）。

以上に対して，各社債の金額が1億円以上である場合，社債が特定少数（50名未満）に発行される場合には，社債権者の保護に欠けるおそれがなく，社債管理者の設置が義務づけられない（702条，会則169条）。実際には，コスト削減のために，社債権者の人数をあえて制限し，社債管理者不設置とするケースが圧倒的に多いといわれている。そこで，2019年（令元）改正により，社債管理者を置かずに社債を発行する場合には，会社は**社債管理補助者**を定め，社債権者のために社債管理の補助を委託することができることにした（714条の2）。銀行・信託銀行のほか，**弁護士・弁護士法人**も社債管理補助者となることができる（714条の3，会則171条の2）。社債管理補助者は社債管理を補助する立場に過ぎないから，会社法により与えられている権限は社債管理者と比べるとより限定的である。また，社債権者に対する公平・誠実義務，善管注意義務を負うが，社債管理者とは異なり，利益相反状況における特別法定責任は負わない。

■社債権者集会による権利内容の変更

発行会社の財務状況が極端に悪化して債務の支払いが危ぶまれる場合には，一部の債権者による取り付けを避けて会社の業績回復を可能にするため，民事再生や会社更生という法的倒産手続きにより，社債権者を含めた債権者の多数決で**支払猶予や債務の減免**をすることが考えられる（→第13章②）。しかし，社債が多数の投資者に対して発行されている場合には，社債権者の同意を得るために法的倒産手続きを利用することが必ずしも容易ではない場合がある。そこで，法的倒産手続きによらず，会社の業績回復を可能にするため，社債権者の多数決でその権利内容を変更できる手続があれば便利である。そこで，会社法は，**社債権者集会**の制度を設けるとともに，少数派の社債権者の利益保護のため一定の規制を置いている。社債権者集会は，社債の種類ごとに組織され，支払の猶予や和解など会社法に規定する事項（法定決議事項〔706条1項参照〕）のほか，社債権者の利害に関する事項について決議をすることができる（716条）。必要があるときはいつでも招集することができ，社債権者はその有する社債の金額の合計額に応じて，議決権を有する（723条1項）。決議には，普通決議と特別決議があり（724条），いずれも**裁判所の認可**を受けて効力を生じる（734条1項）。社債権者集会の決議の効力は，反対票を投じた者も含めて，当該種類の社債を有するすべての社債権者に対して及ぶ（734条2項）。ただし，社債権者集会の手続が法令等に違反するとき，決議が不正の方法により成立したとき，決議が著しく不公正であるとき，または決議が社債権者一般の利益に反するときは，裁判所は決議を認可することができない（733条）。

Self-Check

1　募集株式の発行等と募集新株予約権の発行が，既存株主に対して与える２つの影響とは何か。

2　わが国の会社法が，既存株主に対して優先的に新株を引き受ける権利（新株引受権）を保障していないのはなぜか。

3　公開会社が募集株式の発行等をするにあたり，株主総会の特別決議が必要となる「特に有利な払込金額」とはどのような内容であるか。

4　明文規定のない募集株式の発行等の無効原因については，できるだけ狭く解釈すべきだとされている理由は何か。

5　社債が多数の一般投資者に対して発行されている場合に，もしも発行会社が社債の履行をしなければ社債権者の権利をどのように保護すればよいか。

関連文献

土屋剛俊・入門社債のすべて（ダイヤモンド社，2017年）

第11章　株主への報告と分配

江戸時代の大衆作家，井原西鶴の代表作に「世間胸算用」という作品がある。副題の〈大晦日は一日千金〉が示しているとおり，１年間の収支決算を迫られる大晦日をどう切りぬけるかは町人にとって死活の問題であった。庶民の深刻な経済生活とそれを生きぬく生活力が，笑いの中で描かれている。現代の株式会社にとっても，各事業年度末の決算は一大イベントである。財務状況を正確に示した会計書類を作成し，厳重な会計監査を受け，株主に報告して承認をもらい，さらに利益があればそれを配当するかどうかを決定する。小規模会社では資金決済のために社長が金策に奔走したり，大規模会社でも業績不振のため従業員のボーナス・カットが行われたり，１年の終わりに人々が大騒ぎするのは昔も今も同じである。ときには，粉飾決算に手を染めて役員が逮捕されるような事件になることもある。

本章では，企業会計の基本的ルール，株式会社の決算の手続き，剰余金配当と自己株式の取得，損失の処理の方法について学習しよう。

Key Points

◆株式会社は事業年度ごとに計算書類を作成し，株主総会に提出しなければならない。計算書類とは，貸借対照表，損益計算書，株主資本等変動計算書および個別注記表である。

◆株式会社の会計は一般に公正妥当と認められる企業会計の慣行に従わなければならず，一般的には，企業会計原則および企業会計基準の内容がその慣行に該当すると解されている。

◆監査役設置会社では計算書類および事業報告ならびにそれらの附属明細書は，監査役による監査を受けなければならず，委員会型会社の場合にはそれぞれの監査担当委員会が監査を行う。また，株式会社が会計監査人を置いている場合には，別途，社外の専門家である会計監査人の監査を受けなければならない。

◆事業報告については定時株主総会の承認を要せず報告のみすればよいが，計算書類については承認を受けなければならないのが原則である。ただし，一定の条件を満たす場合には計算書類は取締役会の決議により確定し，株主総会の承認を受ける必要はない。

◆剰余金の配当および自己株式の有償取得のうち一定のものについては，会社財産が過剰に流出し債権者を害するおそれがあるから，分配可能額の制限を超えて行うことはできない。
◆分配可能額の計算は，①最終事業年度の末日における剰余金の額を出発点にして，②それ以後の資本取引による剰余金額の変動を加味し，③さらに一定の調整をすることによって行う。
◆資本金と準備金は貸借対照表上の数字に過ぎず，実際に会社の財産がどのような形で保有されているのかとは関係ない。
◆株式会社の財務状態が悪い場合には分配可能額を増加させるため資本金および準備金の額の減少や欠損の塡補が行われ，また，株式会社が債務超過になっている場合には私的整理や法的倒産手続きが行われる。

1〉 企業会計

（1）計算書類と会計帳簿

■株式会社は計算書類を作成しなければならない

経営者は，株式会社の経営状況や財産状態を株主，債権者，その他の利害関係人に対して知らせる必要がある（**情報開示**）。また，株主に分配することが可能な剰余金額を計算するためには現時点における会社財産の状態を正確に把握する必要がある（**分配可能額の計算**）。そのため，株式会社は事業年度ごとに，その財産や利益の状況を明らかにするための計算書類を作成し，株主総会に提出するとともに，それを10年間は保存しなければならない。**計算書類**とは，会社法および法務省令に定義があり，貸借対照表，損益計算書，株主資本等変動計算書および個別注記表である（435条２項，計則59条１項）。

貸借対照表とは，事業年度末日における会社の財産状態を示したものである。一定期日における会社財産の残高（balance）を一覧用紙（sheet）に表示したものであるから，英語ではバランス・シート（Balance Sheet B/S）という。貸借対照表は複式簿記の方法により作成されており，左側にはその会社が有する**資産**，右側には**負債**と**純資産**をそれぞれ表示する。会計では，左側を借方（かりかた）といい，決算日に会社が有する資産の内容を表示しているのに対して，右側は貸方（かしかた）といい，株主や債権者など，その資産がどこから来たものであるかを示すものである。したがって，借方と貸方の合計金額は必ず一致することになる。

損益計算書とは，一事業年度内の会社の経営成績を明らかにするものであり，貸借対照表が一時点における会社資産の残高を表すのに対して，一定期間に生じた収益と費用を表したものである。収益と費用の差額は，利益（profit）または損失（loss）として表示されるので，英語では，プロフィット・エンド・ロス（Profit and Loss P/L）またはインカム・ステイトメント（income statement）と呼ばれる。損益計算書は，収益や費用の発生原因に応じて区分して表示されており，まず最上部には会社本来の営業活動から生じた売上高などの**営業損益**，つぎに利息，有価証券売却利益などの**営業外損益**，さらに，それらの両者を合計した**経常損益**を表示する。そこから，土地家屋の売却時や災害時などに発生する**特別損益**を表示して，最下部に**当期純損益**を表示する。

株主資本等変動計算書とは，貸借対照表の純資産の部について，前期末から当期末までに生じた変動額をその理由とともに記載したものである。また，**個別注記表**とは，会社の財産や損益の状況をより正確に把握するための注記事項をまとめた独立の計算書類である（435条2項，計則59条1項）。

以上のような計算書類に加えて，株式会社は，計算に関するもの以外の事項を報告する**事業報告**（435条2項，会則118条1号）を各事業年度の終わりに作成し，定時株主総会に提出しなければならない。また，計算書類および事業報告の内容を補足する重要な事項を表示するものとして，それぞれについて**附属明細書**が作成される（435条2項，会則128条1項，計則117条）。ただし，附属明細書については，株主総会に提出する必要はなく，本店・支店に備え置いて株主・債権者からの閲覧謄写請求に応じるだけでよい（442条）。

■会計帳簿の作成と会計ルール

貸借対照表や損益計算書などの計算書類は，会社の日々の取引を記録した**仕訳帳**（しわけちょう）や**総勘定元帳**（そうかんじょうもとちょう）などの**会計帳簿**に基づいて作成されている。そのため株式会社の会計帳簿については，法務省令の定めに従い，適時かつ正確に作成することが要求されている（432条1項）。

会計帳簿を作成する際の会計ルールについては，会社法の委任を受けた法務省令である**会社計算規則**に詳細な規定が設けられている。しかし，具体的な計算方法や考え方については，法令の定めではなく，会計の慣行によって定まっていることも少なくない。そこで，会社法431条は「株式会社の会計は，一般に公正妥当と認められる企業会計の慣行に従うものとする」とし，法令の定めがない部分については**公正な会計慣行**を尊重しているのである。「従うものと

図表11－1 貸借対照表

貸　借　対　照　表

令和○年３月31日現在　　　　(単位：百万円)

科　目	金　額	科　目	金　額
資産の部		負債の部	
Ⅰ　流動資産		Ⅰ　流動負債	
現金及び預金	×××	支払手形	××
受取手形	××	買掛金	×××
売掛金	××	短期借入金	×××
有価証券	××	Ⅱ　固定負債	
商品	×××	社債	×××
Ⅱ　固定資産		長期借入金	×××
1　有形固定資産			
建物	×××	負債の部　合計	×××
車両運搬具	××	純資産の部	
備品	××	Ⅰ　株主資本	
土地	×××	1　資本金	××
2　無形固定資産		2　資本剰余金	
ソフトウェア	××	(1)　資本準備金	×
のれん	××	(2)　その他資本剰余金	×
3　投資その他の資産		3　利益剰余金	
投資有価証券	××	(1)　利益準備金	×
長期貸付金	××	(2)　その他利益剰余金	××
長期預金	××	4　自己株式	×
Ⅲ　繰延資産		Ⅱ　評価・換算差額等	××
社債発行費	××	Ⅲ　新株予約権	××
		純資産の部　合計	×××
資産の部　合計	××××	負債及び純資産の部　合計	××××

図表11－2 損益計算書

損　益　計　算　書

自　令和○年４月１日　至　令和○年３月31日

(単位：百万円)

Ⅰ　売上高	××××
Ⅱ　売上原価	×××
売上総利益	×××
Ⅲ　販売費及び一般管理費	×××
営業利益	×××
Ⅳ　営業外収益	
受取利益	××
Ⅴ　営業外費用	
支払利息	×××
経常利益	×××
Ⅵ　特別利益	
固定資産売却益	××
Ⅶ　特別損失	
災害損失	××
税引前当期純利益	×××
法人税，住民税及び事業税	××
当期純利益	×××

する」とは，単に参考にするだけではなく，特別な事情がない限り，それによらなければならないことを意味している。

ところで，何が公正な会計慣行にあたるのかについては，会社法において定義がない。しかし，一般的には，財務省の諮問機関である企業会計審議会が作成した**企業会計原則**，および，民間の専門家団体の中に設置された**企業会計基準委員会**が作成した会計基準がそれに該当すると解されている。ただし，何が公正な会計慣行にあたるのかは具体的状況に応じて決定されることになり，不正な会計処理が問題となった裁判事例においては，税法や金融商品取引法における会計基準が用いられる場合もある。また，各国で統一されていない会計基準を国際的に共通化しようとする動きがあり，国際的な公認会計士団体による**国際会計基準**（IFRS）が作成され，最近では，海外に子会社をもつ一部の日本企業もこの会計基準に基づいて連結計算書類（444条）を作成するようになっている。

■会計帳簿等の保存と閲覧

株式会社は，会計帳簿の閉鎖のとき（各事業年度末）から10年間，会計帳簿および事業に関する重要な資料の**保存義務**を負っている（432条２項）。この点は，計算書類と同じである。しかし，株主総会に提出されるうえ閲覧謄写も制限のない計算書類とは異なり，会計帳簿等については日々の取引を記録したものであるから企業秘密を含んでいる場合があり，株主といえども自由な閲覧謄写を認めることはできない。そこで，**会計帳簿等閲覧請求権**については，３％以上の少数株主権としたうえで，一定の拒絶事由を設けて会社利益の保護を図っている。すなわち，総株主の議決権の100分の３以上の議決権または発行済み株式の100分の３以上の株式を有する株主は，会社の営業時間内はいつでも，請求の理由を明らかにしたうえで，会計帳簿またはこれに関する資料の閲覧謄写の請求をすることができる（433条１項）。ただし，以下のような事由がある場合には，会社は閲覧請求を拒絶できる（433条２項各号）。①請求する株主が，株主の権利の確保または行使に関する調査の目的以外で請求したとき，②請求者が会社の業務執行を妨げ，株主の共同の利益を害する目的で請求したとき，③請求者が会社の業務と実質的に競争関係にある事業を営みまたはこれに従事するものであるとき，④請求者が閲覧等によって知り得た事実を利益を得て第三者に通報するため請求したとき，⑤請求者が過去２年以内に閲覧等によって知り得た事実を利益を得て第三者に通報した者であるとき。

また，**親会社の社員**（株主その他の構成員）は，その権利を行使するため必要があるときは，裁判所の許可を得て，会計帳簿等の閲覧を請求することができる（433条3項）。上記の拒絶事由がある場合には裁判所は許可できない（同条4項）。さらに，**取締役**による会計帳簿閲覧請求については，これを認めた裁判例（名古屋地決平成7年2月20日判タ938号223頁）と認めなかった裁判例（東京地判平成23年10月18日金判1421号60頁）とがある。明文の規定はないものの，取締役としての職務執行に会計帳簿等の閲覧が必要な場合があることは否定できず，本条または監査役の業務財産調査権の規定（381条2項）を類推適用して，これを認める余地はあるものと考える。

なお，会計帳簿は訴訟において裁判所による**提出命令の対象**となるが（434条），その提出義務の対象となる会計帳簿の範囲については，旧法下（平成17年会社法制定前）において，商人が商法上の義務として作成したものをいい，証券取引法（現在の金融商品取引法）など他の法令上の義務として作成されたものはこれに該当しないとした裁判例がある（東京高決昭和54年2月15日下民30巻1～4号24頁）。これを現行法に当てはめると，株式会社および持分会社が会社法上の義務として作成した会計帳簿（432条1項，615条1項）に限られることになるが，近時，インカメラ審理[1]の普及等により文書提出命令の対象は拡大傾向にあり，この立場は形式的にすぎてもはや妥当とはいえない。

（2）株式会社の決算手続き

■計算書類等の監査

上述のとおり，各事業年度の会計帳簿に基づいて，その事業年度末に，計算書類および事業報告ならびにそれらの附属明細書が作成される。その後，それぞれの会社の機関構成に従った監査を受けることになる。

監査役設置会社では，計算書類および事業報告ならびにそれらの附属明細書は，監査役による監査を受けなければならない（436条1項）。各監査役は，法務省令にしたがい，監査の方法・内容および意見等を記載した監査報告を作成する（会則129条，計則122条，127条）。また，監査役会設置会社においては，各監査役の監査報告に基づき監査役会監査報告が作成される（会則130条，計則123条，128条）。

1）裁判所が文書提出義務の有無を判断するために，所持者に文書を提示させ，裁判所だけが文書等を直接見分する方法により行われる非公開の審理。

委員会型会社の場合には，それぞれの担当委員会が監査を行う。すなわち，監査等委員会設置会社においては監査等委員会が，また指名委員会等設置会社においては監査委員会が，計算書類および事業報告ならびにそれらの附属明細書の監査を行い，監査報告を作成する（436条2項）。

会社が会計監査人を置いている場合（**会計監査人設置会社**）には，計算書類とその附属明細書については，別途，社外の専門家である会計監査人の監査を受けなければならない。会計監査人は，法務省令に従い，監査の方法・内容および意見等を記載した会計監査報告を作成し，所定の会社機関（監査役，取締役等）に対して通知する（計則130条）。

それぞれの監査が終了したあと，取締役会設置会社においては，計算書類，事業報告，ならびにそれらの附属明細書は，**取締役会の承認**を受けなければならない（436条3項）。

■株主総会における承認または報告

会計書類等についての必要な監査を終えると，取締役は定時株主総会を招集して，その事業年度における会社の経営状況や財産状態について株主に報告・承認を受ける準備に入る。

取締役会設置会社の場合には，株主に準備の機会を与えるため，定時株主総会の招集通知に，附属明細書を除く，**計算書類および事業報告**を添付することが要求されている（437条）。また，監査役および会計監査人を設置する株式会社では，監査報告および会計監査報告も添付しなければならない（会則133条1項2号ロ，計則133条1項2号ロ）。株主に対するこれらの書類の提供は，書面のかたちで招集通知に添付することが原則であるが，大量になると不便であるため，一定の条件の下で，インターネットのウェブサイトで提供し，書面での提供を省略することも可能である（**ウェブ開示**〔会則133条3項，133条の2，計則133条4項，133条の2，134条5項〕）。また，定款で**電子提供措置**（→第7章①）をとる旨を定めている会社においては，原則として，書面での提供は不要である（325条の2）。

取締役会のない会社の場合には，定時株主総会の当日までに計算書類および事業報告を株主に提供すればよい（438条1項）。

つぎに，**株主総会における承認の要否**については注意を要する。まず，事業報告については，承認を要せず，報告をすればよい（438条3項）。これに対して，計算書類については，その内容を確定させるために，定時株主総会の承認を受けなければならないのが原則である（438条2項）。ただし，①取締役会設置会社かつ会計監査人設置会社である株式会社において，②会計監査報告で**無限定適正意見**が付され，③監査役等の監査報告において会計監査人の監査の方法または結果を不相当とする意見がない場合には，あえて株主の承認を要求する必要性は乏しいから，取締役会の承認（436条3項）によって計算書類の内容を確定させることができ，定時株主総会では報告することで足りる（439条，計則135条）。

■決算公告および計算書類等の備置き

定時株主総会が終わると，会社は貸借対照表を公告しなければならない。大会社の場合には，貸借対照表に加えて，損益計算書も公告する必要がある（**決算公告**〔440条1項〕）。これを怠ると，過料が科されることがある（976条2号）。ただし，多くの会社では，定款で日刊新聞（または官報）による公告方法を定めており，この場合は，要旨のみを公告することにより掲載費用を節約することが認められている（440条2項，939条1項1号・2号）。また，**オンライン開示手続制度**（EDINET）により有価証券報告書を一般投資家に提供している上場会社については，公告義務はない（440条4項）。

計算書類および事業報告ならびにこれらの附属明細書については，定時株主総会の日の2週間前（取締役会のない会社の場合は1週間前）から5年間，これらを本店に備え置かなければならず，また，それらの写しを3年間，支店に備え置かなければならない（**計算書類等の備置き**〔442条1項1号，同条2項〕）。株主および債権者は，営業時間内はいつでも，会社の定めた費用を支払ってこれらの書類の閲覧謄写の請求をすることができる（442条3項）。親会社社員も，裁判所の許可を得て，閲覧等の請求ができる（同条4項）。計算書類等の閲覧謄写請求の場合には，会計帳簿等の場合とは異なり，閲覧の理由を明らかにする必要もなく，拒絶事由も規定されていない。

2〉 剰余金配当と自己株式の取得

（1）剰余金配当の手続き

■剰余金配当とは

株式会社の継続的な事業活動によって生じた**利益**は，その他の分配可能な資産とあわせて**剰余金**とよばれる。出資者である株主にとって，剰余金の配当請求権は最も基本的な権利（自益権）であるが，それはあくまでも抽象的な権利であって，会社に剰余金が存在していれば，株主は常に配当を請求できるわけではない。剰余金を配当するか否かを決めるには，株主総会または取締役会の決議が必要である。これらの機関において株主に剰余金を配当する決定があって初めて，株主には具体的な配当請求権が生じるのである。

会社法の制定前，日本の多くの株式会社では，定時株主総会において利益処分案を決定し，各事業年度に1度だけ（中間配当を行っている会社では2度）の配当をしていた。しかも，配当に回される金額は相対的に少ない傾向があり，利益の大部分は内部留保とされた。その結果，投資対象としての株式の**配当利回り**は非常に低くなり，投資者の多くは株式市場での投機的売買により売却益を狙うのが普通であった。ところが，株価が右肩上がりの上昇を続けていた時期はよかったが，景気が後退局面に入るとより高い配当利回りを求める声が強くなった。そこで，会社法においては，株式会社は，分配可能額（→後述）の範囲内であれば，期中においていつでも何度でも，株主に対して剰余金の配当をすることができることになった（453条）。また，現物（金銭以外の財産）を配当することも認められることになった。

■株主総会の決議により配当決定をする会社

剰余金の配当は，株主総会の普通決議によって決定するのが原則である（454条1項）。定時株主総会でも，臨時株主総会でもかまわない。株主総会の決議では，①配当財産の種類および帳簿価額の総額，②株主に対する配当財産の割当てに関する事項，③配当が効力を生じる日，を定める必要がある（454条1項）。

このうち，配当財産の種類としては，金銭以外の財産を配当として決定することも可能である（**現物配当**）。たとえば，会社が保有する他社の株式などを配当として交付できる。ただし，現物の種類によっては株主に不利益となる場合もあるので，その現物に代えて金銭の交付を請求する権利を株主に与えておかない限り，現物配当の決定については株主総会の特別決議が必要である（454条4項，309条2項10号）。

また，配当財産の割当てについては，株主平等の原則に従い，各株主の有する株主の種類および数に応じて配当を割り当てなければならず，大株主あるいは一部の株主だけに優先的に割り当てるようなことは許されない。

配当金の支払いは，郵送されてきた**配当金受領証**を郵便局等に持参して配当金を受け取るという方法や，株主が指定した銀行口座への振込みなどの方法で行われることになる。金銭以外の配当財産の場合は，日本国内である限り，株主名簿上の株主の住所または株主が会社に通知した住所において，会社の費用で交付されることになる（457条）。

なお，取締役会設置会社については，定款の定めを置くことにより，一事業年度中に1度だけ取締役会の決議によって金銭の配当をすることができる（454条5項）。これは，以前からある**中間配当制度**を残したものである。会社法の下では回数の制限なく配当決定ができるので一見無用な制度のようにもみえるが，実際には年2回の配当を継続している株式会社が多く，それらの会社では決算期以外の配当決定のために臨時株主総会を開催する手間が省けることになる。

■取締役会の決議により配当決定ができる会社

会社法は，例外的に，取締役会で剰余金の配当を決定することのできる会社を認めている。すなわち，①会計監査人設置会社かつ監査役会設置会社であって取締役の任期が1年の会社，または②委員会型の会社（監査等委員会設置会社もしくは指名委員会等設置会社）は，定款に定めを置くことにより，**剰余金の配当等**（剰余金配当のほか，自己株式の有償取得といった459条1項列挙の行為）の決定を取締役会限りで行うことができる（459条1項）。

これらの会社では，経営者を監督するための機関構成が整っていること，取締役の任期が1年であり毎年株主から信任を受けていること，かつ，分配可能額の算定の基礎となる計算書類の適正さが確保されていることから，**有効な定款の定めがある場合に限って**，取締役会の決定のみで剰余金の配当ができることになっているのである。したがって，この定款の定めが効力を有するのは，最終事業年度に係る計算書類について会計監査人の無限定適正意見を受け，かつ，監査報告に会計監査人の監査の方法・結果を不相当とする意見がないときに限られることになる（459条2項，460条2項，計則155条）。

なお，上述のように取締役会で配当決定する旨の定款の定めを置いた会社であっても，株主総会は剰余金の配当決定をする権限を当然に失うわけではない。しかし，たとえば，剰余金配当を求める株主提案を避けたいと考えるような場合には，会社はさらに配当等の決定を株主総会が行わないとする旨の定款の定めを置くことができる（460条1項）。この場合には，結果として，剰余金の配当等の決定は取締役会の専属事項となる。

(2) 自己株式の取得手続き

■剰余金配当と自己株式取得は同じ経済的機能をもっている

株式会社がすでに発行してある株式を株主から取得することを**自己株式の取得**という。株式会社がすでに発行している株式を株主から買い戻す行為は，分配可能額の範囲内で会社の剰余資金が社外に流出するという意味では，株主に対する剰余金配当と経済的に同じ機能をもつ行為である。剰余金配当の場合には一度金額を上げてしまうとあとで下方修正をすることが難しいが，自己株式の取得の影響は一時的なものにとどまるため，会社としては実行しやすい面がある。業績の先行きが見えにくいために内部留保資金を確保しておきたい会社が，投資家の期待をつなぎ止めておくために，剰余金配当の代わりに自己株式取得を選択するケースが少なくない。

■原則禁止から自由化へ

自己株式の取得は出資の払い戻しであり，限度なく行われると債権者を害する場合がある。また，その方法と価格によっては株主間の公平を損うことになり，さらに，不公正な株式取引（相場操縦[2]やインサイダー取引[3]）や経営者の支配権確保のために不正に利用されるおそれもある。そこで，2001年（平13）までは，自己株式の取得および保有は，上記の弊害に対応するという政策目的で原則禁止されていた。

しかし，株式会社が，当面，適当な投資機会をもたないような場合には，資本コストという考え方からすれば（→第7章①），自己株式の取得という手段により余剰資金を株主に返却することが望ましい。また，上述したような弊害については，自己株式の取得を一律に禁止しなくても必要な規制をそれぞれに設けることで対応可能である。そこで，**2001年（平13）の商法改正**により自己株式の取得および保有が原則として自由化されることになった。その結果，現在では，自己株式取得の対価として会社が株主に交付する金銭等の帳簿価額の総額が効力発生日等における分配可能額を超えない限り（**財源規制**〔461条2項〕），広範に自己株式の取得および保有が認められている。

ただし，以下に説明するような自己株式の取得に関する手続規制に違反して

2）有価証券市場における公正な価格形成に反して，不正の手段によって人為的な相場を形成しようとする行為。金融商品取引法により禁止されている。

3）会社の役員・従業員・主要株主等が，その地位や職務によって知り得た未公表の内部情報を利用して有価証券の売買取引を行うこと。金融商品取引法により禁止されている。

行われた場合には，その取得は無効となる。また，不正の目的で自己株式の取得を行った取締役・監査役等に対しては刑事罰が科される（963条5項1号）。

■一般的に自己株式を取得できる場合

株式会社は，株主総会の普通決議により，**すべての株主から**自己の株式を有償で取得することができる。剰余資金を株主に返却して，各株主が保有する1株式当たりの価格を高めること等を目的として行われる。この場合，株主総会では，①取得する株式数，②引き換えに交付する金銭等の内容およびその総額，③取得期間（最長1年間）を定めなければならない（156条1項）。つぎに，取締役会設置会社においては，取締役会決議により，各株主の取得条件が均等になるように，①②に加えて，株式譲り渡しの申込期日を定めて，すべての株主に通知する（158条1項）。公開会社の場合には，通知の代わりに公告をすればよい（同条2項）。その後，会社は株式を取得するが，株主からの申込数が多く当初定めた取得数を超えたときは，按分で取得することになる（159条）。

つぎに，株式会社は，株主総会の特別決議により，**特定の株主**に対してのみ上記の通知を行い，自己の株式を有償取得することもできる（160条1項）。株主間で対立がある場合に，一方当事者からその株式を取得して解決を図る場合などに行われる。ただし，この場合は他の株主にとって不公平となるおそれがあるので，取得の相手方となる株主は上記株主総会において議決権を行使できず，また，原則として，その他の株主は会社に対して一定の時期までに自己を売主に追加することを請求できる（**タグ・アロング規制**〔160条3項〕）。

子会社から自己株式を取得する場合には，取締役会のある会社では，取締役会決議により，取得する株式数，対価の総額，取得期間を定めるだけでよい。もし取締役会を置いていなければ，株主総会の普通決議が必要である（163条）。

市場取引または公開買付の方法により自己株式を取得する場合には，株主総会の普通決議だけで取得することができ，あらかじめ定款の定めがあれば，取締役会の決議で取得することも可能である（165条）。

■その他自己株式取得をできる場合

上記のとおり，株主総会決議（または取締役会決議）により会社は自己株式の取得を自由に行うことができるが，それ以外にも，会社法では次の各場合において自己株式の取得を認めている（155条）。

- 取得条項付株式の取得
- 譲渡制限株式の取得

- 取得請求権付株式の取得
- 全部取得条項付種類株式の取得
- 株式相続人等への売り渡し請求権に基づく取得
- 単位未満株式の買取り
- 所在不明株主の株式の買取り
- 端数処理手続きにおける買取り
- 事業全部の譲受けをする場合にその会社が有する株式の買取り
- 合併後消滅会社からの株式の承継
- 吸収分割する会社からの株式の承継
- その他，法務省で定める場合

■自己株式の保有

取得した自己株式の**保有期間**についてはとくに定めはないので，会社は制限なく保有できる。このため，自己株式は**金庫株**と呼ばれることもある。ただし，自己株式については議決権が認められず（308条2項），その他の共益権も有しない。また，**剰余金配当**を受けたり（453条），募集株式・募集新株予約権等の**株主割当て**（202条2項，241条2項，186条2項，278条2項）を受けることもできない。

■自己株式の処分と消却

株式会社は，必要があるときには，保有する自己株式を**処分**する（対価を得て譲渡する）ことができる。これは，原則として**募集株式の発行**と同一の規制に従って行わなければならない。取得請求権付株式または取得条項付株式と引き換えに株式を交付すべきときなどに，新株の代わりに自己株式を交付する場合については，別途規定がある。

また，株式会社は，保有する自己株式を**消却**することができる（178条1項）。2005年（平17）までは，資本減少の場合にも株主が有する株式の消却ができるとされていたが，現在では規定を整理し直して，会社以外の者が有する株式についてはいったん会社が取得してから自己株式として消却することになっている。株式の消却の手続きは，取締役会決議のみで可能である（178条）。自己株式を消却しても，会社の発行可能株式総数について変更はない。ただし，発行済み株式総数は減少するから，消却した分だけ新たに株式を発行することができることになる。

(3) 分配可能額の規制

■分配可能額規制の意義と対象

会社が剰余金配当や自己株式の取得をするにあたり，自由に株主への金銭等の分配ができるとすれば，会社に残る資産が極端に減少する危険がある。会社の債権者としては，債務の弁済のために十分な資産が会社に確保されていないと困る。そこで，会社法は，**債権者保護の理由から**，会社が株主に対して分配できる額に一定の制限を設けている。これが**分配可能額**の規制である。

まず，剰余金の配当は，会社財産が過剰に流出し債権者を害するおそれがあるから，分配可能額の制限を超えて行うことはできない（461条1項8号）。自己株式の有償取得のうち一定のものについても同様である（同項1号～7号）。さらに，条文は異なるが，取得請求権付株式または取得条項付株式の取得に対しても分配可能額の規制が及んでいる（166条1項但書，170条5項）。

これに対して，単元未満株の買取請求に応じる場合（155条7号），吸収合併の際に承継取得する財産に自己株式が含まれていた場合（155条11号）など，やむをえない事情によって自己株式を取得する場合には，分配可能額の規制は受けない。また，反対株主が会社から退出する利益を優先した結果として，会社が反対株主の株式買取り請求に応じて自己株式を有償取得する場合（155条13号，会則27条5号）にも分配可能額の制限はないとされている。ただし，反対株主の株式買取り請求に応じて会社が支払った金額が分配可能額を超える場合には，それに関する職務を行った業務執行者は無過失を証明できない限り会社に対してその超過額を支払う責任を負う（464条1項）。

■分配可能額の計算方法

分配可能額の計算は，①最終事業年度の末日における剰余金の額を出発点にして，②それ以後の資本取引による剰余金額の変動を加味し，③さらに一定の調整をすることによって行う（461条2項）。以下に詳しく説明する。

まず，**最終事業年度**とは，すでに計算書類について株主総会の承認を受けた事業年度のうち，最も遅いものをいう（2条24号）。たとえば，2020年6月に開催された定時株主総会で，2019年度（2019年4月1日から2020年3月31日まで）の事業年度の計算書類について承認を受けたとすると，翌2021年6月の定時株主総会において2020年度の計算書類が承認されるまでは，2019年度が最終事業年度である。また，最終事業年度の末日における**剰余金の額**は，貸借対照表におけるその他の資本剰余金とその他の利益剰余金の額を合計したものである

(446条)。**その他の資本剰余金**は，株式会社が自己株式を処分してその帳簿価格を上回る対価を得たり，資本金や準備金を減額した場合などに計上される。**その他利益剰余金**とは，株式会社が事業活動により得た利益のうち，内部留保した分が累積したものである。このように，利益その他の資金から成り立つ剰余金が株主に対する配当の原資となるのである。

つぎに，最終事業年度の末日における剰余金の額に，それ以後になされた資本取引による剰余金の変動を考慮することにより，株主への分配時点における正確な剰余金の額を計算する。**資本取引**とは，株式発行により出資を受け取ったり，剰余金配当や自己株式の取得のように，純資産の増減がある取引のことである。会社が費用や収益を発生させる**損益取引**を最終事業年度末日以後に行っても剰余金額は変動せず，原則として分配可能額に影響しない。

最後に，この資本取引を加味した剰余金の額に，さらに461条２項所定のさまざまな調整を行うことによって分配可能額が計算される。これらの調整項目の中でとくに重要なものは，**純資産額300万円の制限**である。すなわち，300万円から純資産の部の剰余金以外の各項目の合計額を減じて得た金額を分配可能利益から控除しなければならない（461条２項６号，計則158条６号)。結果として，株式会社は純資産の額が300万円を下回るときには，株主に対する剰余金配当ができないことになる（458条)。その他の調整項目としては，**自己株式の保有**，**償却**，**処分**に関する事項，のれんや繰延資産の計算などがあり，分配可能額の計算に複雑な影響を与えている。

■分配可能額規制に違反した場合

株式会社が粉飾決算などによって世間の目を欺き，分配可能額を超える剰余金配当をするケースは，一般に**タコ配当**と呼ばれている。空腹のタコは自己の足でも食べてしまうことに由来する言葉のようである（通常タコの足は失っても再生するのだが，不思議なことに自分で食べた場合には再生しないそうである)。株式会社によるタコ配当は違法であるから，このような行為に対しては厳重な制裁が用意されている。

まず，分配可能額規制に違反して金銭等の**分配を受けた株主**は，当該金銭等の帳簿価額に相当する金銭を会社に支払う義務を負う（462条１項)。これは**厳格責任**であり，分配を受けた株主の善意，悪意または過失の有無にかかわらず発生する。また，会社が株主の責任追及に消極的な場合に備えて，会社債権者が株主に対して直接，上記金銭を自己に対して支払うように請求することも可能とされている（**会社債権者の直接請求権**〔463条2項〕）。

つぎに会社役員については，以下のとおり，それぞれの立場に応じて責任を負うことになる。①違法な分配に関する職務を行った業務執行者，②その分配が株主総会決議による場合は，株主総会に議案を提案した取締役，③その分配が取締役会決議による場合は，取締役会に議案を提案した取締役または執行役，これらの者は，連帯して，会社が交付した金銭等の帳簿価額に相当する額を会社に支払う義務を負う（462条1項）。①②の行為が取締役会決議に基づいて行われたときは，それに賛成した取締役も同じ責任を負う。ただし，これらの者の責任は，分配を受けた株主の厳格責任とは異なり，その職務を行うについて注意を怠らなかったことを証明した場合には生じない（**無過失による免責**〔462条2項〕）。たとえば，会社に通常想定される不正行為を防止し得る程度の内部統制システムが整備されており，かつ，経理上の不正を発見することも困難であったような場合には，役員は注意を怠らなかったものと認められる（東京地判平成30年3月29日判時2426号66頁）。また，これらの責任を履行した役員は，のちに，会社に支払った金額を株主に対して求償することができるが，それは分配可能額を超過していることを知りつつ分配を受けた株主に限られる（463条1項参照）。

なお，以上の民事責任に加えて，**故意に**財源規制その他の法令・定款に違反して株主への分配を行った役員については，5年以下の懲役若しくは500万円以下の罰金またはこれらの併科という刑事罰が科される（**会社財産を危うくする罪**〔963条5項2号〕）。これは，経営者が会社の財務基盤を危うくすることにより，株主や債権者の利益を損なう犯罪類型のひとつである。

3〉財務状態が悪い場合の対応

（1）資本金・準備金の減少

■資本金と準備金の意義

株式会社においては株主が有限責任であることから会社財産のほかには債権者の引当てがないため，会社法は**資本金と準備金**という制度を設けて，原則，これらの合計額を超えるものを分配可能額として，それを限度に株主に対する分配を認めている。しかし，これらは貸借対照表上の数字に過ぎないのであって，実際に会社の財産がどのような形で保有されているのかは関係ない。つまり，資本金と準備金は，剰余金分配規制との関係においてのみ意義を有する制度なのである。

資本金と準備金の合計額に相当する財産は実際に会社に維持されていなければならない（**資本維持の原則**）。剰余金分配規制はこれを具体化したものである。また，会社法において最低資本金制度は廃止されたが，その代わりに，株式会社の純資産額が300万円を下る場合には剰余金配当ができないものとされている（458条）。なお，会社法制定以前に債権者保護の観点から認められるとされてきた，資本充実の原則（資本額に相当する財産が実際に会社に拠出されること），資本確定の原則（資本金の額に相当する財産の拠出がない限り，設立または新株発行の効力を否定すること）などは，会社法の下では存在が疑問視されている。

資本金の額は，原則として株式の払込額の総額と等しくなるはずであるが（445条1項），株式発行の際にその2分の1までの額は資本に計上しないことが認められているので（同条2項），実際には株式払込額の総額よりも少なくなる。このとき，資本に計上しない額は，**資本準備金**としなければならない（同条3項）。また，剰余金配当をする場合には，会社は，法務省令で定めるところにより，配当により減少する剰余金の額の10分の1を準備金の合計額が資本金の額の4分の1に達するまで，資本準備金または**利益準備金**として積み立てなければならない（同条4項）。これらの資本準備金と利益準備金とをあわせて，**（法定）準備金**とよぶ。

■資本金・準備金の減少手続き

株式会社は，資本金または準備金の減少を行うことにより，株主への分配可能額を増加させる場合がある。すでに説明したように，これらは数字の増加や減少であって，現実の会社財産が増減するわけではない。しかし，会社の基礎的変更であり，会社債権者の利益に重大な影響を与えるので，原則として，**株主総会の決議と債権者異義手続きを要する**こととされている。

まず，**資本金の額の減少（減資）**をする場合には，株主総会の特別決議により，①減少する資本金の額，②減少する資本金の額の全部または一部を準備金とするときはその旨および準備金とする額，および③資本金の額の減少の効力発生日を定めなければならない（447条1項）。資本金減少の手続に瑕疵がある場合には，それは**資本減少無効確認の訴え**によってのみ主張することができる。提訴期間（828条1項5号）および提訴権者（同条2項5号）については，法定されている。この無効判決には，対世効があるが（838条），遡及効はない（839条）。

また，株式会社が**準備金の額の減少**をするときは，株式会社の普通決議により，①準備金の減少額，②減少額の全部または一部を資本金の額とするときはその旨および資本金の額，および③効力発生日を定めなければならない（448条1項）。減資の場合と異なり，無効確認の訴えの制度はない。

株式会社が資本金または準備金の額を減少する場合には，その会社の債権者は会社に対して異議を述べることができる（449条）。

なお，資金の社外流出のリスクを減らして会社の信用を高めるために，上記の場合とは逆に，株式会社は**剰余金の額を減少**して，それを資本金・準備金に組み入れることもできる（450条1項，451条1項）。このときは，株主総会の普通決議で足りる。

（2）欠損の処理など

■欠損の塡補

業績不振の株式会社においては，事業年度末に分配可能額の計算がマイナスになる場合がある（欠損状態）。会社が継続している間に欠損が生じること自体はとくに違法ではなく，会社はそのまま事業を続けることができる。しかし，欠損状態のままでは剰余金配当ができないため，会社は前述した資本金または準備金の額の減少の方法により，**欠損の塡補**を行うことが必要になる。欠損の塡補のために準備金の額を減少するときは債権者異議手続が不要であるため（449条1項柱書但書），まず準備金の額を減少してから，つぎに資本金の額を減少することが通常である。

なお，業務執行者は，期中の剰余金配当などの行為により事業年度末に欠損が生じた場合には，会社に対し，連帯して，その**欠損額を支払う義務**を負う。ただし，その者が職務を行うについて注意を怠らなかったことを証明した場合には責任を免れる（465条1項）。

■債務超過の会社

上述の欠損状態よりも株式会社の財務状態がさらに悪化し，貸借対照表上の負債の額が資産の額を上回っている状態を**債務超過**という。債務超過は，いわゆる会社が倒産した状態である。この場合には，たとえ資本金と準備金をともにゼロまで減少したとしても，欠損状態を解消することはできない。会社としては，至急なにか別の方法により会社の再建を図る必要がある。

そこで，財務状態の悪い株式会社については，欠損の塡補と同時に，募集株式の発行等を行って新たな資金を調達したり（**減増資**），また，会社債権者の同意を得て債務弁済の猶予や一部免除を受けること（**私的整理**）が考えられる。さらに，債務超過会社の株式価値がゼロになっている場合には，株主を総入れ替えするために，増資をする直前に定款変更を行いすべての発行株式を全部取得条項付種類株式に変更したうえで，これを既存株主から無償で全部取得することがある（従来はこれと同時に資本金の額の全部の減少を行うケースが多かったので，この手法は**100%減資**とよばれていた）。しかし，この方法をとるには株主総会の特別決議が必要であるから，もし既存株主の大多数が同意しない場合，債務超過会社としては，裁判所に対する**法的倒産手続き**の申請を検討するほかない（→第13章②を参照）。

Self-Check

1　会計帳簿の閲覧請求権は取締役に対しても認められるか。
2　例外的に，有効な定款の定めがある場合に限って，取締役会で剰余金の配当を決定することのできる会社はどのような会社であるか。
3　株式会社による自己株式の取得が，2001年（平13）に原則禁止から自由化されるに至った経緯はどのようなものであったか。
4　自己株式は会社に取得された後，どうなるか。
5　分配可能額の計算の基準となる最終事業年度とは，何を意味するか。

関連文献

磯山友幸・国際会計基準戦争 完結編（日経BP社，2010年）
國貞克則・財務３表一体理解法〈増補改訂〉（朝日新書，2016年）

第3部　コーポレート・ストラクチャー

第12章　法人としての会社

多くの人にとって，独立して事業を始めることはエキサイティングな挑戦であろう。どのような内容の事業を行うかはもちろん肝心であるが，どのような形式によりその事業を行うのかも重要である。事業の開始にあたっては，どのような企業形態を選択するのがその事業に最も適しているかに注意しなくてはいけない。個人でやるか，共同でやるか。会社組織にするかどうか。会社にするならば株式会社がよいと考えるかもしれないが，状況によってはデメリットもありうる。株式会社以外にもさまざまな種類の会社があり，それぞれに特徴がある。たとえば，各構成員の権利・義務や税制における損得も考慮に入れる必要がある。よく調べずに間違った選択をして苦労する事例も少なくない。

本章では，会社法に関係する要素として，さまざまな企業形態，会社の法人格のはたらき，商号や営業所など会社の基本組織について学習しよう。

Key Points

◆企業形態としては，個人企業，組合，匿名組合，会社，などがあり，それぞれに法律上の仕組みが異なっている。営利社団法人である会社は，法人格をもち，共同事業に最も適した企業形態である。

◆法人格を取得するためには，関連法令が要求する一定の手続要件を満たしていなければならず，どのような社団ないし財団に法人格を与えるかは法政策の問題である。

◆特定の法律関係について個別的・相対的に法人格の機能を否定して，会社と株主とを法的に同一視する考え方を法人格否認の法理とよんでいる。この法理が適用される場面として，濫用事例と形骸事例がある。

◆「法人は，法令の規定に従い，定款その他の基本約款で定められた目的の範囲内において，権利を有し，義務を負う」という民法34条は，法人の一般ルールとして会社に対しても適用があるが，判例は，定款に記載された目的に含まれない行為であってもその目的遂行のために必要な行為については，なお目的の範囲内の行為であると解している。

◆企業の社会的責任論によれば，会社が対外的な事業活動によって得た利益の一部を慈善・学術・教育等に対する寄付などの方法で社会に還元することが期待される。しかし，それには一定の限度があり，寄付金額が合理性を欠いているような場合は取締役の責任が生じることがある。

◆会社はその商号となる名称を定めたうえで，定款に記載しかつ登記しなければならない。商号を不正の目的によって使用された場合，営業上の利益を侵害されまたは侵害されるおそれのある会社は，違反者に対して侵害の停止または予防を請求することができる。

◆自己の商号を使用して事業または営業をなすことを他人に許諾した会社は，自己をその事業を行うものと誤認して取引をなした者に対し，その取引によって生じた債務につき，その他人と連帯して弁済の責に任じなければならない。これを会社の名板貸し責任という。

◆会社の主たる営業所を本店といい，本店の所在地が会社の住所となる。また，会社の支店は，従たる営業所であって，一定範囲において独立の営業活動の場所的中心地であることを要する。

◆会社は，自社の営業所の従業員だけではなく，会社外部の個人商人や会社に代理や媒介を委託することがあり，これを会社の代理商という。

◆会社を含む商人に関する一定の事項を記載する登記を商業登記といい，商業登記には積極的効力と消極的効力がある。また，故意または過失によって不実の事項を登記した者は，その事項が不実であることをもって善意の第三者に対抗することができない。

1　さまざまな企業形態

（1）個人企業と共同企業

■個人企業は最もシンプルな事業形態である

最もシンプルな事業のやり方は個人で事業を始めることである。関連規制に従う限り，自己の選んだ事業を自らの判断で運営することは**営業の自由**としてすべての国民に保障されている（憲法22条１項）。たとえば，街中にあるカフェや商店などの多くは**個人企業**である。オーナーが名義人となって営業許可をとり，その親族が使用人として手伝うという形態である。個人企業であっても，事業拡大のために資金が必要な場合には，銀行から借り入れをすることが可能であり，複数の使用人と雇用契約を結ぶことによってある程度大きな組織にすることは可能である。また，経営者と出資者が同一であるため，経営監督の必要性がない点も魅力である。しかし，個人企業は経営者が死亡すると後継者を見つけるのが困難な場合が多く，**企業の継続性**という点では問題が残る。実際，日本各地のアーケード街には後継者を得られずにシャッターを閉ざしたままの商店が数多くある。また，資金が必要な場合にも，個人の**信用力に限界**があるため必要な担保を提供できず，十分な金額を借り入れることができないことがある。

■組合は共同事業を行うための複数の契約である

仲間と一緒に事業を始めることもある。ある事業を行うことを共通目的として各自が出資を行えば，それは民法上の**組合**（民667条以下）という契約により成立した事業団体になる。近隣の個人事業主が共同で出資して商店街組合などを作る例がみられる。組合の成立には，参加者各自が組合契約を締結する以外にはとくに設立手続きは必要ない。その代わり，組合には会社のような法人格はない。組合の業務執行は組合員全員の多数決によるが，少数の業務執行者を選ぶこともできる（民670条）。組合員の出資により組合財産が形成され，各組合員は出資額に応じて持分を有する。ただし，持分を譲渡しても，組合およびその債権者には対抗できない（民676条１項）。

なお，民法上の組合と混同しやすいものに，特別法により認められた**協同組合**がある。たとえば，漁業協同組合（漁協），農業協同組合（農協），生活協同組合（生協）などは，その例である。協同組合は，社会的に重要性を認められたり経済的に弱い立場にある者たちの利益を守るために，特別法によって法人格が認められた特殊な組合である。組合員の権利義務や運営形態については，特別法の中に定めが置かれている。

また，一般にはあまり知られていないが，商法においては，**匿名組合**という契約がある（商535条）。これは，事業を行う者（営業者）と名前を出さずに出資だけを行う者（匿名組合員）との間で締結され，事業の利益が上がれば利益配分をするという内容の投資契約である。匿名組合員は多数いるのが通常であるが，民法上の組合と同じく単なる契約であって，法人格はない。わが国では不動産の証券化等において多く利用されているが，その他，社会的立場から営業ができない者（たとえば，医師，公務員など）が投資を行いたい場合にも広く利用できる。民法上の組合との相違は，①契約関係は営業者と匿名組合員との間に存在しており匿名組合員相互の間には存在しないこと，②独自の組合財産は形成されず匿名組合員からの出資は営業者の個人財産になること（商536条１項），③匿名組合員は営業者の債権者に対して法律関係になく有限責任であること，などである。

COLUMN　有限責任事業組合（LLP）

経済産業省により創設された「有限責任事業組合」を略してLLP（Limited Liability Partnership）とよぶ。LLPは英国で生まれ，その後米国などにも広がったが，2005年（平17）に有限責任事業組合契約に関する法律が施行されたことにより，わが国でもLLPが設立できるようになった。

LLPは，株式会社と民法上の組合のそれぞれの長所を取り入れた新しい事業体である。株式会社と同じく有限責任であるが，アイディアや能力，技術，専門性など有する「人」に大きな価値を置く組織である点が，「資産」に重点を置いた株式会社とは異なっている。すなわち，設立時にわずかな出資しかしていなくても，自由な割合で利益配分をすることができ，また，業務執行に関するルールも組合員が自由に決定することができる。このように，内部自治を徹底していることがLLPの特徴である。

LLPは，持分会社の一種である合同会社（LLC）と類似している。しかし，事業組合であるLLPには法人格がない。このため，法人税ではなく構成員各自の所得税として課税されるので，LLPの事業損失が出たときには別の所得と合算することができる利点をもつとされる。その他，設立費用が安いこと，会社のような決算公告義務がないこと，役員の任期がないことも，LLPのメリットとしてあげられる。

（2）会　社

■会社の形態としては持分会社と株式会社がある

最も発達した共同事業形態は，**会社**である。わが国の会社形態としては，**持分会社**（合名会社，合資会社，合同会社）と**株式会社**とがあり，これらは構成員の権利・義務および業務執行の方法について重要な違いがある。

持分会社は，会社として法人格を有しているものの，**構成員間の人的要素**が比較的に強く，その実態は民法上の組合や匿名組合に類似する部分が多い。具体的な特徴は，次のとおりである。まず，①社員の権利・義務の内容は定款によって決まること。すなわち，定款において，会社債権者に対してすべての社員が無限の責任を負うことを定めている持分会社を**合名会社**とよぶ。業務執行に携わる社員については無限責任，出資のみを行った社員については有限責任を定めている持分会社は**合資会社**という。すべての社員について有限責任を定めている持分会社は**合同会社**である。このように，持分会社は定款においてどのような社員の責任を定めているかによって種類が異なっている。つぎに，②構成員と経営が一致していること。持分会社ではすべての社員，少なくとも一部の社員が業務執行を行うことになっており，構成員と経営とが分離していない。さらに，③社員の地位の譲渡には原則として他の社員の同意が必要であること。持分会社では構成員同士の人的結びつきが強く，誰が構成員であるかが重要なので持分の自由な譲渡は認められていない（持分会社の組織や運営についての詳細は，→補章1）。

以上に対して，株式会社のもつ特徴は，すべての構成員が有限責任であること，所有と経営の分離があること，株式譲渡自由が原則であることなどであるが，その詳細は本書第1章2において説明したとおりである。

図表12－1　会社の種類の一覧表

	持分会社			株式会社
	合名会社	合資会社	合同会社	
構成員	無限責任社員	無限責任社員 有限責任社員	有限責任社員	有限責任社員 （株主）
業務執行	社員全員で行うのが原則	無限責任社員が行う	社員全員で行うのが原則	取締役・執行役
監督	社員全員で行うのが原則	有限責任社員が行う	一定の法規制あり	監査役ほか
持分の譲渡	他の社員全員の承諾	無責社員：他の社員全員の承諾 有責社員：無責社員全員の承諾	他の社員全員の承諾	原則自由

2 会社の法人格

（1）法人格の意義

■法人格のメリットを最も得られるのは株式会社である

すべての自然人は平等に権利義務の主体となる資格（**法人格**）を有するとするのが近代市民法の基本原則である。しかし，自然人以外にも，複数人からなる団体（社団）や財産の集合体（財団）に対しても法人格を与え，それ自体が権利義務の主体となり得ることにすれば便利である。すなわち，社団や財団がそれ自体の名義で契約を締結できたり，不動産を所有することができると，法律関係が簡便となり社会にとっても利益が大きい。一方で，何の目的もなくただ集まっただけのグループや雑多な財産のかたまりに自動的に法人格を与えることはその必要性もなく妥当性もない。生まれながらにして法人格を有する自然人とは異なり，社団や財団が法人格を取得するためには，関連法令が要求する一定の手続要件を満たしていなければならない。このように，どのような社団ないし財団に法人格を与えるかは，**法政策の問題**である。

本章1〉で述べたとおり，企業形態には法人格を有しないものと有するものとがあり，事業を営むうえで法人格の有無は非常に重要な要素である。

法人格付与の効果としては，一般的に以下のことがあげられる。

①法人自体の名において権利・義務を負うこと。法人は自己の名において契約の締結や不動産の売買ができる。

②法人自体の名において訴訟当事者になること。

③法人自体に対する**債務名義**[1]によってのみ，法人の財産に対して強制執行をなしうること。法人の債権者は法人を相手にして勝訴判決を得る必要がある。

④法人の財産は，構成員の債権者の責任財産とはならず，法人債権者の排他的責任財産となること。構成員の債権者が法人の財産に対して差押えをすることはできない。

⑤法人の債権者にとっては法人自体の財産のみが責任財産となり，法人の構成員個人の財産が責任財産とならないこと（**有限責任**）。

しかし，会社がこれらの性質のすべてを有しているというわけではない。**持分会社**の場合には，その無限責任社員は会社債権者に対して直接責任を負うから（580条1項），上述⑤の属性はもたない。また，社員の債権者は社員の持分を差し押さえて退社させることができ（609条），この場合に退社による持分払戻請求権に対して差押えの効力が及ぶから，上述④の属性についても完全ではない。このように，会社が共通に有している法人格の効果は上述の①②③にすぎず，すべての属性をもつのは，構成員の債権者による退社請求が認められず，かつ構成員全員の有限責任が認められている**株式会社**のみである。

■会社は営利社団法人に分類される

目的による法人の分類方法として，営利事業を営むことを目的とする法人を**営利法人**といい，その他の目的をもつ法人を**非営利法人**という。また，非営利

1）強制執行をするときに必要とされる請求権の存在と内容を証明する公的文書。確定判決，仮執行宣言が付された判決などがこれにあたる。

法人のうち，学術・技芸・慈善・祭祀・宗教・その他の公益を目的とする法人を**公益法人**とよんでいる。かつては，公益法人については民法その他の法律が規定し，営利法人については商法・会社法が規定していた。しかし，公益も営利も目的としない団体（同窓会，町内会，学会，相互扶助会など）については適用される法律がなく，法人格を取得することはできなかった。その後，2006年（平18）に準則主義[2)]にたつ**一般法人法**が制定され，これらの団体は同法の手続に従うことにより**中間法人**を設立できるようになった。

人の集合体に法人格を与えたものを**社団法人**といい，財産の集合体に法人格を与えたものを**財団法人**という。社団法人では，社員が不可欠の要素であり，社員総会を最高の意思決定機関として活動を行う。業務執行を行うのは理事である。これに対して，財団法人では，社員や社員総会はなく，設立者により拠出された財産を基礎にして，定款に定められた設立者の意思に従って活動を行う。ただし，現実には，個人会員が多数いても財団法人として設立され，会員組織はその事業でしかないこともよくあり（財団法人には社員総会がないことから，意思決定を容易にするためにあえて財団法人の形式をとっている），両者の区分は必ずしも明確なものではない。

会社法が定める設立手続に従うことにより成立した会社（持分会社・株式会社）は，すべて法人格を有している（３条）。会社は，営利目的であるから営利法人であり，かつ構成員から成る人の集合であるから社団法人に分類される。ただし，社団法人である以上は，複数の構成員が必要であるようにも思えるが，会社の場合には，その構成員は１人であってもかまわない（**一人**（いちにん）**会社**）。たとえ会社の構成員が１人であっても，法のルールを守って運営されている限りは支障がなく，また，実際にも有限責任や税法上のメリットを受けるために一人会社を設立するニーズがあるからである。たとえば，株式会社については，一時的にすべての株式が１人の株主の手に集中することがあっても，直ちに譲渡されて複数の株主が生じる可能性があるといえる。また，持分会社については，かつては社員が１人になることが解散事由であったが，現在では，社員が欠けた場合（つまり社員が１人もいなくなった場合）のみが解散事由とされている（641条４号）。

2）　特別の許可を必要とせず，法律に定められた手続に従うだけで，誰でも法人を設立できるとする仕組み。

（2）法人格否認の法理

■法人制度の悪用は許されない

ある会社について，法人制度の目的に照らしてその形式的独立性を貫くことが正義衡平の理念に反すると認められる場合，特定の法律関係について個別的・相対的に法人格の機能（会社の独立性＝会社と株主の分離原則）を否定して，会社と株主とを法的に同一視する法理がある。これを**法人格否認の法理**とよんでいる。会社の解散命令や設立無効の訴えのように全面的に法人格を否定するものではなく，特定の法律関係においてのみ，形式上存在する法人格を実質的に存在しないものとして扱うのが法人格否認の法理である。その実定法上の根拠は民法１条３項（**権利濫用の禁止**）に求められる。

たとえば，次のような事案を考えてみよう。Ｙ株式会社は，その代表取締役であるＡの個人企業に等しい小規模会社であった。Ｙ社は，Ｘ所有の不動産を賃借して営業所を置いていた。Ｘは同不動産の明け渡しを契約の相手方であるＡに求め，Ｘ－Ａ間で明け渡しの和解合意が成立したが，その後になってＡは，和解当事者はＡ個人であり，Ｙ社の使用している部分は明け渡さないと主張した。ＸがＹ社を被告として明け渡しを求める訴訟を提起したとき，この訴えは認められるか。このような場合，Ｙ社は株式会社の形態をとるにせよ，その実体は背後に存する個人Ａにほかならないのであって，本件事案に限りＹ社の法人格を否認して，ＸはＡ個人に対して店舗の明け渡し請求をすることができる。Ｘ－Ａ間で成立した和解はＡ個人の名義でなされたにせよ，その行為をＹ社の行為であると解し得る（なお，このような事案は当事者の確定問題として処理することも可能であり，上記の法理を用いなくとも，Ａという名称はＹ会社名義と解することにより同じ結論に達することができるとする学説もある)。

■濫用事例と形骸事例

法人格否認の法理は，会社の取引相手方保護の見地から学説によって主張されていた法原則であるが，**昭和44年最高裁判決**（最判昭和44年２月27日民集23巻２号511頁）により判例として認められた。それによれば，この法理が適用される場面として濫用事例と形骸事例がある。

濫用事例とは，法人格が法律の適用を回避するために濫用される場合をいう。たとえば，法定の競業避止義務を負っている者がその義務を免れるために会社を設立して，その会社を通じて競業をする場合や，労組をつぶすために偽装解散して新会社を設立する場合などがある。認定の要件としては，会社を意のままに「道具」として利用しうる支配株主（支配要件）が，違法不当な目的のために会社法人格を利用していること（目的の要件）が必要であると解するのが判例（最判昭和48年10月26日民集27巻9号1240頁）である。

形骸事例とは，法人格がまったくの形骸である場合をいう。上述の昭和44年最高裁判決は，会社の実質がまったくの個人企業と認められる場合をあげている。背後者が直接会社に実質的支配力を及ぼしうることのほか，実質上の一人会社，財産・業務の混同，会計区分の欠如，社団組織規定の無視（株主総会，取締役会の不開催等）を要件とする。この場合，目的の要件は不要とされている。いわば，会社の存在・活動形式それ自体が制度の濫用となるのである。

学説は以上の2つの事例に限定して法理の適用を認める説が多いが，形骸事例の認定基準の不明確性を理由に濫用事例だけに限定する説もある。一方，法人格否認の法理は**一般条項**であり，法的安定性のために，個々の規定の合理的弾力的解釈によって妥当な結論を導くべきであるという適用制限論もある。可能な限り，法人格否認の法理の適用を避けること，いわば最後の手段としてのみその適用を認めることは妥当な方向といえるが，それをどこまで貫くことができるかは問題である。とくに**過少資本**の会社のケース（会社事業の性質・規模に照らし極端に少ない資本金にとどめ，支配株主が営業資金を会社に貸し付けている事例），および，以下に述べる親子会社のケースなどは，法人格否認の法理を用いなければ解決が難しいといわれている。

裁判実務では，法人成りした零細企業が支払能力をもたないので，その代わりに実質的な一人株主の個人責任を会社債権者が追及することが多く，機能的には，この法理は，取締役の**第三者に対する責任**（429条1項）と同様に，法人の陰に隠れて責任逃れをたくらむ個人をこらしめる作用を果たしている。

■子会社の法人格が否認されるケース

法人格否認の法理により倒産した子会社の従業員に対する親会社の未払賃金の支払責任が認められるかどうかという事例で，裁判所は**親会社の責任**を認めた（仙台地判昭和45年3月26日判時588号38頁）。その理由は，①親子会社の業務・財産の混同に至らなくても，子会社の業務・財産を支配できるに足る**株式保有**と子会社の企業活動面において現実的・統一的な**管理支配**があれば，法人格否認の法理を適用できること，②従業員は子会社に対する関係で自ら積極的に子会社との取引を選択してこれに対して信用拡大を図った能動的債権者ではなく，消極的な因果関係で債権者となった**受動的債権者**であること，である。

この裁判例は，法人格否認の法理の適用について，濫用事例，形骸事例につぐ**第三の類型**を認める立場といえる。しかし，①については，親会社が自己の利益のために子会社の利益を害するような親会社の不当な支配が認められる場合に限り，同法理による親会社の責任を認めるべきであるとする批判がある。その場合，本件は濫用事例の一形態とみることができる。また，②については，能動的債権者と受動的債権者の区別について，前者は取引開始時点，後者は債権取得後の状態に着眼して決定されるものであり，両者の標準が同一ではないという批判がある。

法人格否認の法理を適用して親会社の責任を認めた裁判所の結論については，これを支持する学説が多い。ただし，その理論的な正当化は困難であり，最終的には立法によって解決されるべき問題であろう。

（3）会社の権利能力

■会社の権利能力はその目的により制限される

会社が社団法人であることの実質的な意味は，その構成員ではなく，会社自身が**権利義務の帰属主体**になるということである。たとえば，持分会社は，その業務執行社員の名義ではなく会社自身の名義で契約を締結したり，不動産を購入するなどの取引を行うことができる。持分会社が裁判をする場合にも，構成員全員の氏名を訴状に記載する必要はない。会社およびその代表者の名称を記載すれば十分である。また，株式会社が取引により負担した債務は，会社自身に帰属し，構成員である株主や取締役は債務者にならない。

このように，会社は法人格をもつことでさまざまなメリットを受けることができる。しかし，もしも会社の行為がその構成員の意図とは異なっていればどうなるだろうか。たとえば，ある構成員は運送事業の将来性に魅力を感じて会社に出資をしたのにもかかわらず，実際には会社が衣服販売事業を行ったとすれば，大いに不満を感じるかも知れない。このような事態を避けるために，会社の定款には必ず構成員が同意した事業内容を**目的**として記載することになっている（株式会社につき27条１号，持分会社につき576条１号）。そして，**民法34条**は「法人は，法令の規定に従い，定款その他の基本約款で定められた目的の範囲内において，権利を有し，義務を負う」としており，この規定は法人の一般ルールとして会社に対しても適用があるとされるのである。したがって，会社の代表者が定款の目的外の事業に関わる取引を行った場合には，その行為の効果は会社には生じないことになる。

しかし，会社は多数の人々を相手方としてさまざまな取引に従事しており，普通，これらの相手方はいちいち会社の定款目的を確認することはしない。そうすると，目的の範囲外であることを理由として取引が無効になれば，**取引の安全を害する**ことが甚だしい。取引前に必ず会社の定款目的を確認することが必要になれば，経済活動が衰退してしまうことにもなりかねない。一部には民法34条の規定は会社には適用されないという見解もあったが，法規定の位置関係からしてそのような解釈は無理であろう。そこで，判例は，民法34条が社団法人である会社に対しても適用されることを前提としたうえで，定款に記載された目的に含まれない行為であっても，その**目的遂行のために必要な行為**については，なお目的の範囲内の行為であると解している。また，目的遂行に必要であるかどうかは，現実に必要であるかどうかではなく，定款の記載自体からみて，客観的・抽象的に必要であるかどうかによって判断すべきであるとする（最判昭和27年2月15日民集6巻2号77頁）。

たとえば，自動車販売会社が交通事故に備えて損害保険契約の締結代理業をすることは明確に記載されていなくても当然に目的の範囲内であるし，さらにその会社が不動産事業を手がけることも自動車による訪問先や駐車場所を確保する必要性という意味では抽象的に目的の範囲内に含まれる。この結果，現在では目的の範囲外であることを理由に会社の行為が無効とされることはほとんどなく，事実上，会社の定款目的による権利能力の制限は意味をもっていないといえる。上述のような構成員の不利益については会社からの脱退を認めることで救うことにして，取引の安全のほうを重視したのである。

■目的外の無償行為はどこまで可能か

前述したように，定款所定の目的の解釈により会社の能力を広くとらえる立場に立つと，事業とは必ずしも密接な関係を有しない無償の行為を会社の権利能力の範囲内に属する行為とする余地が出てくる。ここで，**企業の社会的責任論**とよばれる見解がある。すなわち，本来の会社の目的は，法律の制限内において会社の対外的な事業活動による利益を最大限にし，その利益を社員に分配することにあるが，会社の対外的な事業活動が社会に大きな影響力を及ぼすようになると，一方では，会社の対外的な事業活動が法律の制限内にとどまるばかりでなく，さらに社会的に好ましいとされる枠内で行われることが期待され，他方では，会社が対外的な事業活動によって得た利益の一部を社会に還元することが望ましいものとして期待される。会社が対外的な事業活動によって得た利益の一部を社会に還元する方策としては，**慈善・学術・教育等に対する寄付**などの無償行為があげられる。したがって，社会的責任論を前提とするならば，一定の限度において，会社が営利を目的としない事業活動（無償の寄付行為を含む）を行うことは会社の権利能力の範囲内に含まれることになり，代表者の責任を排除することも可能となるのである。

しかしながら，会社の利益の慈善寄付等については，それが究極的には社員（出資者，株主）に属する会社財産の処分であることから，各社員の意思に応じて行われるべきであって，会社代表者がその関心または信条に従って行うべきではない。なぜなら，慈善目的であるにせよ，財産処分の範囲や対象について社員全員の意見の一致が得られるとは限らないし，会社代表者は経営について専門的な知識や経験を有するからこそ会社財産の処分権限を与えられているのであって，事業活動によって得た利益の社会的な還元についての知識や経験があるわけではないからである。

したがって，会社は，**社会通念上合理的な範囲**において営利目的以外の行為をなすこともできるというべきであるけれども，会社代表者が，自己の個人的な利益の追求のために行為をなした場合や，会社の規模や事業目的からみて相当でない行為をなした場合には，**善管注意義務違反**として会社に対する損害賠償の責任を問われる場合があると考えられる。

COLUMN　会社の政治献金

会社の政治献金をめぐっては，会社法に関する論点として，①会社の能力の範囲内の行為であるか，②公序良俗違反の行為（民90条）とならないか，③取締役の会社に対する忠実義務違反とならないか，が問題となる。

まず，会社の能力の範囲については見解の対立がある。本文で述べたとおり，判例は，会社の権利能力は定款所定の目的により制限されるとする立場をとりつつ，目的を広く解釈することにより会社の能力は極めて広範なものであるとしている（最大判昭45年６月24日民集24巻６号625頁）。そして，政治献金についても，それらが定款所定の目的たる行為の遂行に間接的ながら有益な行為であるから，会社の権利能力の範囲内に属する行為であるとしている。しかし，これに対しては，むしろ直接会社のためになる寄付ほど会社にとって意味があるのであるから，政治献金の効用を強調すればするほどその賄賂性が明確になるのではないかとの批判がある。また，私的利益の追求を目的とし，その限りで権利能力を与えられているにすぎない営利法人たる会社が，政治献金を含む国の政治的あり方を決定する諸行為を行うことは，そもそも本来的にできないとする見解がある。この説では，法人の権利能力のいわば性質上の制限として，政治的行為や宗教的行為は排除されるべきであり，政治献金が定款所定の範囲内であるかどうか否かを問題にするまでもないとされる。

つぎに，政治献金は公序良俗違反の行為（民90条）とならないか。会社の政治献金は自然人である国民のみに参政権を認めた憲法に違反し，したがって公序良俗違反になるとする見解がある。しかし，政治資金の寄付が国民個々の選挙権その他の参政権の行使そのものに直接影響を及ぼすものではなく，選挙権の自由な行使を直接侵害するものでない以上，政治献金が憲法に違反し，ひいては公序良俗違反の行為であるとまでいうことはできないだろう。

さらに，政治献金は取締役の会社に対する善管注意義務違反とならないか。上述のいずれか会社の政治献金を無効と解する立場によれば，金額の多少にかかわらず，会社を代表して政治献金をした取締役の責任が生じることはいうまでもない（423条1項）。これに対して，判例は，会社を代表して政治献金をした取締役の責任については，会社の規模，経営実績，社会的・経済的地位，寄付の相手方など諸般の事情を考慮して，合理的な範囲内においてその金額を決定すべきであって，この範囲を超える不相応な寄付をなすことは善管注意義務に違反し，会社に対して損害賠償義務を負わなければならないとする。合理的な範囲を決定するにあたっては，政治資金規正法上の限度額や法人税法上の損金算入限度額が重要な基準となるという（上記の最大判昭45年6月24日）。この立場が妥当であろう。

3 会社の基本組織

（1）会社の商号

■商号の意義

商人が自己の営業を表示するものとして用いる名称を**商号**という。会社はその商号となる名称を定めたうえで（6条1項），定款に記載し（27条2号，576条1項2号），かつ登記しなければならない。商号は名称であるから，自然人の氏名と同様に文字をもって表示することができ，かつ，呼称することができるものでなければならず，図形・紋様などは商号として使えない。現在，商号として使える文字は，日本文字のほか，ローマ字，アラビア数字，一定の符号に限られている。なお，商号と類似の制度に**商標**があるが，商号が営業活動のうえで商人を表章する名称であるのに対して，商標は，特定の商人が特定の商品を製造しまたは販売するものであること，すなわち商品の出所を特定の商人との間において明確に示すための記号である（たとえば，「ウォシュレット」はTOTO株式会社が製造販売する洗浄機能付便座の商標である）。

会社の商号の中には，その種類に応じて，株式会社・合名会社・合資会社・合同会社という文字を用いなければならない。なお，合資会社であるのに株式会社という名称を用いるなど，その商号中に他の種類の会社であると誤認されるおそれがある紛らわしい文字を用いたり（6条2項・3項），また，個人商人などの会社ではない者が，商号や名称の中に会社であると誤認されるおそれのある文字を用いると（7条），いずれの場合も100万円以下の過料の処罰を受けるので注意が必要である（978条2号）。

■不正の目的による商号使用の禁止

何人も，不正の目的をもって，他の会社であると誤認されるおそれのある名称または商号を使用することはできない（8条1項）。違反者に対しては上述のような過料の処罰があるほか，営業上の利益を侵害されまたは侵害されるおそれのある会社は，違反者に対して侵害の停止または予防を請求することができる（8条2項）。また，会社に損害が生じていれば，不法行為として損害賠償を求めることも可能である（民709条）。

ここに**不正の目的**とは，ある名称を自己の商号として使用することにより，一般人をして自己の営業をその名称によって表示される他人の営業であるかのごとく誤認させようとする意図をいう。また，**名称または商号の使用**とは，契約の締結，文書への署名など法律行為に関わる場合はもとより，看板・広告・計算書などに記載するような事実上の使用，さらに口頭による使用をも含む。しかし，ある者が他の会社と同一または類似の名称や商号を利用したからといって，直ちに違法となるわけではない。たとえば，川崎市に本店を置くA会社は，他人が東京都内で同一商号を使用するのを防ぐため，東京都内に同一商号のB会社を設立していたところ，CはB社をA社と誤認し，A社に対して提起すべき訴えをB社を被告として提起した後，これに気付き，あらためてA社を被告として訴えを提起した。そこで，Cはこのように訴訟の当事者を間違った原因はB社にあるとして，誤認されるおそれのある商号の使用を禁じた商法旧21条第2項（現在の会社法8条2項）に基づき同社に対して損害の賠償を求めた。しかし，この場合のB会社の同一商号の使用は，他人が東京都内で同一の商号を使用するのを防ぐためであり，このような目的は不正なものとはいえないから，商法旧21条2項の規定を適用ないし類推適用することはできないとされた（名古屋地判昭和49年3月12日判時778号97頁）。

■商号の利用を他人に許した会社の責任

商人の世界では，特定の商号で現にみずから営業を行っているものが，自己の商号に支店・出張所など自己の営業の一部であることを示す名称を付加したものを使用して営業をなすことを他人に許諾したり，あるいは，営業免許などにつき免許の条件を満たす他人の名義を借りて許可を受け，その他人名義で営業を行うような場合が多い。このような場合を**名板貸**（ないたがし）とよんでいる。そして，自己の商号を使用して事業または営業をなすことを他人に許諾した商人は，自己をその事業を行うものと誤認して取引をなした者に対し，その取引によって生じた債務につき，その他人と連帯して弁済の責に任じなければならない（商14条）。これは商号を自由に選択できる利益と外観を信頼した第三者の利益との調整を図るために，**権利外観法理**[3]と同じ思想から，商号を他人に貸与した者の責任を定めたものである。このような名板貸責任について，会社法は，個人商人の場合と同様の規定を置いている（**会社の名板貸責任**〔9条〕）。

たとえば，次のような設例を考えてみよう。医師Bは，かねて入院患者の要望に添い，かつ，その経営する病院の目的を達成する手段にもなるとして，病

3）ドイツ法に由来し，真実に反する外観を作出した者は，その外観を信頼してある行為をなした者に対し，外観に基づく責任を負うべきであるという法理。英米法の禁反言法理と同じ機能をもつ。

院内に果物を販売する売店を設けた。そして，果物販売で有名なＡ合資会社に頼んで，Ａ社の商号をその営業に使用する旨の承諾を受け，「Ａ果物会社Ｂ病院内店」という看板を掲げて営業を開始した。ところが，同店は粗悪な果物を顧客Ｃに販売し，Ｃは食中毒を起こしてしまった。この場合，Ａ社による商号の使用許諾は名板貸であるが，Ａ社を営業主であると誤認して取引したＣに対してＡ社は会社法９条の責任を負うだろうか。同条にいう「**当該取引によって生じた債務**」には，取引から直接生じた債務だけでなく，契約の不履行または解除による損害賠償債務や原状回復債務[4]も含まれるとされている（最判昭和30年９月９日民集９巻10号1247頁）。しかし，この事案のＣのように，**不法行為**により損害を受けた場合については見解が分かれる。不法行為の場合には誤認と損害の発生の間にはなんらの因果関係もないため，権利外観法理からは名板貸責任を基礎づけることはできないとして会社法９条の適用はなく，使用者責任（民715条）が問題となるにすぎないとする見解もある。しかし，判例は，取引行為の外形をもつ不法行為により負担することになった損害も「当該取引によって生じた債務」に含まれるとしている（最判昭和58年１月25日判時1072号144頁）。

つぎに，上記の設例において，仮に，病院の売店内で果物のほか，酒，缶詰，ジュースなども販売するなどＢに契約違反があったので，Ａ社がその商号の使用禁止をＢに対して電話で申し入れていたとしたらどうだろうか。会社法９条が保護するのは会社が営業を行うものであるという外観に対する他者の信頼であるから，会社が同条による責任を免れるためには，新聞広告，回状の配布，得意先への通知などの方法により，自己が営業主であるという外観を除去しなければならない。したがって，Ａ社が内部的にＢに対しその商号の使用を禁止していただけでは十分とはいえず，免責の効果を生じるものではない。

また，上記の設例において，通常人であればＢが営業主であると気づく状況であって，Ｃだけが**過失**によりＡ社を営業主と誤認していたときにはどうか。商号貸与者の責任は，その者を営業主と誤認して取引をしたものに対するものである。この場合，誤認が取引をした者の過失によるときでも，商号貸与者が責任を負うべきものかどうかについては争いがある。判例は，たとえ誤認が取引をなした者の過失による場合であっても，商号貸与者はその責任を免れ得ず，

4）契約が解除された場合になどに，契約が締結される以前の本来あったはずの法律上・事実上の状態に復帰させる義務が当事者双方に生じる。これを原状回復債務という。

ただ，**重過失**は悪意と同様に扱うべきであるから，誤認して取引をした者に重大な過失があるときは，商号貸与者はその責を免れるとしている（最判昭和41年1月27日民集20巻1号111頁）。この判例の立場によれば，Cに過失があっただけでは，A社は責任を免れることができない（A社の側でCの重過失を証明しなければならない）ことになる。これに対して，同条の責任は外観法理に基づくものであるから，誤認して取引をした者は善意・無過失であることを要するという学説も有力である。

（2）会社の営業所と代理商

■営業所の意義（本店と支店）

営業所とは，会社の**営業活動の中心**である一定の場所を指す。特定の場所が営業所といえるためには，単に企業の内部の問題として指揮命令が発せられる場所であるというだけでは足りず，外部に対してもその場所で営業上の主要な活動がなされることにより営業活動の中心として認識される場所でなければならない。営業所については，①裁判管轄を決定する，②商業登記の管轄を決定する，③民事訴訟法上の書類送達場所となる，④商行為によって生じた債務の履行場所となる，⑤**表見支配人**（13条）たる要件になる，などの法的効果が認められており，その決定は重要である。

会社の主たる営業所を**本店**といい，本店の所在地が**会社の住所**となる（4条）。本店の所在地は，定款に記載し，登記される（株式会社につき，27条3号，911条3項3号）。実際には，この登記された本店と営業所たる実態を有する本店とが異なる場合があり，前者を形式的意義の本店，後者を実質的意義の本店という。たとえば，A株式会社は創業の地であるP市に主たる営業所を定めて，これを本店として登記したが，会社の事実上の経営管理活動は大都市であるQ市の営業所において行っていたとすると，この場合，P市が形式的意義の本店で，Q市が実質的意義の本店である。法律効果については，個々の規定内容により，どちらの本店を標準とするか決定すべきであり，おおむね企業組織に関する問題（上の①②③）については形式的意義の本店を標準とすべきであり，企業活動に関する問題（上の④⑤）については実質的意義の本店を標準として決すべきであろう。

つぎに，**支店**は従たる営業所であって，一定範囲において独立の営業活動の場所的中心地であることを要する。その名称の如何は問わない。たとえば，上記の例で，A株式会社は事業の拡張に従い，R市に出張所を，S市に工場をそれぞれ設置したとする。R市の**出張所**は，相場変動の著しいものの仕入れには上位営業所の許可を必要としたが，それ以外は自由に仕入れ，販売，代金回収，販売にともなう運送委託などを行っており，かつ取引銀行にはR市出張所の普通預金口座を有していた。このときBが「A会社R市出張所長B」の名義で，権限なしに約束手形をCに振り出した場合，R市出張所は営業所たる支店の実質を有するものと考えられるので，その営業の主任者たることを示すべき名称を付された出張所長Bは**表見支配人**（ひょうけんしはいにん）[5]に該当する。手形の振出しは支配人の代理権に属するので，Cが悪意でない限り，A社は支払いに応じなければならない。さらに，S市の**工場**は商品製造や加工などの事実行為をなす場所であって，営業所を兼ねることはできる。しかし，工場が原料の仕入れや資材の購入を行っていたとしても，独立性を有しておらず，上位営業所に統括されており，機械的にその決定に従っているにすぎないと考えられる場合には営業所とはいえない。

■会社の代理商は独立の商人である

商品やサービスの販売チャンネルを拡大する方法として，会社は，自社の営業所の従業員だけではなく，会社外部の個人商人や会社に**代理**や**媒介**（ばいかい）**を委託**することがある。これを会社の**代理商**という（16条）。保険会社の契約代理店や，自動車会社の系列販売店などが典型例であるが，中小企業でも代理商を利用することは少なくない。販売元である会社とこれらの代理店との間には，**代理店契約**が締結されている。このように，代理商とは，特定の会社のために事業を行っているが，会社の組織の一部ではなく，**独立の商人**である。

会社法では，会社の代理商について，通知義務（16条），競業避止義務（17条），売買に関する通知を受ける権限（18条），契約の解除（19条），代理商の留置権（20条）の規定を置いている。これらの詳細な説明は，商法総則・商行為法の教科書に譲る。

5）実際には支配人としての代理権を与えられていないにもかかわらず，営業所の主任者であると他人に誤解させるような名称を付けられた使用人。取引の相手方が悪意でない限り，表見支配人のした行為は会社に法的効果を及ぼす。会社法13条。

（3）会社の登記と公告

■商業登記の意義

会社を含む商人に関する一定の事項を記載する登記を商業登記という。登記所である法務局または地方法務局（もしくは支所）に各種の**商業登記簿**が備えられ，誰でもこれを閲覧し，謄本・抄本および登記に関する証明の交付を受けることができるようにされている。

商業登記として登記すべき事項は，一般的には，取引上重要で法律的に意義のある事実である。具体的には，**会社に関する登記事項**として，商号・支配人の登記，会社の設立，資本の増減，転換社債の発行，新株引受権附社債の発行，合併，解散，清算などがある。会社の登記は，**本店所在地**の法務局または地方法務局（もしくは支所）が取り扱っている。

商業登記は，原則として当事者の申請によるが，例外として，登記事項が裁判により生じた場合には裁判所が登記所に登記を嘱託することもある。

■登記官の審査権は形式的事項に限られる

1963年（昭38）に**商業登記法**が制定される以前には，商業登記の登記官が，申請の形式上の適法性（申請事項が法定事項であるか，それについて管轄があるか）を審査する職務と権限を有するにとどまるのか，それに加えて申請事項の実体的な真実を調査する職務と権限をも有するのか，については見解の対立があった。しかし，現行の商業登記法24条は，登記申請の却下事由を個別的に列挙しており，**形式的審査主義**の立場をとることを明らかにしている。ただし，同条10号は「登記すべき事項につき無効又は取消しの原因があるとき」と定めており，この限りで登記官に実質的審査権を与えている。この点について，通説は，それらの原因の存在が登記官にとって客観的に明らかである場合に限って申請を却下すべきであり，それゆえ登記官が参酌しうる審査資料も，登記官が職務上入手参照できることのできる登記申請書，その添付書類，および登記簿の記載に限られ，当事者への質問や事実の調査などを行うことは許されないと解している。

たとえば，Aは正式な株主総会および取締役会の決議を経ていないにもかかわらず，これらの決議書面を作成し，自己をB株式会社の代表取締役として登記申請を行ったとしよう。商業登記の登記官は，この申請を却下することができるかが問題となる。この場合，Aの代表取締役就任登記の申請につき登記官が参酌できるのは，登記申請書とその添付書類である決議書面のみであり，実際にはAが正式な株主総会および取締役会の決議を経ていないとしても，登記官はそれを知る職務も権限をも有していないから，この申請を却下することはできないと解される。したがって，Aの代表取締役の地位を争う者は，訴訟によらなければならないことになる。

■商業登記の効力

会社法の規定により登記すべき事項は，登記および公告の後でなければ，これをもって善意の第三者に対抗することはできない（908条1項前段）。これを商業登記の**消極的効力**とよんでいる。たとえば，A株式会社は，その代表取締役Bを解任して，Cをこれに代えたとする。しかし，その登記がなされなかったことを幸いに，BはA株式会社代表取締役という名義をもって約束手形を振り出し，その手形は転々流通してDが最後の所持人となった。代表取締役の解任による代理権の消滅は登記事項であるのにかかわらず，その登記をしていないのであるから，Dが善意である限りA社はDからの手形金請求を拒めない。

これに対して，一定の事項が実質的に成立し存在しているとき，これを登記した後は，当事者は善意の第三者に対しても登記事項を対抗することができる。登記により第三者は当然にその事実を知っているものと擬制されることになるからであり，これを商業登記の**積極的効力**とよんでいる。ただし，登記がなされても，第三者が**正当の事由**によりこれを知ることができなかった場合には，当事者は登記事項をその第三者に対抗することができない（908条1項後段）。この正当事由とは，登記を知ろうとしても知ることができない客観的事由，たとえば風水害や洪水により交通が途絶したような場合をいい，病気や長期の旅行など第三者の主観的な事情は含まれない。

■不実事項を登記したことの責任は重い

会社法908条2項は「故意または過失によって不実の事項を登記した者は，その事項が不実であることをもって善意の第三者に対抗することができない」と規定している。これは，たとえ登記した事項が真実の実体関係に合致していない場合でも，その規定を信頼したものを保護するという趣旨であり，英米法に由来する**禁反言の法理**に基づいて，不実の登記をめぐる当事者の利害関係の調整を図ったものである。たとえば，Aが，株主総会および取締役会の決議を経ないで，B株式会社の取締役および代表取締役に就任しその登記をなした場合，Aは取締役としての民事責任を負うことがあるだろうか。取締役は株主総会において選任され，また代表取締役は取締役会の決議をもって定められる。

したがって，Aは適法な取締役および代表取締役とはいえず，その登記は不実の登記である。Aがその登記をなすことに承諾を与えている場合には，登記義務者であるB社と同様の責任を負わせるのが妥当であり，Aも不実の登記に加担したものとみなされる（最判昭和47年6月15日民集26巻5号984頁）。

また，上記の例において，真実の代表取締役が，事実を知りながら虚偽の登記を是正する措置を怠ってそのまま**放置している場合**にも，B社は右の登記が不実である旨を取引の相手方に対して主張しうるか，が問題となる。「不実の登記をなした者」には虚偽の事実をみずから登記させた者だけではなく，すでになされた登記が虚偽であるのにこれを放置している者も含まれると解するのが裁判例（東京高判昭和41年5月10日下民集17巻5・6号395頁）である。したがって，B社は登記の不実を取引の相手方に対して主張することはできない。

なお，これらの場合においては，第三者が事実を知らないことについて**過失**に基づくかどうかを問わず，また登記の有無が第三者の意思決定に影響を及ぼしたか否かを問わない。そのような事情の存否は必ずしも明らかではないし，公示を制度化した商業登記簿上の外観に対する信頼を保護する規定の適用にあたって，第三者の過失の有無をさらに問うことは妥当でないからである。

■会社の公告はどのようにするか

会社はさまざまな重要事項を利害関係者に知らせるため，公告をしなければならない。商品やサービスの宣伝である「広告」と混同してはいけない。たとえば，株式会社の基準日の公告（124条3項），公開会社における募集事項の決定（201条4項），貸借対照表の公告（440条1項）などである。**公告方法**は，①官報，②日刊新聞紙，③電子公告（インターネットのウェブサイト等）のいずれかを選択して，定款に定めることができる（939条1項）。とくに定款に定めていない場合は，官報に掲載するのが原則である。なお，会社は，公告方法を登記しなければならない（株式会社につき，911条3項27号以下）。

Self-Check

1　会社に法人格が付与されていることの効果を5つあげなさい。

2　法人格否認の法理の形骸事例とは法人格がまったく形骸化している場合をいうが，通常，小規模同族会社では財産・業務の混同，組織規定の無視が多くみられる。これらの会社ではつねに法人格が否認されることになるのか。

3　企業の社会的責任論により会社に期待される社会への無償行為についてはどの

ような限界があるか。

4 名板貸の責任は，貸主と同じ商号をもつことによる組織構造から生じる責任なのか，それとも営業主を他人と誤認させる取引行為から生じる責任なのか。いずれだと考えられるか（あるいはその両方か）。

5 会社が支店を設置した場合，法律上，どのようなメリット・デメリットが考えられるか。

関連文献

楠茂樹・ハイエク主義の「企業の社会的責任」論（勁草書房，2010年）

第13章　株式会社の設立と解散

日本では，海外に比べて起業が少ないといわれている。再挑戦が難しく，失敗を必要以上に恐れなければならないのは日本社会の弱点かも知れない。会社法は，最低資本金制度を廃止したり，取締役の最低人数を１名とするなど，起業を増やすための工夫をしているが，それでもアメリカなどに比べれば，個人が仲間と一緒に事業を始める際に株式会社を設立するケースは多くない。経済を活性化させるために，起業を増やすことは日本の今後の課題である。むしろ，現在のわが国では，大企業がその子会社として株式会社を設立することが多い。新規事業を始めるときに子会社を設立し，株式会社としての法人格や有限責任を利用してリスクを回避するためである。したがって，事業がうまくいかなかったり，目的を達成して，会社が不必要になれば，解散した後に清算してしまうこともある。また，経済的原因により事業の継続ができなくなった場合にも，再建が困難である場合には，破産して会社の法人格は消滅する。

本章では，株式会社が法人格を取得するまでの設立プロセス，および，法人格を消滅させるまでの清算プロセスについて学習しよう。

Key Points

◆株式会社の設立とは，発起人が，定款の作成，株式の引受け，機関の決定，および出資による会社財産の形成を通して株式会社という団体の実態を形成し，最終的に法人格を取得して法人とすることである。設立方法としては，発起設立と募集設立とがある。

◆株式会社が法人として成立する設立登記の前にも，発起人を構成員とする団体（法人格なき社団）が実質的に存在していると考えられ，このような形成中の株式会社を設立中の会社とよんでいる。

◆設立手続において重大な瑕疵があり会社の設立を無効とすべき場合につき，会社法は設立無効の訴えを定めている。

◆株式会社は，株主総会の特別決議で解散を決定した場合などのほか，破産手続の開始決定，解散判決・解散命令によって解散する。事業を行っていない登記簿上だけの会社に対しては，みなし解散制度もある。

◆解散の後，会社は清算手続に入るが，この期間中，株式会社は清算の目的の範囲内において権利能力を有する。すべての清算が結了した時点で，法人格が消滅する。

◆株式会社が倒産状態に陥ると，私的整理または法的倒産手続きが行われる。法的倒産手続きには，会社を継続して事業再建を目的とする再生手続・更正手続と，会社を消滅させて清算を目的とする特別清算・破産手続とがある。

1〉 株式会社の設立

（1）発起人と設立の種類

■発起人の役割

株式会社の設立とは，発起人が，定款の作成，株式の引受け，機関の決定，および出資による会社財産の形成を通して株式会社という団体の実態を形成し，最終的に法人格を取得して法人とすることである。

このように株式会社の設立手続を実行した者を発起人とよぶが，法律上は，定款に発起人として署名または記名捺印した者だけが発起人とされる（大判昭和7年6月29日民集11巻1257頁）。発起人は**形式的に確定する必要**があるからである。たとえ実質的に設立手続を実行した者であっても，定款に発起人として署名しない者は法律上の発起人ではなく，募集設立において一定の場合に**疑似発起人の責任**（103条4項）を負うに過ぎない。

発起人の人数は1人でもよく，また，法人でもよい。実際に法人が子会社を設立する例が多い。発起人は，少なくとも1株を自ら引き受けることを要求されており（25条2項），もし引き受けなければ設立の無効原因となる。

■最低資本金制度の廃止

2005年（平17）までは，株式会社については1,000万円，有限会社については300万円という**最低資本金制度**があり，設立の際に発起人は，個人または複数人で，これをクリアする金額を準備する必要があった。しかし，起業を促進するという政策的配慮から，会社法において最低資本金制度は廃止された。これに代わる会社債権者の保護としては，純資産額が300万円に満たない株式会社は剰余金配当ができないことになった（458条）。現在では，理論上，会社設立時の資本金はゼロ円でもよいとされる（計則43条1項参照）。ただし，実際には株式会社が資本金ゼロでは経済的信用が得られないであろうから，会社の取引規模に応じて，ある程度の金額の資本金を表示しておくことは必要になる。

■**発起設立と募集設立**

株式会社が設立に際して発行するすべての株式を発起人が引き受ける方法を**発起設立**といい，一部の株式のみを発起人が引き受けて残りは他の引受人を募集する方法を**募集設立**という（25条1項1号・2号）。実際に，日本で新しく設立される株式会社は小規模会社であるか大企業の子会社である場合が多く，株主数が少ないときに便利な発起設立の方法が好まれる。募集設立は，発起人以外の引受人を保護するための規制が煩わしく，時間も発起設立より長くかかるために避けられる傾向がある。

したがって，以下では，発起設立の場合を中心に，株式会社の設立手続について説明する。

（2）株式会社の設立手続き（発起設立の場合）

■**定款の作成と認証**

発起人は，定款の実質的内容を確定し，それを書面に記載するかデータとして入力した後，定款としての効力をもたせるために，**公証人の認証**を受けなければならない（30条1項）。なお，株式会社は設立後，株主総会決議によって定款を変更することができるが（466条），一度認証をうけて定款が効力をもてば，その後，定款変更のたびに認証を受ける必要はない。

定款の内容には，必ず記載することを要し，その記載がないと定款全体が無効になる事項があり，これを**絶対的記載事項**という。具体的には，①目的，②商号，③本店の所在地，④設立に際して出資される財産の価額またはその最低額，⑤発起人の氏名（または名称）と住所，⑥発行可能株式総数がそれである。このうち，**発行可能株式総数**については，定款を認証するときには決定しておく必要はないが，その後，設立登記時までには発起人全員の同意により定款を変更して必ず記載しなければならない（37条1項）。逆に，定款の認証時までに発行済株式総数を定めておいた場合には，認証後に発起人全員の同意でその数を変更することもできる（同条2項）。なお，公開会社では，いわゆる**4倍規制**があり，発行可能株式総数の4分の1以上の株式を設立時において発行しなければならない（同条3項）。つぎに，定款に記載しなくても定款自体は有効であるが，定款に記載しないとその事項の効力が生じないものを**相対的記載事項**という。公告方法や，現物出資・財産引受けなどの変態設立事項（28条）がその例である。さらに，効力には関係なく内容の明確性を高める目的で，その他の事項を定款で定めることもでき，これらの事項は**任意的記載事項**とよんでいる。

定款は，会社の本店および支店に備え置かれ，発起人・株主・会社債権者の閲覧・謄写に供される（31条1項・2項）。親会社の社員（株主その他の構成員）も，裁判所の許可を得て，閲覧・謄写請求ができる（同条3項）。

■株式の引受けと出資

発起人が割当を受ける設立時発行株式の数，それと引き換えに払い込む金銭の額，および，成立後の株式会社の資本金・資本準備金の額に関する事項は，発起人全員の同意により決定しなければならない（32条1項）。

発起設立の場合は，発起人が設立時に発行する株式のすべてを引き受ける。発起人は，引受け後は遅滞なく，引き受けた株式につき全額の払込みをし，また現物出資の場合にはその全部の給付をしなければならない（**全額出資制度**〔34条〕）。

発起人の不正行為を予防し，確実な払込みをさせるため，株式の払込みは銀行や信託会社等の**払込取扱機関**においてする必要がある（34条2項）。すなわち，発起人が払込取扱銀行から事前に借入れを行い，それを会社の預金に振り替えることで株式の払込みにあてたのち，自己の借入金を返済するまでは会社の預金を引き出さないことを約束する**預合い**は重い刑事罰をもって禁止されており（965条），また，払込取扱機関以外の者から借り入れた金銭を株式の払込みにあて，会社成立後にそれを引き出して借入金の返済にあてるという**見せ金**も，全体として払込み仮装行為と評価できる場合には無効であり，行為の一部が犯罪（公正証書原本不実記載罪[1]など）となる可能性も高い。

発起人は，出資の履行をすれば，会社が成立すると同時に株主となる（50条1項）。発起人が出資の履行をしない場合には，催告をしたうえで，引受人の立場を**失権**させることが認められている（36条）。この場合は，出資の履行があった分のみで定款記載の出資の最低額を超えていれば会社は成立する。ただし，発起人は設立時株式を1株以上引き受ける義務があるので，発起人のうちに失権により1株も取得できない者がいる場合には，設立は無効になる。

■設立時役員の選任と調査

発起人は，会社の成立前に，設立時の役員となる者を選任する。発起人が複

1）作成権限のある公務員に虚偽の申立をして，登記簿など重要な公文書に虚偽の内容を記載させる犯罪行為。5年以下の懲役または50万円以下の罰金に処せられる。刑法157条。

数いる場合は，各自が引き受けた株式について1株1議決権を有し，その議決権の過半数による。会社の設立に際して，取締役になる者を**設立時取締役**といい，監査役になる者を**設立時監査役**という。会社法は，これらの設立時役員に対し，設立プロセスにおいて，設立事項の調査など一定の行為を行う役割を与えている。たとえば，出資の履行の完了，設立手続が法令・定款に違反していないかどうか，などの調査である。設立時役員の調査の結果，不当なものがあったときは発起人に通知され（46条2項），発起人が善管注意義務をもって対処することになる。

また，定款に現物出資，財産引受け，発起人の報酬，設立費用といった変態設立事項（128条）が含まれている場合には，原則として，裁判所により選任された**検査役の調査**が必要である。それらの事項は会社設立のために有益な行為であるが，濫用されると会社の財産的基礎を危うくし，株主や会社債権者の利益を害するおそれがあるため，定款への記載と検査役の調査が要求されているのである。検査役による調査の結果，変態設立事項に不当なものが発見されたときは，裁判所が定款の定めを変更する（33条7項）。ただし，現物出資と財産引受けについては，以下の場合において検査役調査が不要とされている。すなわち，①定款に記載された対象財産の価額の総額が500万円を超えない場合，②対象財産が市場価格のある有価証券である場合，③現物出資または財産引受けの相当性について弁護士・公認会計士・税理士等の証明を受けた場合。これらの検査役調査が不要とされる場合には，設立時役員が，現物出資等の定款記載価額の相当性，弁護士等の証明の相当性，について調査を行う（46条1項）。

■設立登記

設立手続の最後の仕上げは，登記である。すなわち，株式会社が法人格を取得して成立するためには，以上のような設立手続を経て会社としての実態を整えた後，所定の期間内に**設立登記**をしなければならない（49条，911条1項・2項）。設立登記は，本店所在地の登記所において，会社の代表者（設立時代表取締役など）が申請する（商登47条）。株式会社の設立登記の必要事項は，会社法911条3項に列挙されている。

（3）募集設立の場合（発起設立との違い）

■設立時発行株式の募集と払込み

募集設立の場合には，発起人は，その全員の同意により，設立時発行株式に関する事項（32条）のほか，**設立時募集株式に関する事項**についても決定を行う必要がある（58条2項）。引受けの申込みは，原則として所定の事項を記載した書面を発起人に交付する方法で行う（59条3項）。これに対し，発起人は，申込者の中から，自由に割当を受ける者およびその割当数を決定することができる（**割当自由の原則**〔60条1項〕）。その後，発起人から割当の通知を受けた者は，設立時募集株式の引受人となる（62条）。

設立時募集株式の場合，**現物出資**ができるのは一定の不足額塡補責任（52条1項）を負う発起人のみに限られ，その他の者については金銭出資しか認められない。引受人は，所定の払込期間内（または払込期日）に，所定の払込取扱金融機関において払込みを行わなければならない（63条1項）。募集設立の場合，払込みの事実を確認するために，払込金融機関は発起人の求めに応じて**払込金保管証明書**を発行しなければならない（64条1項）。たとえ同証明書の記載が事実と異なっている場合でも，引受人である一般投資者の保護のために，金融機関は保管証明金額を会社に支払う責任を負うことになる（同条2項）。

設立時募集株式の引受人が必要な払込みをしない場合には，発起人のように失権手続（36条）を要せず，当然に失権する（63条3項）。失権分を除くその他の払込額が，発起人の出資額と合わせて定款所定の最低金額を超えている場合には，設立時の募集株式の発行は有効に成立する（**打ち切り発行**）。

■創立総会の開催

発起人は，設立時募集株式の払込期間（または払込期日）が経過した後，遅滞なく，**創立総会**を招集しなければならない。創立総会においては，出資の履行をした発起人および払込みをした引受人が**設立時株主**として議決権を有する。創立総会は，会社成立前であれば，必要に応じていつでも招集することができる（65条1項・2項）。

創立総会では，以下の事項を審議する。まず，発起人は会社の設立に関する事項を報告しなければならない（87条1項）。変態設立事項がある場合には，検査役の調査報告書，またはそれに代わる弁護士等の証明を提出することが求められる（同条2項）。つぎに，設立時取締役，設立時監査役などの選任が行われる。さらに，これらの設立時役員が設立手続の調査を行った後は，発起設立の場合のように発起人に通知するのではなく，創立総会を開いて報告しなければならないとされている（93条2項）。

なお，創立総会では，上記以外の株式会社の設立に関する事項について決議できるほか，定款変更の決議（96条）や設立の廃止の決議（66条）をすることもできる。設立が廃止されると，会社は不成立になる。

（4）設立中の権利関係

■設立中の会社の概念と発起人の権限

上述のとおり，会社の設立手続を通して，株式会社としての実態が次第に形成されていく。そうすると，株式会社が法人として成立する設立登記の前にも，発起人を構成員とする団体（法人格なき社団）が実質的に存在しているのではないか，と考えられる。一般に，このような形成中の株式会社を**設立中の会社**とよんでいる。設立中の会社は，設立登記と同時に，実質的同一性をもったまま，株式会社になるのである。設立中の会社という概念を用いることにより，発起人が設立過程において行った行為の法的効果が，特段の移転手続を必要とせずに，成立後の会社に帰属することをうまく説明できる。

ここで重要であるのは，発起人が設立中の会社のために行った行為は，どこまで成立後の会社に引き継がれるのか，という問題である。別の見方をすれば，これは**発起人の権限の範囲**の問題ということもできる。範囲を限定せずに発起人の行為によるすべての債権・債務が会社に帰属すると考えることもできるが，そうすると，成立後の会社の負担が極端に重くなる場合があるので，話はそれほど単純ではない。以下では行為の類型に従って検討しよう。

まず，定款の作成や設立時発行株式の割当てのように，**会社の設立自体に必要な行為**については，当然に，発起人は設立中の会社のためにすることができ，それらの費用は会社の負担となる。

つぎに，設立事務を行うために事務所を賃借したり事務員を雇用するなど，法律上は不可欠ではないが，**設立のために事実上必要とされる行為**についてはどうであろうか。これについては，まず，発起人が契約当事者になって費用を立て替えて行い，後に設立費用（28条4号）として成立後の会社に請求することは当然に可能である。争いがあるのは，これらを発起人の権限内の行為だとして，設立中の会社に直接帰属させることは可能かどうか，という点である。判例は，会社に直接帰属するのは定款に記載された**設立費用**の範囲に限られるとしているが（大判昭和２年７月４日民集６巻428頁），学説の中には，これらの発起人の行為は会社に直接帰属すると解したうえで，設立費用を超える部分については，後に会社から発起人に請求できるとする見解もある。成立後の会社の財産的基礎を危うくしないという観点からは，判例の立場が妥当であろう。

さらに，会社の成立前に従業員をあらかじめ雇用するとか，事業の宣伝広告をあらかじめ行うなど，事業を円滑に開始するための**開業準備行為**についてはどうであろうか。判例は，一般の開業準備行為を発起人がその権限内の行為としてなすことはできないが，原始定款に記載されその他厳重な法定要件を充たした**財産引受け**[2]のみは例外的に許されるとしている（最判昭和38年12月24日民集17巻12号1744頁）。そして，発起人の取引相手方が会社との間で有効に契約したと信じた場合には，無権代理人の責任の規定（民117条１項）を類推適用して，その相手方は会社に対して支払いを請求することができるという（最判昭和33年10月24日民集12巻14号3228頁）。

最後に，会社成立後に予定されている**事業行為**を発起人が設立中の会社のために行うことができないことはいうまでもない。もしも会社の成立前に会社の名前で事業活動をすれば，過料の制裁を受ける（979条１項）。また，事業行為は発起人の権限内の行為ではないから，設立中の会社に効果が帰属することもなく，多くの場合，発起人自身のために行ったものと評価されるであろう。

■株式会社の成立

株式会社は，設立登記をすることにより成立する（49条）。成立後の株式会社は法人格を有しているため，自己の名義においてさまざまな権利を得ると同時に義務を負うことができる。また，発起人や引受人は株主となり，設立時取締役や設立時監査役は，それぞれ成立後の株式会社の役員となる。

■事後設立

株式会社が，その設立後２年以内に，成立前から存在する財産で会社の事業のために継続して使用するものを取得するときは，株主総会の特別決議による承認を受けなければならない（467条１項５号）。これを事後設立という。たとえば，ある会社が，工場建設のために土地を取得することを計画しているとする。もし設立手続中にこれを行うと，上述したとおり，財産引受けとして定款への記載と検査役による調査を受けなければならない。そこで，この規制を逃

2）　発起人が，会社の成立を条件として，第三者から特定の財産（土地，建物など）を譲り受ける旨の契約。

れるために，この土地の取得をわざと会社の設立後まで延期することがあり得る。事後設立の規制は，このような脱法行為を防止するための手段である。ただし，財産引受けの場合とは異なり，検査役の調査は不要とされている。また，財産取得の対価として交付する金銭等の帳簿価格が会社の純資産額の20％を超えない場合については，株主総会の承認は必要ない（同号但書）。

（5）設立の瑕疵と関係者の責任

■関係者の責任

設立時の出資に関しては，関係者の利益保護のため，特別の責任が定められている。まず，発起人または設立時募集株式の引受人が**出資の履行を仮装した場合**には，その者は，成立後の会社に対して仮装出資に係る払込金額の支払い義務を負う。また，その仮装に関与した発起人または設立時役員も，注意を怠らなかったことを証明しない限り，連帯して同様の責任を負う（52条の2，102条の2）。つぎに，現物出資または財産引受けについて検査役の調査を経た場合を除き，財産の客観的価額が定款に記載した価額に比して著しく不足するときは，発起人および設立時役員はその不足額を会社に支払う義務を負う（**不足額填補責任**）。ただし，発起設立の場合においては，それらの者が職務を行うにつき注意を怠らなかったことを証明したときは責任が生じない（52条1項・2項。募集設立の場合は無過失責任 103条1項参照）。現物出資財産の価額の相当性について証明した弁護士等についても同様の不足額填補責任がある（52条3項）。

発起人および設立時役員については，**設立後の会社および第三者に対する任務懈怠責任**が定められている。すなわち，発起人，設立時取締役・設立時監査役がその職務を行うについて任務を怠ったときは，設立後の株式会社に対し，それによって生じた損害を賠償する責任を負う（53条1項）。また，これらの者が，職務を怠ったことについて悪意または重過失があるときには，それによって第三者に生じた損害についても責任を負う（53条2項）。

■設立無効の訴え

設立手続において重大な瑕疵があり会社の設立を無効とすべき場合につき，会社法は，法律関係の画一的確定および安定を図るために**設立無効の訴え**を定めている。まず，設立の無効については，一定の提訴権者のみが，会社の成立の日から2年以内に，訴えをもってのみ主張することができる（828条1項1

号)。また，無効判決が確定した場合，その効力は将来に向かってのみ生じる（**遡及効の否定**〔839条〕)。さらに，無効判決は訴訟当事者以外の第三者に対しても，その効力が及ぶ（**対世効**〔838条〕)。

なお，設立の無効原因については法律の規定がなく，解釈に委ねられている。その具体例としては，定款の絶対的記載事項を欠いている場合，発起人が１株も引き受けずに会社を設立した場合，などがあげられる。

2 株式会社の解散・清算・倒産

(1) 株式会社の解散と清算

■どのようなときに会社は解散するのか

株式会社の**解散事由**については，会社法471条各号に列挙されている。

まず，定款で株式会社の存続期間を定めておいた場合には，その期間満了により会社は解散する（１号)。また，「創業者の死亡をもって当株式会社は解散する」などと定款において解散事由を定めた場合にも，その事由の発生により会社は解散する（２号)。さらに，株主総会の特別決議で解散を決定したり（３号)，消滅会社として他の会社と合併すると（４号)，株式会社は解散する。

以上は，広い意味で株主の多数の意思に基づく解散事由である。このほか，裁判所から破産手続の開始決定（５号)，または解散命令・解散判決（６号）を受けた場合にも，株式会社は解散する。すなわち，株式会社の設立が不当な目的に基づいてされたなど，公益を確保するために会社の存立を許すことができないと認められる場合には，法務大臣またはその他の利害関係人の申立てにより，裁判所がその会社の**解散命令**を出すこともある（824条１項)。また，**解散判決**とは，10％以上の議決権または10％以上の数の株式を有する株主の請求により，裁判所が株式会社の解散を命ずる制度である（833条)。この制度は，公益保護ではなく，株主の利益保護を目的としている。解散判決が出されるのは，以下の２つのいずれかの場合に該当し，かつ，**やむを得ない事由**があると認められる場合である。第１に，会社が業務の執行において著しく困難な状況にいたり，会社に回復することができない損害が生じ，または生じるおそれがあるとき（833条１号)。たとえば，ちょうど50％ずつの議決権を有する株主同士が対立し，新たな取締役を選任できず，正常な会社運営ができなくなったような場合がこれにあたる（東京地判平成元年７月８日判時1349号148頁など)。第２に，会社の財産の管理または処分が著しく失当で，会社の存立を危うくするとき。

たとえば，取締役が他の株主との対立から事業活動をやめてしまった場合などである（大阪地判昭和57年5月12日判時1058号122頁）。これらの解散事由に加えて条文上は別途「やむを得ない事由」があることが要求されているが，上述の裁判例に現れたような事例については，いずれも解散がやむを得ないものと認められるであろう。

その他，登記簿上は存在しているが実際には事業を行わないままの株式会社に対しては，**みなし解散**という制度が設けられている。すなわち，最後に登記をした日から12年を経過した会社（**休眠会社**）に対しては，法務大臣が事業を廃止していない旨の届出を登記所にするよう官報に公告したうえで，2ヶ月以内にその旨の届出がされないときには，その会社は解散したものとみなされる（472条）。

なお，いったん解散した株式会社であっても，合併・破産手続の開始・解散命令・解散判決による解散の場合をのぞき，清算が結了するまでの間は，株主総会の特別決議によって**継続**（解散前の状態に復帰すること）を決定することができる（473条）。

■**株式会社の清算**

株式会社の法人格は，解散によってただちに消滅することはない（合併による場合を除く）。解散の後，会社は清算手続に入り，会社のすべての権利義務を処理して，残余財産を株主に分配する。この期間中，株式会社は**清算の目的の範囲内**において権利能力を有する（476条）。すべての清算が結了した時点で，法人格が消滅するのである。

清算手続に入ると，解散時の取締役は，取締役としての地位を失い，代わりに清算人として清算事務を執行する（478条1項）。解散時の取締役が清算人になるのが原則であるが，別の者を清算人に選任することもできる（478条1項2号3号・2項）。清算人については取締役に関する規定の多くが準用されている（491条）。清算人は1名でもよいが，2名以上の場合には原則として過半数で会社の業務を決定する（482条2項）。監査役・監査役会や，取締役会に相当する**清算人会**を置くこともできる（477条2項）。これに対して，株主総会はそのままであり，清算会社の株主はその株式を自由に譲渡できる。

清算人の職務権限は，現務の結了，債権の取立て・債務の弁済，残余財産の分配などである（481条）。すなわち，まず，解散の時点で継続中の事務を完了し，取引関係も完結させたうえで，清算株式会社の財産の状況を調査し，財産目録および貸借対照表を作成する（492条）。つぎに，弁済期が来ている債権については取り立て，金銭以外の財産を換金する。また，会社の債権者に対して一定の期間内に債権の申出をするように催告し，申し出た債権者と知れている債権者の全員に対して弁済をする（499～501条）。その後，会社に残余財産があれば，株主に持株に比例して分配する（504～506条）。

清算手続が終了すると，清算人は決算報告を作成し，株主総会に提出してその承認を受けなければならない（507条1～3項）。なお，この承認があったときは，清算人の任務懈怠責任は，職務執行に不正行為ある場合をのぞき，免除される（同条4項）。

（2）会社の倒産

■会社が倒産するとどうなるか

実は「倒産」というのは法律用語ではなく，一般用語である（後述の「破産」とは区別せよ）。そのため厳密な定義はないが，経済的事情などにより株式会社がその事業を継続できなくなった状態をいう。従来は，ある会社が資金不足により約束手形の不渡りを出し，6ヶ月以内に2度目の不渡りを出して**銀行取引停止処分**[3]を受けたことをマスコミは「事実上の倒産」と表現していた。しかし，このような場合でも，取引の支払のために銀行が利用できなくなるだけで，会社内部の業務は通常通り行われていたのである。ただし，報道をみた多数の債権者が押しかけてくるために，会社の店舗や事務所は閉店せざるを得ない。従業員の多くも今後のわが身の振り方を考えるしかなかったのである。

このように，株式会社が倒産状態に陥ると事業の継続が困難になる。しかし，一時的に支払いができなくなったとしても，会社にはまだ十分な体力が残されており，猶予や救済を受けることで事業を継続できることも少なくない。**国民経済的な観点**からすれば，そのような価値をもった株式会社をたった一度の失敗で消滅させてしまうことは大きな損失といえる。そこで，倒産状態にある会社は，自主的にその債権者と交渉して，弁済の期限を猶予してもらったり，または債権の一部免除を依頼することがある。債権者としても，直ちに債権を回収するよりも，事業を継続させたほうが多くの弁済を期待できる場合にはそれ

3）手形交換所規則に基づき，資金不足などの理由で手形・小切手の不渡りを6ヶ月以内に2度出した者に対してなされる処分。その手形交換所に参加しているすべての銀行で当座勘定および貸出の取引が2年間禁止される。

に同意するかも知れない。このような試みを**私的整理**といい，債権者の同意に基づいて，会社が事業の再建を図ることができる。

しかし，すべての債権者が同意してくれるとは限らない。期限の猶予や債権放棄に断固として応じない債権者が少なくなければ，他の債権者も態度を硬化させるであろう。このような場合には私的整理による事業再建は難しい。そこで，わが国では，債権者による個別的な権利実行を原則として禁じることにより，倒産状態にある会社が事業再建を図ったり，あるいはそれが不可能なときには，秩序ある清算手続をさせるために，いくつかの**法的倒産手続き**を準備している。そのような法的倒産手続きとしては，大きく分けて，会社を継続して事業再建を目的とする**再生手続・更正手続**と，会社を消滅させて清算を目的とする**特別清算・破産手続**とがある。以下，それぞれ簡単に説明する。

■再建を目的とする倒産手続き（民事再生・会社更生）

民事再生法により再生計画を定める手続を，**再生手続**（**民事再生**）という。この手続を利用できる債務者の範囲について法律上の制限はなく，個人または株式会社その他の法人が利用できる。**主として中小企業の再生**を想定したものだが，大規模な会社（過去の例では，そごう，平成電電など）でも利用されている。法律上，経営陣の刷新は必須ではない。かつての和議法では，破産原因あることが手続開始の要件とされていたために手遅れ感があったが，民事再生法では「破産手続開始の原因の生ずるおそれ」または「事業の継続に著しい支障を来すことなく債務を弁済できないこと」であり，より早期に手続を開始することができるようになった。裁判所は，要件を満たす**再生手続開始**の申立てがあったときは再生手続開始の決定をし，決定はそのときから効力を生じる。裁判所は，再生手続開始の決定があるまでの間，再生債務者の業務および財産に関し，仮差押，仮処分その他の保全処分を命ずることができる（**弁済禁止の保全処分**）。裁判所は，必要があると認めるときは，監督委員による監督を命ずる処分（**監督命令**）をすることができる。監督委員の同意を要する行為につき，その同意を得ないでした行為は，原則として無効となる。

つぎに，株式会社だけが利用できる再建方法として，会社更生法による**更正手続**（**会社更生**）がある。手続に時間と費用がかかるため，上場企業などの大規模株式会社の場合に利用される。民事再生法との違いとしては，担保権者や株主についても更生手続の対象となることなどである。また，会社更生法は，破産手続と異なり抵当権・質権といった担保物権について**別除権**[4]を認めておらず，更生手続中の担保権の実行は禁止または中止となる。会社更生手続においては，従来の経営者を排除して代わりに更正手続を実行する**管財人**が選任されており，これが更生手続の特徴となっていたが，2008年（平20）に，東京地方裁判所商事部所属の判事が**DIP**（Debtor In Possession）型更生手続の運用の導入に関する論文を発表したことを契機として，一定の条件を満たした場合には，更生手続開始申立時の取締役を管財人として引き続き業務の運営にあたらせる運用が行われるようになった。このような運用の拡張の背景には，危機に陥った株式会社の現経営陣がそのまま経営を継続できる民事再生手続を申し立てる例が増加しており，会社更生手続が本来の機能を発揮していなかったという事情がある。

■清算を目的とする倒産手続き（特別清算・破産）

解散を決定した株式会社がすでに清算手続を開始しており，清算人が清算会社の事務を行っている途中で，清算の遂行に著しい支障が生じたり，または債務超過の疑いがある場合に，関係者が裁判所に申し立てることにより開始される特別の清算手続が，**特別清算**である（510条）。**債務超過の疑い**があるときには，清算人は申立の義務がある（511条2項）。特別清算開始の命令があると，債権者の個別的な権利実行（強制執行など）は禁じられる（515条）。ただし，原則として担保権を実行することは可能である（516条）。清算事務は，**裁判所の監督**の下で（519条），引き続き従前の清算人が遂行するが，特別清算手続においては清算人に**公平誠実義務**が課されることになる（523条）。特別清算に入った清算株式会社は，会社財産をもって債務を完済できないのが通常であるため，債権者の同意を得た**協定**（563条以下）に従って弁済が行われることが特徴である。すなわち，清算会社は債務の減免など債権者の権利を変更する協定の策定を**債権者集会**に申し出て，債権者の多数による同意（567条）が得られれば，裁判所の認可を受けてそれを実現することになる。特別清算が成功するかどうかは，この協定が成立するかどうかにかかっているのである。特別清算が結了したときは，裁判所がその旨を決定する（573条）。他方，協定成立の見込みがない場合などには，裁判所は破産手続開始の決定をしなければならない（574条1項）。

破産手続とは，支払不能状態に陥った債務会社の財産が債権者等の間で奪い

4）破産財団に組み込まれた特定の財産について，抵当権者や質権者などが他の破産債権者に優先して債権の満足を受けることができる権利。破産法92－97条。

合いになり，債権者間の公平・平等性が害されるのを防ぐために，裁判所の手続を通じて債務会社の財産を**公平・平等に分配するため**の手続である。すなわち，裁判所によって選任された**破産管財人**が，破産会社の財産を管理・換価処分して，それによって得た金銭を各債権者に対して弁済または配当をする。破産手続の終了により，破産会社の法人格は消滅する。なお，破産法において，法人の破産と個人の破産は特に区別されていないが，個人の自己破産の場合には「債務者について経済生活の再生の機会の確保を図ること」も重要な目的になる。そのため，法人破産にはない個人破産に特有の手続として，破産手続に付随する**免責手続**が置かれている。免責手続とは，裁判所の免責許可決定によって，債務の支払義務を免除してもらう制度である。

Self-Check

1　株式会社の株主に対しては，なぜ株式の払込について全額出資制度がとられているのか（合同会社の社員の場合にも同じである）。
2　株式会社の設立プロセスにおける設立時取締役，設立時監査役の役割は何か。
3　どうして「設立中の会社」の概念が必要とされるのか。
4　株主の請求により裁判所が株式会社の解散を命じる場合には，どのような要件が必要とされるか。
5　株式会社が倒産した場合に，事業再建のための方策としてはどのようなものがあるか。債権者の大多数の同意がある場合と，それがない場合とに分けて説明せよ。

関連文献

江副浩正・リクルートのDNA―起業家精神とは何か（KADOKAWA，2007年）
藤田晋・起業家（幻冬舎文庫，2015年）

第14章　合併と企業買収（M&A）

日本には創業100年を超える老舗企業がたくさんある。これらの会社は，短期間で大きな利益を得ることよりも，誰でも知っている商品やサービスの提供を続けて，単独企業として長く存続することに価値を置いているようである。他方で，ある事業で成功を収めると，より多くの利益を求めて，関連する他の複数の事業に乗り出し多角的経営を進めていく会社も少なくない。これらの会社では，証券発行による資金調達を行うことで必要な資金を獲得し，それにより新規事業を開始することが通常である。しかし，事業の種類によっては行政庁の許可や特殊な技術開発を必要とするものがあり，自社で事業を立ち上げたり拡大することが困難な場合もある。また，事業者間における競争が激しく，事業の展開にスピードを要する場合もあるだろう。そのようなときに，すでに存在している他の会社の事業を利用することは良い考えである。

本章では，会社の事業規模拡大のために用いられる方法として，合併および企業買収について説明した後，近年話題になっている敵対的企業買収と企業防衛策についても学習する。

Key Points

◆２つ以上の会社が，合併契約により，１つの会社になることを合併といい，その方法として吸収合併と新設合併とがある。

◆会社法では，消滅会社の株主に対して株式ではなく金銭その他の財産を交付することが認められており，これを合併対価の柔軟化という。その結果，三角合併が可能になるなどのメリットもあったが，現金による少数株主の締め出しが深刻な問題となる。

◆合併の各当事会社は，原則として，株主総会の特別決議による承認を受けなければならず，また，反対株主等の株式買取請求権や債権者異議手続が行われる。一定条件を満たす場合には，略式合併と簡易合併とよばれる手続きによることもできる。

◆合併については株主の差止請求権が認められており，また，一定の利害関係者は合併無効確認の訴えを提起することができる。

◆他の株式会社が発行する議決権ある株式の過半数を取得して，その会社の支配権を取得することを企業買収（M&A）とよんでいる。

◆買収会社と対象会社の現経営者が同意して行う買収を友好的企業買収といい，対象会社の現経営者の同意を得ずに行う買収を敵対的企業買収という。

◆M＆A取引においては，経営支配権を獲得した買収者により少数株主の経済的利益が不当に害されるおそれがあるため，会社法にキャッシュ・アウト制度が設けられている。

◆会社支配権に関する争いが生じている局面では，原則として，取締役は株主構成を変更するような募集新株予約権の発行をしてはならないという裁判所の立場がニッポン放送事件において明確にされた。

◆金融商品取引法の中に単なる開示規制の枠組みを超えた内容をもつ公開買付規制が導入されるに至っており，これが会社法を補完する機能を果たしながら現在の日本の企業買収ルールを形成している。

---

1 株式会社の合併

（1）合併の意義

■合併とは複数の会社の合体である

２つ以上の会社が，合併契約により，１つの会社になることを**合併**という。合併には，一方の会社が存続して他方の会社を吸収する**吸収合併**と，すべての会社が消滅して１つの新しい会社を設立する**新設合併**とがある。たとえば，A社が財務的な危機状態に陥ったときに，より経済的に強い立場にあるB社が救済のためA社を吸収合併したり，また，規制産業への事業拡大を目指すC社が必要な事業免許をもつD社を吸収するなど，これまで現実社会では吸収合併のほうが多く利用されてきた。

株式会社同士で合併できることはもちろん，株式会社と持分会社の合併も認められる。また，解散していない限り，清算中の株式会社を消滅会社とする合併も可能である（474条１号参照）。会社法の下では，消滅会社が実質的に債務超過である場合にも合併することができると解される。

合併では，単独の会社で必要とされるいくつかの手続を省略できる。すなわち，吸収合併・新設合併いずれの場合にも，合併により消滅する会社（**消滅会社**）は**解散**するが，**清算**は行われない。これらの会社は解散すると同時に消滅する。一方，吸収合併により存続する会社（**存続会社**）または新設合併により新設される会社（**新設会社**）は，消滅会社の権利義務を**包括的に承継**する。

個々の権利義務について個別の移転行為は不要であり，合併により消滅会社の権利義務は一括して法律上当然に移転する。

■合併対価の柔軟化

2005年（平17）までは，消滅会社の株主に対して合併対価として交付できるのは，原則として存続会社または新設会社の株式に限られていた。例外として，割当比率を単純化するための金銭交付があるに過ぎなかった（**合併交付金**）。これに対して，会社法では，消滅会社の株主に対して株式ではなく，金銭その他の財産を交付することが認められた。これを**合併対価の柔軟化**とよんでいる。このような合併対価の柔軟化が認められた理由は，当時，国内外の経済界から企業買収の手段として合併を含む組織再編手続を容易にすることが求められていたことがあげられる。対価柔軟化の結果として，消滅会社の株主に対して存続会社の株式ではなく，存続会社の親会社の株式を交付するという**三角合併**が可能になった。たとえば，日本国内に子会社Ａを有する外国の買収会社Ｂが，吸収合併する対象会社Ｃの株主に対して，その外国親会社の株式を交付することにより，日本の会社を買収できるのである。Ａ－Ｂ－Ｃの３社があたかもトライアングルを形成するので，三角合併とよばれるのである。

しかし，対価の柔軟化の結果として，**少数株主の締め出し**の問題が生じた。すなわち，金銭のみを対価とする吸収合併が行われた場合には，消滅会社の株主は存続会社の株主の地位にとどまることはできず，金銭を受け取って退出を強制されることになる（**キャッシュアウト・マージャー**）。受け取った金銭を他の投資に向けることも可能であるから，締め出されること自体はやむを得ないとしても，多数派株主はできるだけ安価に合併をしたいと考えるため，少数株主に支払われる対価が不十分であることも少なくない。このような場合については，少数株主への正当な対価として，合併前の消滅会社株式の公正価格だけではなく，合併によって生じる企業価値の増加分（**シナジー効果**）についても分配されるべきであるとされている。しかし，**合併比率が不公正**であれば，消滅会社の株主は合併によるシナジーの分配を十分に受けることができない。そこで，合併自体には賛成であるが合併比率に不満がある株主への救済手段として，2005年（平17）に**反対株主の株式買取請求権**の規定が改正された。すなわち，従来は株式の買取価格については「決議ナカリセバ有スベカリシ公正ナル価格」（もし合併決議がなければ有していたであろう公正な価格）とされていたが，会社法では単に「公正な価格」と規定された。これは買取価格にシナジー効果による増加分を含ませる趣旨である。

(2) 合併の手続き

■通常の合併手続き（吸収合併の場合）

以下では，吸収合併の場合を念頭に置いて，通常の合併手続を説明する。

複数の会社間で合併する合意が成立すると，各当事会社の代表取締役が，それぞれの機関決定（取締役会決議など）に基づき**合併契約書**を締結する。この契約書に記載しなければならない法定事項としては，吸収合併の場合，①存続会社および消滅会社の商号および住所，②消滅会社の株主に対して存続会社から交付される合併対価（金銭，株式等）の内容およびその割当てに関する事項，③消滅会社が発行した新株予約権に代えて交付する金銭の内容およびその割当てに関する事項，④合併の効力発生日，である（749条1項）。また，新設合併の場合には，合併契約書において新設会社の組織内容を含むより詳細な法定記載事項が要求されている（753条1項）。このように，通常の契約とは異なり，その記載内容が法定されていることから，合併契約は**組織法的契約**だといわれる。必要な記載が欠けている合併契約は無効である。

合併契約が成立した後は，株主総会や債権者異議手続のための**事前開示**として，各当事会社は合併契約の内容その他事項につき記載した書面もしくはデータを本店に備え置き，株主および債権者の閲覧に供しなければならない（吸収合併の消滅会社については782条1項，存続会社については794条1項）。

定められた効力発生日の前日までに，各当事会社は，合併契約について**株主総会の特別決議による承認**を受けなければならない（吸収合併の消滅会社については783条・784条，存続会社については795条・796条）。合併差損[1]がある場合，および消滅会社が存続会社の株式を有する場合には，存続会社の取締役等は株主総会でそれを説明する義務を負っている（795条2項・3項）。なお，このとき，合併に反対の株主や一定の新株予約権者に対しては，公正価格での**買取請求権**が認められている（→詳細は後述）。また，合併に異議のある債権者には**債権者異議手続**が行われる（吸収合併の消滅会社については789条，存続会社については799条）。すなわち，各当事会社は，合併する旨を含む一定事項を官報に公告するほか，原則として「知れている債権者」に対しては個別に催告をしなけ

1） 吸収合併において存続会社に生じる損失のこと。存続会社が承継する消滅会社の債務額が，承継する資産額を超える場合などに生じる。

ればならない（789条1項・2項，799条1項・2項）。異議を述べた債権者については，弁済・担保提供等の対応がなされる。

最後に，**合併の登記**をする（吸収合併は921条）。しかし，吸収合併の場合，合併の効力が発生するのは合併契約で定められた効力発生日であり，必ずしも登記の日とは一致しない。新設合併の場合には，新会社設立登記の日が効力発生日である。

合併の効力発生後，存続会社は，遅滞なく法務省令で定められた事項を**事後開示**しなければならない（吸収合併につき801条，会則200）。関係者に対して合併無効の訴え（→後述）に関する資料を提供する趣旨である。

■略式合併・簡易合併

以上の通常手続きの例外として，まず，**略式合併**とよばれるケースがある。たとえば，P株式会社の議決権ある株式の90％以上を有するQ株式会社が存続会社となってP社を吸収合併する場合，このようなQ社を**特別支配会社**とよび，P社における株主総会決議は原則として不要である（784条1項）。P社において合併が承認されることは確実であり，わざわざ株主総会決議を求める意味がないからである。このとき，P・Q両社の反対株主には株式買取請求権が認められる（785条・797条）。ただし，譲渡制限株式を合併対価とする場合，または，P社が公開会社でありかつ種類株式発行会社でないときは，株主総会決議の省略はできない（784条1項但書）。

つぎに，**簡易合併**とよばれる例外的ケースがある，すなわち，合併対価の額が存続会社の純資産額の5分の1（20％）以下の場合には，存続会社に与える経済的影響が少ないため会社の基礎的変更にはあたらず，したがって存続会社における株主総会決議は原則として不要である（796条2項）。このとき，基礎的変更ではないという理由から，存続会社の反対株主には株式買取請求権が認められない（797条1項但書）。ただし，合併差損が生じる場合，または譲渡制限株式を合併対価としかつ存続会社が公開会社でない場合には，株主総会決議の省略はできない（796条3項）。

■反対株主の株式買取請求権

会社法では，合併，分割，株式交換・株式移転などの**企業再編手続**について，横断的な規定を置いている。そのため，反対株主の株式買取請求権は，合併をはじめとする各企業再編手続において共通する問題であるが，ここでまとめて説明しておく。

合併のほか一定の基礎的変更決議の場合には，原則として，各当事会社において反対株主の株式買取請求権が認められる。多数決による決議で会社の意思決定を容易にするとともに，決議に反対する株主から会社が株式を公正な価格で買い取ることにより，少数株主に投下資本の回収の機会を与える趣旨である。買取請求権が認められる**一定の基礎的変更決議**とは，①事業の全部または重要な一部の譲渡の決議（469条，470条），②定款変更の決議（116条・117条），③株式併合の決議（182条の4，182条の5），④合併の決議（785条，786条，797条，798条，806条，807条），⑤分割の決議（合併決議と同じ条文），⑥株式交換・株式移転の決議（合併決議と同じ条文），などである。また，買取請求権を有する**反対株主**には，「上記の株主総会決議に反対する旨を会社に通知し，かつ，その株主総会決議において反対票を投じた株主」だけではなく，「議決権のない株式など，その株主総会決議において議決権を行使できない株主」または「略式合併などで株主総会決議がなく，議決権を行使する機会のない株主」も含まれている。

株式買取りの**具体的手続**としては，まず，会社から買取請求権を有する株主への通知が行われ，これに対して株主は一定の期間に株式の種類と数を明らかにして買取請求権を行使する（785条5項）。株券発行会社の場合には，株券を提出しなければならない（785条6項）。買取請求をすると，会社の承諾がない限りその撤回はできなくなる（785条7項）。買取請求をした株式については，他者に譲渡できず，また会社に名義書換を請求することもできない（785条9項）。

反対株主は，自己の保有株式を**公正な価格**で会社に買い取ってもらう権利を有している。買取価格は株主と会社間の協議で決定するが，合意できないときは，申立てにより裁判所が公正な価格を決定する。公正な価格とは，①合併等によって企業価値が増加する場合は，その増加分が各当事会社の株主に公正に分配されたとすれば基準日において株式が有する価値をいい（最決平成24年2月29日民集66巻3号1784頁），他方，②合併等によって企業価値が増加しない場合には，その合併等がなければ基準日において株式が有したであろう公正価値をいう（最決平成23年4月19日民集65巻3号1311頁）。一般に，①は**シナジー事例**，②は**ナカリセバ事例**とよばれている。それぞれの場合について，申立を受けた裁判所は，株式買取請求がなされた日における市場株価やこれに近接する一定期間の市場株価の平均値を用いるなどして，その裁量により，具体的な買取価格を決定する。

（3）合併の差止めと無効

■合併の差止め

合併一般について，法令または定款に違反する場合その他の場合においては，株主に対して**差止め請求権**が認められている。たとえば，吸収合併における消滅会社においては，①その吸収合併が法令または定款に違反する場合，または，②略式合併における対価が消滅会社または存続会社の資産の状況その他の事情に照らして著しく不当である場合において，消滅会社の株主が不利益を受けるおそれがあるときは，株主は会社に対し，その吸収合併をやめることを請求することができる，と規定されている（784条の2）。吸収合併における存続会社の場合（796条の2），および，新設合併における消滅会社の場合（805条の2）についても同様である。

■合併の無効

上述のように合併については厳格な手続が規定されており，その手続に瑕疵があったときには合併が無効になるはずである。しかし，合併は多数の者が関与する組織法的行為であるから，無効の場合の処理を一般原則に任せると法的安定性を害するおそれがある。そこで，会社法では，**合併無効の訴え**について，提訴権者および提訴期間の制限，遡及効の否定などを定めることにより，合併無効の効果を画一的に確定している。

合併無効の訴えを提起できる者（**提訴権者**）は，当事会社の株主・取締役・監査役・執行役・清算人・破産管財人・合併を承認しなかった債権者に限られる。訴えの被告は，存続会社または新設会社である。また，**提訴期間**は，原則として合併の効力発生日から6ヶ月である（828条1項7号・8号）。

合併無効原因については，法律上明記されていないから解釈に委ねられている。合併契約が作成されないとき，合併契約の要件が不備であるとき，株主総会決議に無効または取消事由があったとき，など重大な手続違反が無効原因になることについては異論がない。**合併比率の著しい不公正**が無効原因になるかどうかについては，反対株主の株式買取請求権があることを理由に，これを否定した裁判例がある（東京高判平成2年1月31日資料版商事77巻193頁）。しかし，無効原因となることを認める学説も有力である。

合併を無効とする判決が確定すれば，その効力は訴訟当事者だけではなく第三者に対しても及ぶ（**対世効**〔838条〕）。また，合併を無効とする判決には**遡及効がない**ため，存続会社または新設会社は将来に向かって分割されたのと同じ結果になる（839条）。

2 企業買収

（1）企業買収とは何か

■会社の支配権の獲得

会社同士がお互いの技術・人材・顧客などの経営資産を持ち寄って協力関係を築き，収益増を図る目的で行われるものが**業務提携**である。業務提携の代表的な手法としては，技術提携，販売提携，生産提携の３つがある。また，ある会社が他の会社の株式を取得することによって資金の出資関係を結び，共同事業を行うことがある。これを**資本提携**という。資本提携では，相手先会社の経営への影響を考慮して，特殊決議が必要な議案を単独で否決できるように取得株式の議決権比率を３分の１未満に設定することが通常である。以上の提携関係は独立の企業同士が対等な立場で協力しあうというものである。

このような提携関係が進むと，他の株式会社の発行する議決権ある株式の過半数を取得して，経営支配権の取得を目指すことがある。買収会社が他の株式会社の支配権を獲得することを**企業買収**とよんでいる。支配権を獲得された会社は買収した会社の子会社になるが，さらに，大多数の株式を取得した後に少数株主を排除して（現金による締め出し），その会社を**完全子会社**にしたり，**吸収合併**してしまうこともある。企業買収の先進国であるアメリカでは，完全子会社の法人格が残されているかどうかをあまり重視せず，合併と企業買収をあわせて，**M＆A**（**Merger and Acquisition**）とよんでいる。

■友好的買収と敵対的買収

多くの企業買収の事例においては，買収する側の会社（**買収会社**）と買収される側の会社（**対象会社**）の取締役が事前交渉を行い，対象会社の実地調査（デュー・デリジェンス）を行ったうえで，両者間で合意を作ってから株式の取得などを行うことが通常である。これを**友好的買収**という。しかし，ときには，条件が折り合わず事前交渉が決裂したり，または事前交渉をまったくすることなく，いきなり対象会社の過半数の株式の取得を開始することがある。要するに買収開始の時点では，対象会社の現経営陣の同意を得ていないことになるが，このような場合を**敵対的買収**という。

ここで注意してほしいのは，一般的には，敵対的買収を行う者は「会社の敵」だと思われていることが多いが，この「敵対的」とは対象会社の現経営陣の同意を得ていないという意味でしかなく，決して会社自体にとって敵対的であるのではない。むしろ，長期的な観点からは，現経営陣に代わって買収者に会社経営を任せたほうが対象会社およびその株主の利益となる場合も少なくないのである。

■対象会社の株式取得の方法

買収会社が対象会社の株式を取得するための方法としては，まず，対象会社の親会社から保有する株式を譲り受ける方法がある。これは買収会社とその親会社の間で契約を結び，子会社の株式を譲り受けるやり方である。また，対象企業が親会社をもたない独立した会社であり，その株式が一般投資家の間に広く分散している場合には，**株式公開買付**（TOB）という方法が用いられる。これは金融商品取引法に置かれている制度であり，新聞公告等によって，有価証券市場外で，対象会社の株主から直接に株式を買い受ける方法である。買付価格および買付予定の株式数を買収者があらかじめ定めることができ，もしも予定数の株式数が集まらないときにはキャンセルも可能である。対象会社の株式の過半数を有価証券市場で買い集めようとすると，買い進めば進むほど価格が高騰して莫大な費用がかかり買収の成否は不確実であるが，株式公開買付を利用すれば，買収の予算を立ててその範囲内で実行することができるので買収会社にとって有利である。

なお，友好的買収の場合には，親会社から対象会社の株式を譲り受ける方法も，対象会社の現経営者の推薦を受けたうえで，株式公開買付を行う方法のどちらでも実現可能であるが，対象企業の現経営陣の同意を得ていない敵対的買収の場合には，株式公開買付の方法しかとり得ないことになる（**敵対的TOB**）。このとき，対象会社の現経営者からは企業防衛策の対抗を受けることが多い（→本章3を参照）。

（2）友好的企業買収（会社の売却）

■会社の売却の2つのケース

「会社の売却」とよばれるケースには2つの意味がある。まず，ある会社（親会社）が株式の大多数を有する会社（子会社）を他社に売却したり，後継者の見つからない中小企業のオーナー社長が個人で保有する株式を第三者に売却する取引を一般に会社の売却とよぶことが多い。これらのケースでは，親会社やオーナー社長など特定の者が対象会社の支配権を有しており，会社売却を決定する者と会社の実質的所有者の利益が原則一致しているために比較的問題は少ない。

これに対して，特定の支配株主が存在しない上場会社が，業績悪化などにより，単独で存続することが困難になった状況において，株式公開買付，株式交換・株式移転，または合併などの方法により，会社の支配権を特定の買い手によって取得させる取引も会社の売却と呼ぶことができるが，こちらのケースについては注意が必要である。なぜなら，経営陣が会社売却の決定をすることによって，支配権を取得する買い手以外の対象会社の株主は，不本意にも**少数株主に転落**してしまう不利益が生じるからである。ここで問題とするのは，後者のケースである。

■少数株主に対して支配権プレミアムが十分に支払われているか

企業評価論の分野では，支配権を有する株主が享受する価値を**支配権プレミアム**とよび，企業買収とは，対象会社をより効率的に運営できると考える買収者が支配権プレミアムを支払うことにより対象会社の株主に退出を求め，新たな経営方針の下にさらなる株主価値の創造を目指すものだとされている。ところが，実際のわが国の企業買収事案をみてみると，対等で合併を目指す傾向が強く，支配権の移動がないか少なくとも明瞭ではないケースが多く，買収会社による新たな経営方針が株主に問われることもあまりなかった。また，それらの対等合併では両当事会社の実際の価値比率が大きく乖離しており，本来ならば，当然に支配権プレミアムが支払われるべきであるにもかかわらず，価値の小さい会社の取締役が新会社における自らの処遇を確保するために自己の株主のために受領すべき支配権プレミアムを犠牲にしている可能性があることが指摘されていた。このように，わが国のＭ＆Ａ取引においては対等性が強調されるあまり，株主の経済的利益が不当に害されているケースが多い。

わが国の会社売却市場の規模は急速に拡大している。何らかの原因で株価が低下している優良会社が特定企業とのＭ＆Ａを発表した場合には，他の多くの潜在的買い手にとってもその会社は魅力的な投資対象になっている可能性が高い。Ｍ＆Ａの交渉開始は公表されることが通例であり，しかも，その計画が完結するまでには比較的長時間がかかるために，当初のＭ＆Ａ交渉に第三者が割り込んでくる可能性も十分にあり得る。かかる第三者による買収価格，合併もしくは交換比率は当初の買い手の申し出よりも通常有利なものであろう。したがって，M＆Aの市場規模が拡大してひとつの会社をめぐって買収合戦が多数生じるような状況になれば，株主の損害はより明瞭に深刻さをもって意識されるようになる。

■架空の合併事例

ここで，問題を具体的に理解するために，次のような架空の企業買収事例を考えてみよう。

「化粧品その他生活用品の製造販売を事業内容とする上場会社であるＡ株式会社は，業績不振による多額の損失を一気に解消するため，生活用品一般の製造販売事業を行っているＢ社との合併交渉の開始を発表した。この発表によると，Ａ社は数ヶ月後を目処にＢ社に吸収合併される。合併条件は原則として対等なものとするが，詳細は今後協議して決定する，というものであった。ところが，この発表から２週間後，外資系の化粧品製造業会社であるＣ社が，Ａ社の優良資産である化粧品部門の獲得を目的として，Ａ社に対して，より好条件（Ａ社株１に対してＣ社株１・５の比率）の合併提案を行った。Ａ社の取締役はこの提案を無視し，Ｂ社以外の買収者とは交渉しないことを約束する条項，および，何らかの理由により合併計画が頓挫した場合にはＢ社に対して多額の解約金の支払いを約束するといった条項（解約金条項）を盛り込んだ合併契約書を締結した。」

この事例において問題になるのは以下の点である。

① 取引保護条項の有効性

もしもＡ社取締役会が事態を放置しておくと，同社の化粧品部門獲得を目指すＣ社により敵対的ＴＯＢが開始され，Ａ社株式の３分の１以上が取得された時点で株主総会において必要な賛成票が得られず，Ｂ社との合併は不可能となるばかりか，最終的にはＣ社にＡ社の経営権が奪われる可能性すらある。そこでＢ社との合併を計画通りに進めるためには何らかの対抗策が必要であるが，Ａ社取締役らが採用したものはアメリカのM＆Ａ取引において頻繁に用いられている**取引保護条項**（**ディール・プロテクション**）と呼ばれている手法である。このような取引保護条項が有効である限り，Ｃ社にとってＡ社を買収する経済的合理性はなくなるから，Ｃ社の目論見は有効に阻止され，Ａ社は当初の予定通りＢ社と合併できることになる。しかしながら，Ｃ社が化粧品部門の獲得に執着する場合には，このようなＡ社側の行為に対して法的手段をとる可能性がある。もしC社が買収の障害を除去するために取引保護条項の無効確認の訴えを提起したとすれば，当該条項の効力は認められるであろうか。

② 対象会社の取締役の行動基準

つぎに，A社の取締役らが合併相手としてB社を選択したことについて問題はないのであろうか。取締役は善管注意義務を負っており，会社の最善の利益のために行動すべきであることは議論の余地はない。しかし，会社の売却にあたって何が会社の最善の利益かについては疑問がある。たとえば，会社をめぐる利害関係者は，株主のほかにも，債権者，従業員などが存在しており，取締役は，売却価格だけではなくて，債権の保全や，従業員の処遇などについても考慮して売却先を選択することも許されるべきである。他方，取締役が，買い手から多額の報酬を受け取ったり，新しい会社におけるポストを約束されているケースなどでは，その判断の公正性に疑問が生じることになろう。M＆A契約の交渉過程における取締役の善管注意義務の具体的内容が明確にされる必要がある。また，A社の少数株主らはより好条件で株式を売却する機会を失ったことは明白であるし，A社取締役らの行動がその善管注意義務に違反するならば，株主による差止請求または損害賠償請求の可能性が生じる。株主の法的救済手段としては株式買取請求権があるが，かりにC社が株主としてA社代表取締役の善管注意義務違反を理由とする合併差止の訴えを提起したら，その主張は認められるのだろうか。

最後に，以上のような疑問に対する筆者の一応の解答を示しておきたい。まず，A社がB社との間で解約金条項を約定した場合，そのような取引保護条項は原則として有効である。ただし，その約定金額が通常の解約にともなう損害賠償の予定額に比べて，C社の買収参入を事実上妨げるに十分なほど高額である場合には，その条項は公序良俗（民90条）に反するものとして無効となる場合がある。また，吸収合併を進める代表取締役の行為に対する差止請求の可否については，A社取締役らが善管注意義務に違反して合併計画を進めようとしていることを原告が証明できた場合には，法令違反を理由として吸収合併の差し止め（784条の2）が認められるべきである。

COLUMN　取引保護条項の有効性

M＆A実務において，合併契約書といった法定文書以外に当事会社間で交わされる基本合意書等の中に取引保護条項が置かれることは珍しくない。しかし，従来わが国では交渉の途中で競合的買付者が現れることは稀であり，取引保護条項の法的効力が問題とされることはなかった。ところが，2004年（平16）7月27日，東京地裁により出されたＵＦＪグループと三菱東京フィナンシャル・グループの統合交渉を差し止める仮処分決定は，Ｍ＆Ａ交渉における法的リスク管理の重要性を実務界に認識させることになった。その後，この仮処分決定は東京高裁により覆され，最高裁も，ＵＦＪグループと三菱東京フィナンシャル・グループとの統合交渉に先立ちＵＦＪグループ3社と住友信託との間で締結されていた独占交渉権付与条項の法的拘束力を認めつつも，住友信託の損害は仮処分を認めなければ回復できないほど著しいものではなく，事後の損害賠償による回復も十分可能であると判示して，結果的に仮処分を認めなかった（最決平成16年8月30日民集58巻6号1763頁）。

この事件からわかるように，Ｍ＆Ａという複雑でダイナミックな会社間取引の過程において締結された契約に対して法的分析を試みる場合，契約法的観点のみでは柔軟で明快な結論を導くことは難しい。契約自由原則の名の下に会社・株主の利益を無視した不当な取引保護条項が締結されるおそれもある。そこで，取引保護条項の法的効力を検討するにあたっては，契約法的観点だけではなく，会社法的観点を導入する必要性が認められる。会社法的観点からは，当該契約条項の内容自体に加えて，締結行為について取締役の経営判断の公正性をも問題とすることができる。たとえば，これらの取引保護条項は特定の買収者に会社を売却することに利害関係を有する取締役によって締結されることがある。また，そのような利害関係がないとしても，取締役の経営判断が誤っている結果，特定の相手方との取引保護条項の締結が会社の最善の利益に反している場合も考えられる。このように，会社法的観点を導入することによって初めて，代表取締役により締結された取引保護条項であっても，会社・株主の利益保護を重視すべきケースにおいては，会社に対する拘束力を否定することが法理論的に可能となると思われる。

（3）特別株主の株式等売渡請求

■会社法はキャッシュ・アウトを一定条件の下で認めている

買収会社が，対象会社の発行する株式の全部を，それを保有する株主の同意を得ることなく，現金を対価として取得する行為を**キャッシュ・アウト**とよぶ。かつては，このような少数株主の締め出し行為は不当であると考えられていたが，対象会社に少数株主を残存させた場合に生じる利益相反の問題や[2)]，対象会社の上場維持にともなう費用を避けるために，対象会社の株式全部の取得を

2）買収が成功すると，買収会社と対象会社の間には親子会社関係が生じるが，親会社が有する支配的影響力を利用して，子会社に不利な条件で取引を行うことがある。このような取引は利益相反の問題を生じ，子会社の少数株主に不利益を与える。

認めるほうがよいこともある。そこで，会社法では，対象会社の少数株主の利益を守るために，後述のとおり，株主の差止請求権，売買価格の決定の仕組み，および情報開示制度などを整備したうえで，キャッシュ・アウトを正面から認めることにした。

キャッシュ・アウトの方法としては，対象会社の株主総会の特別決議を得て行う全部取得条項付種類株式の取得（→第8章①）による場合，または，買収会社が対象会社の**特別支配株主**に該当していれば，対象会社の株主総会の決議を得ずに行うことができる**株式等売渡し請求**による場合とがある。以下では，後者の場合について説明する。

■特別支配株主の株式等売渡し請求の手続き

対象会社の総株主の議決権の10分の9以上を保有する大株主（特別支配株主）は，いつでも，他の少数株主に対して，それらの株主が保有する株式等（株式，新株予約権，新株予約権付社債のすべて）を**現金と引き換え**に売り渡すことを請求できる（179条）。

株式等の売渡請求をするには，まず，特別支配株主は対象会社に対して一定事項を通知し，その承認を受けなければならない（179条の3）。このとき通知すべき事項は，会社法に定められている（179条の2第1項各号）。対象会社が種類株式発行会社であるときは，種類ごとに異なる取扱いをすることが認められる（同条2項）。つぎに，この通知を受けた対象会社は，取締役会設置会社である場合には取締役会において承認するか否かを決定しなければならず（同条3項），決定後その内容は特別支配株主に通知しなければならない（同条4項）。さらに，対象会社は，上記を承認した場合，取得日の20日前までに売り渡しをする株主に対して通知または公告を行い（179条の4第1項・2項），これによって特別支配株主から売渡し株主等に対する株式等売渡請求がされたものとみなされる（179条の4第3項）。少数株主から株式を買い取るのは，対象会社ではなく，特別支配株主である点に注意が必要である。特別支配株主は，通知に定められた取得日に，売渡し株式等の全部を取得する（179条の9第1項）。なお，対象会社には，事前の情報開示（179条の5）と事後の情報開示（179条の10）が要求されている。

また，公正な価格により売渡しが行われるようにするために，売渡し株主等は，一定期間内に裁判所に対して保有する売渡し株式等の売買価格の決定を申し立てることができる（**売買価格決定制度**〔179条の8第1項〕）。特別支配株主は，裁判所による売買価格が決定すれば，それに取得日後の法定利息をつけて支払わなければならないが，自ら公正な価格と認める額を支払ったときには利息の支払を免れる（同条2項・3項）。

一定の場合において，売渡し株主に対して**差止め請求権**が認められている。すなわち，①株式売渡請求が法令に違反する場合，②対象会社による売渡し株主に対する通知または事前の情報開示に関する規定に違反した場合，③売渡し株式の対価が著しく不当である場合であって，売渡し株主が不利益を受けるおそれがあるときは，その株主は，特別支配株主に対して，売渡し株式等の全部の取得を差し止めることができる（179条の7第1項）。

また，会社法は，株式等売渡し請求に基づく株式の取得が違法であった場合の**無効確認の訴え**について，提訴権者および提訴期間の制限，遡及効の否定などを定めることにより，無効の効果を画一的に確定している（846条の2）。すなわち，無効の訴えを提起できる者（提訴権者）は，売渡し株主・対象会社の取締役・監査役・執行役・清算人に限られる（846条の2第2項）。訴えの被告は，特別支配株主である（846条の3）。また，提訴期間は，原則として合併の効力発生日から6ヶ月である（846条の2第1項）。無効原因については，法律上明記されていないから解釈に委ねられている。無効判決が確定すれば，その効力は訴訟当事者だけではなく第三者に対しても及ぶ（対世効〔846条の7〕）。また，売渡し株式等の全部取得を無効とする判決には遡及効がない（846条の8）。

COLUMN　マネジメント・バイアウト（MBO）

ＭＢＯ（management buy-out）とは，ある株式会社の経営者（代表取締役，取締役，執行役など）が，当該会社の支配権掌握を目指して，同社の議決権ある発行済み株式の過半数を購入することをいう。ＭＢＯの資金調達に関しては，株式購入資金を銀行・ファンド等の金融機関からの借入金により賄うレバレッジド・バイアウト（ＬＢＯ）の形式で行われるケースが圧倒的に多い。ＭＢＯにはさまざまな様態がみられるが，株式取得の相手方に注目して，ある会社の経営者が親会社もしくは支配株主からその保有する株式を譲り受ける形態のもの（企業承継型ＭＢＯ）と，上場企業の経営者が，一般株主から過半数の株式を取得して当該企業の株式を非公開化する形態のもの（上場廃止型ＭＢＯ）とに分類できる。これらのＭＢＯ取引では，対象会社の経営者がバイアウト・ファンド等から資金を受け入れて別会社を設立し，その別会社を主体として公開買付（ＴＯＢ）の方法により支配権の取得が行われ，最終的には，対象会社の株主には現金が交付され合併，株式交換の方法により会社支配から退出することになる。わが国では2000年頃からその数が増加し始めたが，背景としては，老齢化した創業経営者から現経営者が株式を買い取りするニーズ（企業承継ニーズ），上場企業の経営者が敵対的買収を事前に防ぐため上場を廃止するニーズ（企業防衛ニーズ），さらに，内部統制体制・財務書類等の確認書制度といった金融商品取引法による上場会社への開示規制のコストから免れるためにＭＢＯを利用して上場を廃止する企業もある。

合併やＴＯＢなど典型的な企業再編手法を用いて実施されることからも明らかなように，ＭＢＯはＭ＆Ａ取引の一種である。しかしながら，ＭＢＯは買主が発行会社の経営者であるために，通常のＭ＆Ａ取引とは異なる特殊な法的問題点を含んでいる。第１に，ＭＢＯにおける買主と売主との間には看過できない情報格差がある。買主である経営者は対象株式の発行会社に関して誰よりも詳細な情報を有しているのに対して，売主である株主が当該会社に関して有する情報量は極めて少ない。経営者が発行会社に関する情報を操作することにより自己に有利な取引を画策しても，株主の側はそれを知ることすらできないのである。第２に，ＭＢＯはつねにインサイダー取引の危険性を有している。ＭＢＯを行った経営者は将来ふたたび株式を売却し，キャピタルゲインを得ることができる。しかし，経営者は社外の者が知ることができない重要情報を得ることができる立場にある。また，経営者と取締役会はしばしば密接な関係にあるため，経営者により提示された買い付け価格を発行会社の取締役会は最終的に承認することが多い。第３に，ＭＢＯは会社と取締役との間に利益相反関係を生じさせる可能性がある。取締役は発行会社に対して善管注意義務または忠実義務を負っているが，それが発行会社の株主にとってより好条件の株式売却価格を得る義務を含むものであるとすれば，売主株主のため取締役はより高い価格を要求する一方で買主として取締役はより安い価格を要求することになり，取締役は取引の両側に立っていることになる。

このように，ＭＢＯでは売主である株主と買主である発行会社の経営者の利益が潜在的に対立していることが明らかである。MBOにおける経営者と株主の利益対立を解消するための根本的な方法は，法により上場廃止型MBOを禁止することである。しかし，MBOは株主にとって必ずしも不利益というわけではなく，それが適正に行われるならば投下資本回収の絶好の機会を提供するものであるし，他方，経営者にとっても長期的な視点から会社経営ができるというメリットを有している。MBOを全面的に禁止してしまうことは角を矯（た）めて牛を殺す愚を犯すことにもなりかねない。本文でみたとおり，会社法では，対象会社の少数株主の利益を守るために，株主の差止請求権，売買価格の決定の仕組み，および情報開示制度などを整備したうえで，キャッシュ・アウトを正面から認めることにした。

3 敵対的企業買収と防衛策

（1）敵対的企業買収とは

■敵対的企業買収をめぐる状況

2006年（平18）から翌年にかけて，**海外投資ファンド**などによる敵対的企業買収ブームは日本を突然に襲った。敵対的な買収を警戒した日本企業による買収防衛策の導入が相次いだ。その内容は，買収者に情報提供を求め，社外の第三者委員会が敵対的買収であると判断した場合，防衛策を発動できるというものが多かった。ところが，2008年（平20）のリーマン・ショック以降，世界的に投資ファンドの活動が低調となり，日本国内でも欧米ファンドによる敵対的企業買収はほとんどみられなくなった。その後，株式を大量取得しようとする際に目的の開示などを義務づけるルール整備が進んだことを背景に，海外投資ファンドの活動が低迷したことから買収の脅威が薄れたと判断して，敵対的買収に対する防衛策を廃止する企業が増えている。しかし，敵対的企業買収の退潮は一時的な現象に過ぎず，経済状況が回復したときには再び投資ファンド等の活動が活発になることも十分に考えられる。また，アジア諸国には潜在的な敵対的買収者が多数存在している。敵対的企業買収ブームが去った後も防衛策を廃止しない日本企業があるのは，そのような潜在的脅威が存在することを示すものであろう。

敵対的企業買収とは，経営者と買収者との間に合意がなく，いずれが将来的に企業価値を高められるのかをめぐって深刻な株式会社の支配権争いが生じるケースである。そこでは，誰が，どのような基準により，防衛策発動の是非を決定すべきかという論点がある。

■誰が防衛策発動の是非を決定するのか

企業買収の先進国であるアメリカでは，社外取締役からなる取締役会が防衛策発動の是非についての決定権をもっている。アメリカとは異なり，日本の取締役会は従業員出身者が多いことから，取締役会による判断には公正を期待できないという批判があった。このような批判を回避するために，第三者委員会を設置して，防衛策発動の是非を諮問させる仕組みをとる企業が少なくなかった。しかし，第三者委員会のメンバーの人選が不透明であること，外部の人物が会社の将来を決定することへの疑問，さらに会社側から提供される資料のみに基づく判断の妥当性，等について強い疑問があった。その後，2005年（平

17）のニッポン放送事件において東京高裁は「企業の支配権の帰趨（きすう）は最終的に株主が決するべき」という立場を明確にし，また，2007年（平19）のブルドックソース事件で最高裁は株主総会での圧倒的賛成を有事の防衛策が認められるべき根拠にあげたことから，わが国では，株主総会の意思確認を発動の要件とする防衛策が主流となった。しかし，株式の相互持合を利用すれば株主総会による決定権は骨抜きにされてしまい，実質的には経営者によって容易にコントロールされるのではないかという懸念が残る。

なお，2019年（令元）の改正により，株式会社と取締役の利益が相反する状況にあるとき，その他取締役が業務を執行することにより株主の利益を損なうおそれがあるときには，その都度，取締役会の決議によって，**社外取締役に会社の業務執行を委託**することができ，そのような場合には，原則として会社法2条15号イに規定する「業務執行」に該当せず，社外取締役の資格を失わないとする規定が設けられた（348条の2）。これは，ＭＢＯや敵対的企業買収などの場合において，対象会社の社外取締役が独立委員会の委員として買収者と交渉することを可能にしたものであり，今後，社外取締役の独立性が十分に確保されるならば，取引の公正性を高めるために有益な制度といえる。

■どのような基準により判断するのか

アメリカの会社法においては，取締役の主な義務は株主の利益最大化であることは明確であり，このような前提に立ち，敵対的企業買収は企業の潜在的所有者である株主自身に企業の将来を決定させる装置として機能しているといえる。ところが，日本では株主よりも従業員やその他会社に利害をもつ者の利益を優先すべきであるとする**ステイクホルダー論**が強い。敵対的企業買収は，日本人従業員が長年にわたりコツコツと貯めた企業価値を外国人株主がごっそり奪っていくストーリーとして描き出され，日本の現状を前提とする限り，そのような批判は一定の説得力をもっていたといえる。会社法・金商法上もこのような会社関係者の利益を考慮できるような仕組みを作るべきであるという主張がみられた。しかしながら，近年になって日本特有の慣行ともいうべき終身雇用システムは大きく変容している。すなわち，大手企業が派遣社員や契約社員の活用を進めた結果，従業員総数に占める非正規社員の割合は３分の１を超えるようになった。このような雇用情勢の変化を前提とすると，正社員のみが手厚い法的保護を受け，さらに企業経営に参画する権利までも与えられる法制度を主張する「会社は従業員のもの」論は，果たして現在においても説得力をもちうるのかという疑問を生じさせる。

このように，会社経営は株主の利益最大化のために行われるべきか，それとも従業員をはじめとするステイクホルダーの総合的利益のために行われるべきか，という議論は対立したまま停滞しているように思われる。

（2）敵対的企業買収に関する日本法の到達点

■第三者割当増資の時代

1980年代中頃，一方的な株式取得に対抗するために，特定の株主の排除や現経営陣の支配権維持を目的として，第三者割当新株発行が行われるケースが生じた。これに対して，下級審裁判所は，ある新株発行が不公正発行にあたるか否かについて，その新株発行が「正当な目的」によるものであるかどうかを基準として判断する立場を示した。いわゆる**主要目的ルール**が確立した時期である。

初期の判例が示した主要目的ルールでは，資金需要の必要性，資金調達を新株発行によることの必要性，および第三者割当によることの必要性について，いずれも会社側の主張をそのまま受け容れている。学説からは，資金需要の有無，調達方法選択の合理性については何とでも説明がつく，という厳しい指摘があった。そのため，忠実屋いなげや事件（東京地決平成元年７月25日判時1317号28頁）においては，資金調達の必要性が認められない支配権争奪局面では，支配権維持目的が主要な目的とはいえなくても，会社側が新株発行を正当化させる理由を示さなければ不公正発行になるとされた。しかし，これについては異なる立場の裁判例もあり，裁判所の見解は動揺していた。

■ニッポン放送事件（2005年）

2001年（平13）商法改正により新株予約権の制度が新設され，会社は新株予約権を発行することができるようになった。そして，経営支配権の維持のために，援助先に資金の払込を求めざるを得ない新株発行ではなく，新株予約権の発行が用いられるケースが生じた。ニッポン放送事件において，東京高等裁判所は，不公正発行かどうかの判断にあたり主要目的ルールを用いているが，従来とは異なり，取締役は原則として**支配権争いの帰趨**を決めるような新株予約権の発行をしてはならず，それを決めるのは株主であるという立場を明確に示した（東京高決平成17年３月23日判時1899号56頁）。ただし，経営支配権の維持・確保を主要な目的とする新株予約権の発行が許されないのは，取締役は会社の所有者たる株主の信認に基礎を置くものであるから，株主全体の利益の保護という観点から新株予約権の発行を正当化する特段の事情がある場合には，経営支配権の維持・確保を主要な目的とする発行も不公正発行に該当しないとして，例外的に防衛策の発動が許されるケースもあるとした。

■ニレコ事件（2005年）

制御機器メーカーのニレコが，いまだ具体的な支配権争いが生じていないにもかかわらず，敵対的買収の防衛策として，新株予約権を活用したライツ・プランを導入しようとしたことに対し，同社株主の外資系投資ファンドが発行差止の仮処分を求めた事案である。当該ライツ・プランの内容は，以下のようなものであった。株主名簿に記載された株主に対し，その所有株式1株につき2個の新株予約権を無償で割り当てる。新株予約権の譲渡は，ニレコの取締役会の承認が必要である。新株予約権を行使する際の行使価額は1円である。新株予約権は，ニレコの発行済株式総数の20％以上を保有する者が現れたことを，ニレコの取締役会が認識し，公表した場合に行使することができる。取締役会の判断にあたっては，特別委員会（当初は社長を含む3名。その後，社外有識者のみに変更された）が判断し，取締役会へ勧告する。

この事件において東京地裁は，原則として，現経営陣の経営支配権を維持・確保することを主要な目的とした新株予約権の発行は許されないが，敵対的買収者が真摯に合理的な経営を目指すものではなく，敵対的買収者による支配権取得が会社に回復し難い損害をもたらす事情がある場合には，取締役会は**一種の緊急避難的行為**として相当な対抗手段を講ずることが許容されるべきであると述べた。しかし，本件のライツ・プランはそのような例外的な場合にあたらないとして，新株予約権発行の差止めを命じる仮処分決定を下した（東京地決平成17年6月1日判タ1186号274頁）。この判断は上級審においても維持された。

■ブルドックソース事件（2007年）

この事件では，伝統のある日本企業に対して，敵対的な公開買付が仕掛けられた後に，定款変更を経て株主総会の特別決議に基づいて行われた新株予約権の無償割当てが問題となった。本件では，買収者以外のほとんどの株主（議決権総数の83.4％）が当該防衛策導入決議に賛成していたという事情があり，また，発行された新株予約権の内容として買収者側の新株予約権を公開買付価格と同額で会社側が買い取るというスキームが含まれていた。

最高裁（最決平成19年8月7日民集61巻5号2215頁）は，このような差別的内容をもつスキームが**株主平等原則**に違反するかどうかについて，「特定の株主による経営支配権の取得にともない，会社の企業価値がき損され，会社の利益ひいては株主共同の利益が害されることになるか否かについては，最終的には，会社の利益の帰属主体である株主自身により判断されるべきものであるところ，株主総会の手続が適正を欠くものであったとか，判断の前提とされた事実が実際には存在しなかったり，虚偽であったなど，判断の正当性を失わせるような重大な瑕疵が存在しない限り，当該判断が尊重されるべきである」とした。

不公正発行の要件に関しては，まず，会社が防衛策の採用をあらかじめ定めていなかった点について「本件新株予約権無償割当ては，突然本件公開買付けが実行され，抗告人による相手方の経営支配権の取得の可能性が現に生じたため，株主総会において相手方の企業価値のき損を防ぎ，相手方の利益ひいては株主の共同の利益の侵害を防ぐためには多額の支出をしてもこれを採用する必要があると判断されて行われたものであり，緊急の事態に対処するための措置であること，前記のとおり，抗告人関係者に割り当てられた本件新株予約権に対してはその価値に見合う対価が支払われることも考慮すれば，対応策が事前に定められ，それが示されていなかったからといって，本件新株予約権無償割当てを著しく不公正な方法によるものということはできない」とし，また，当該防衛策を採用した目的についても，「株主に割り当てられる新株予約権の内容に差別のある新株予約権無償割当てが，会社の企業価値ひいては株主の共同の利益を維持するためではなく，専ら経営を担当している取締役等又はこれを支持する特定の株主の経営支配権を維持するためのものである場合には，その新株予約権無償割当ては原則として著しく不公正な方法によるものと解すべきである」けれども，本件新株予約権無償割当てはそのような場合に該当しないと判示した。

■金融商品取引法における株式公開買付規制

2006年（平18）に施行された**金融商品取引法**は，敵対的企業買収における公開買付を行う者と対象会社とのバランスをとるために，以下のような**公開買付規制**を含んでいる。

- 一定範囲の証券の買付に公開買付が強制される（金商27条の２第１項柱書）
- 対象会社の意見表明が義務づけられている（金商27条の10第１項）
- 対象会社による公開買付期間の延長権（金商27条の10第２項・３項・４項）
- 対象会社による質問権（金商27条の10第２項１号）

- 対象会社が株式分割その他政令で定める行為を行った場合，買付者に例外的に買付価格の引下げを認める（金商27条の6第1項1号かっこ書）

（3）わが国の企業買収ルールとその問題点

■現在の企業買収ルール

敵対的企業買収に関わる初期の裁判例は，主要目的ルールの下で，明らかな法令違反が認められない限り，裁判所は会社の支配権争いに介入しないという立場をとっていたといえる。ところが，ニッポン放送事件以降は，会社支配権に関する争いが現に生じている局面では原則として取締役は株主構成を変更するような新株予約権の発行をしてはならないという原則的立場が明確にされ，例外的に企業防衛が認められる場合については会社側が主張・立証責任を負わされることになった。

注目すべき点は，日本の裁判所は，防衛策発動の是非の審査にあたり，アメリカ会社法のように**取締役の信認義務**に反するかどうかという枠組みを用いていないことである。すなわち裁判所は，募集新株予約権の発行差止めを定めた会社法247条1号の「法令」に取締役の善管注意義務などの一般的義務は含まないという通説の立場を堅持している。一方で，同条2号の不公正発行要件において新株予約権発行の正当目的および防衛策の相当性等を厳密に審査するようになっており，これは，2005年（平17）の**企業価値報告書**および**買収防衛策指針**の立場と軌を一にするものである。

以上にみたとおり，これまでの日本の裁判例においては，濫用的買収者であるかどうかといった敵対的買収者の属性に注目する傾向があり，株主利益の保護という視点を十分に読み取ることはできない。しかし，上述のように，金融商品取引法の中には単なる開示規制の枠組みを超えた内容をもつ公開買付規制が導入されるに至っており，これが会社法を補完する機能を果たしながら現在の日本の企業買収ルールを形成しているといえる。

Self-Check

1　合併において，存続会社または新設会社が，消滅会社の権利義務を「包括的に承継する」とはどういう意味か。

2　現金による少数株主の締め出し合併の場合と企業買収におけるキャッシュ・アウトの場合について，少数株主に与えられた会社法上の救済措置を比較しなさい。

③　わが国において，ある上場会社が敵対的TOBを受けたときに，防衛策発動の是非についての決定権をもっているのは誰だと考えられるか。

関連文献

森生明・会社の値段（ちくま新書，2006年）
真山仁・新装版 ハゲタカ（上・下）（講談社文庫，2013年）

第15章　事業譲渡と会社分割

あなたが街を歩いていると，先日まであった喫茶店の看板が新しい名称に変わっていることに気づくことがあるかも知れない。店舗の外観はそのままであるが，経営会社と従業員は代わったのであろう。最近，この近所では新しい喫茶店がいくつかできており，競争が激化していた。撤退を決めた旧経営会社から新経営会社へと喫茶事業の譲渡が行われたにちがいない。また，多角化経営を続けてきた大企業において，長期にわたり採算がとれない事業部門があると，それを他の会社に譲渡することがある。そうすることにより，譲渡した会社は事業規模をスリム化して合理化することができ，事業譲渡を受けた会社では新規事業を時間をかけることなく開始することができるのである。

本章では，そのような事業譲渡に関する法規制と，事業譲渡と経済的に同様の意義を有する会社分割の手続について学習する。

Key Points

◆株式会社が「事業の全部又は重要なる一部の譲渡」をするには株主総会の特別決議による承認が必要である。また，判例によれば，株主総会の特別決議が必要な事業譲渡というためには，①一定の事業目的のために組織化され有機的一体として機能する財産の移転，②譲受人による事業の承継，③譲渡人による競業避止義務の負担，がその要素として必要である。

◆事業の譲受会社が譲渡会社の商号を続用する場合には，事業の譲渡後遅滞なく，譲受会社が譲渡会社の債務につき責に任じない旨を登記するか，その旨を第三者に通知しない限り，譲渡会社の事業によって生じた債務について譲受会社も弁済の責任を負う。

◆事業の譲受会社が，譲渡会社の商号を続用しない場合においても，譲受会社がとくに譲渡会社の事業によって生じた債務を引き受ける旨を広告したときには，債権者はその譲受会社に対して弁済の請求をすることができる。

◆譲渡会社が残存債権者を害することを知って事業を譲渡した場合には，原則として，残存債権者は譲受会社に対して承継した財産の価額を限度として債務の履行を請求することができる。

◆会社分割は，事業譲渡と同じ経済効果を得るために，承継会社または新設会社の交付する株式を対価として，分割会社の事業の全部または一部を包括的に承継会社または新設会社に移転するための手法である。会社分割には，吸収分割と新設分割とがある。

◆会社分割の各当事会社は，原則として，株主総会の特別決議による承認を受けなければならず，また，反対株主等の株式買取請求権や債権者異議手続を経なければならない。その例外として，略式分割と簡易分割とよばれる手続きがある。

◆会社分割については，株主の差止請求権が認められており，また，一定の利害関係者は分割無効確認の訴えを提起することができる。また，詐害的な会社分割の場合について，残存債権者保護のための規定が置かれている。

1　事業譲渡

（1）事業譲渡の意義

■会社の事業財産

会社の行う「事業」は，通常，それを構成する個々の財産の価値を合計した以上の組織的な価値を有している。すなわち，会社が有する事業財産は，多数の物または権利の単なる集合ではなく，一定の企業目的のために**有機的な結合**をしている財産の総体をいうのである。事業財産としては，積極的財産と消極的財産がある。**積極的財産**とは，商品，機械，土地，建物，工場などの動産・不動産に加えて，物権，債権，有価証券，無体財産権などの権利，そのほか，営業上の秘訣，得意先，創業の年代，名声，地理関係などの財産的価値のある事実関係（これを**暖簾**（のれん）という）をも含む。一方，**消極的財産**としては，事業上の債務がある。

なお，法律上，「営業」と「事業」とは同じ意味である。すなわち，個人商人は１つの「営業」を行うにつき１個の商号を用いなければならないとされているが（**商号単一の原則**），会社についてはその名称が商号であり，１つの商号しか持ち得ないのに複数の「営業」を行うことは不都合である。そこで，個人商人の場合とは区別して，会社の場合には「事業」とよぶことにしたのである。したがって，会社法制定前の旧商法では「営業の譲渡」という語句が用いられていたが，規制の実質に変わりはなく，当時の判例も現在の「事業の譲渡」にあてはまるものと考えてよい。

■特別決議の対象となる事業譲渡の意味

会社法467条1項1号は，株式会社が「事業の全部又は重要なる一部の譲渡」をするには株主総会の**特別決議による承認**が必要であるとしている。この事業譲渡について，判例は「営業そのものの全部または重要な一部を譲渡すること，詳言すれば，一定の営業目的のため組織化され，有機的一体として機能する財産（得意先関係等の経済的価値のある事実関係をも含む）の全部または重要な一部を譲渡し，これによって，譲渡会社がその財産によって営んでいた営業的活動の全部または重要な一部を譲受人にうけつがせ，譲渡会社がその譲渡の限度に応じ法律上当然に同法25条に定める競業避止義務を負う結果を伴うものをいう」（最大判昭和40年9月22日民集19巻6号1600頁）と解している。すなわち，株主総会の特別決議が必要な事業譲渡といいうるためには，①一定の事業目的のために組織化され有機的一体として機能する財産の移転，②譲受会社による事業の承継，③譲渡会社による**競業避止義務**の負担，がその要素として必要であり，それ以外の事業を構成する各個財産だけの移転については，その分量がいかに大きく，またいかに重要なものであっても，会社法にいう事業の譲渡とはならないのである。

たとえば，A株式会社は，製材加工・木造製品の販売を主たる事業としていたが，業績不振のため一時休業することにした。そして，その製材工場の土地建物と運搬用軌道設備をB社に売却し，代金引換と同時に所有権移転の登記もすませた。ところが，後にA社はこの売買契約が無効であると主張し，その理由として，上の物件はA社の主要な目的事業を遂行するための唯一の施設であって，これを失えばA社は事業を継続できないから，この売買は会社法467条1項1号にいう事業の全部または事業の重要な一部の譲渡にあたるところ，A社の株主総会の特別決議による承認はされていないと主張した。このような場合は，工場の土地建物と軌道設備のみが譲渡されたにすぎず，営業上の秘訣や得意先などの経済的価値を有する事実関係等は譲渡されていないことから，上記①の要素が肯定できるか微妙であり，また②ないし③の要素についてはまったくふれられていないことを考えると，特別決議が必要な事業譲渡とみることは妥当でなく，したがってA社の主張は認められないことになる。

■子会社の株式等の譲渡にも467条1項が適用される

株式会社がその事業の一部を子会社に行わせている場合も多く，子会社の株式を他の会社に譲渡することは，**実質的には事業譲渡**にあたる。しかし，法的には子会社株式を事業そのものとはいえないために，2014年（平26）改正により，子会社の株式等の譲渡についても事業譲渡の規制を適用することが明確にされた（467条１項２号の２）。

（２）事業譲渡の効果

■個別財産の移転行為が必要か

たとえば，譲渡会社Ａの譲渡財産に含まれる土地は，当然に譲受会社Ｂに移転するか。事業譲渡の契約は債権契約にすぎないから，その土地は当然に譲受人に移転するものではなく，事業譲渡契約の履行として所有権の移転行為が必要である。土地の場合には，不動産の移転登記をしなければならない。

■譲渡会社の競業避止義務

会社法は，事業の譲渡会社に対して，その譲渡した事業と同一の事業をしてはならない義務を課しており，これを譲渡会社の**競業避止義務**という。当事会社間で別段の特約がない場合には，譲渡会社は，同市町村内および隣接市町村内において20年間は同一の事業をすることができない（21条１項）。また，譲渡会社が同一事業をしない旨を特約したときは，その特約は，30年を超えない範囲内においてのみ効力がある（21条２項）。さらに，これらの制限とは別に，譲渡会社は，地域および期間にかかわらず，**不正競争の目的**をもって同一の事業をすることはできないとされている（21条３項）。

■使用人の地位はどうなるか

たとえば，Ａ株式会社が資金難に陥り，会社にとって重要な財産（暖簾などの事実関係を含む）をすべて同業のＢ会社に一括譲渡した結果，これによってＡ社はまったくその事業ができなくなったとする。このような事業譲渡があった場合に，Ａ社の使用人は当然にＢ社の使用人となるだろうか。雇用契約に関する民法625条１項は「使用者は労働者の承諾を得なければ，その権利を第三者に譲り渡すことができない」と規定して**使用者の権利の譲渡制限**を明らかにしている。しかし，事業譲渡について同条の適用はなく，使用人は実質的には株式会社よりも事業そのものに従属するのであるから，事業譲渡により使用人の同意を要しないでその雇用関係は譲受会社に引き継がれ，ただ解約権が使用人に留保されるものと考えるべきであろう。ただし，このような考えには十分な法的根拠がないとして，民法625条１項の適用を認める見解もある。

(3) 第三者に対する関係

■商号を続用する場合

事業の譲渡によって，当事会社間においては事業上の債務が譲受会社に移転する場合であっても，その債権者に対する関係では債務引受等の手続がとられない限り，譲受会社は当然には債務者にならず，依然として譲渡会社が債務を負担することに変わりはない。しかし会社法は，このような場合の債権者保護のために特別規定を設けている。すなわち，事業の譲受会社が譲渡会社の商号を続用する場合には，事業の譲渡後遅滞なく，譲受会社が譲渡会社の債務につき責めに任じない旨を登記するか，その旨を第三者に通知しない限り，譲渡会社の事業によって生じた債務について，譲受会社も弁済の責任を負う（22条1項・2項)。この場合，譲渡会社と譲受会社は不真正連帯債務[1)]の関係に立つことになる。これは，譲受会社が譲渡会社の商号を続用している場合には，債権者は事業主の交代があったことを知らないか，知っていても譲受会社による債務引受があったと考えるのも無理ではないから，このような**債権者の信頼を保護**したものである。また，譲受会社が弁済の責任を負う場合にも，譲渡会社の責任がなくなるものではないが，この譲渡会社の責任は事業の譲渡後2年内に請求または請求の予告をしない債権者に対しては，**2年を経過したときに消滅**する（22条3項)。

たとえば，2015年3月，A会社は「A家具店」という商号で家具販売業を始めたが，2017年3月，この事業をB会社に譲渡し，B社は同一商号，同一場所で家具販売を続けていた。2015年12月にA家具店と取引して債権を取得したCが，2018年4月にその弁済を求めようとするとき，A社，B社のいずれに支払いを求めればよいだろうか。この場合には，A社，B社間で事業譲渡が行われ，しかもB社はA社の商号を続用しているので，会社法22条1項により，A社はB社とともに債務を引き受けたのと同様の効果を生じ，Cに対してA社とB社は不真正連帯債務の関係に立つ。そして，事業譲渡後2年内であるから，CはA社，B社いずれに対しても支払いを求めうる。

■商号を続用しない場合

事業の譲受会社が，譲渡会社の商号を続用しない場合においても，譲受会社

---

1)　複数の債務者が，ある債務について全部の履行をしなければならない点で連帯債務と似ているが，同時に債務を負うことになったのは偶然であり，弁済以外については，ある債務者に生じた事情が他の債務者には影響しないものをいう。

がとくに譲渡会社の事業によって生じた**債務を引き受ける旨を広告したときに**は，債権者はその譲受会社に対して弁済の請求をすることができる（23条1項）。債務引受けの広告をしたことから，**禁反言の法理**[2]がはたらくことを明らかにした規定である。問題となるのは，債務引受けの広告にあたるかどうかの具体的判断であるが，一般的には，広告の中に債務引受けという文字を用いていなくても，広告の趣旨が，社会通念の上からみて事業によって生じた債務を引き受けたものと債権者が一般に信じるようなものであると認められるようなものであれば，債務引受けの広告があったものと判断してもよいとされている（最判昭和36年10月13日民集15巻9号2320頁）。

しかし，たとえば，A社は，同業他社の数社とともに事業を廃止し，新たにB社を設立して，これらの会社の業務を引き継ぐことにした。この事業譲渡にあたり，A社は「御挨拶」と題する書面を各方面に配布したが，その書面には，新会社の設立と業務開始の挨拶，旧会社の実績の表示，さらに従来からの書式がそのまま新会社でも使用しうる旨の注意書からなり，宛て先を空欄として「殿」という不動文字をもって印刷されていた。CはA社に対して金銭を貸し付けていたところ，A社のCに対する債務がB社に引き受けられたと主張して，B社に対して貸付金の弁済を請求した。以上のような場合には，上記の挨拶状の内容は，それ自体は事業譲渡という事実の単なる事実の通知にすぎず，債務の引受けの意思が必ずしも明らかになっているとはいいがたいものであるから，CのB社に対する請求は認められないものと解される。

■詐害的な事業譲渡

優良な資産のみを譲受会社に移転して，不良資産のみを譲渡会社に残すといった不当な事業譲渡が行われることがあるが，これは譲受会社に承継されない債務の債権者（残存債権者）を害することが甚だしい。従来，このような詐害的な事業譲渡が行われた場合には，会社法22条1項を類推適用して譲受会社に責任を負わせたり，民法424条による詐害行為取消権[3]が認められることがあった。しかし，2014年（平26）改正により，詐害的な会社分割の場合について残存債権者保護の規定（→後述）が置かれたこととあわせて，詐害的な事業譲

2）英米法に由来する考え方で，ある表示を信じて行動した者があるときは，それを表示した者は，あとからその表示が真実に反していることを理由にそれを覆すことができないという法原則。大陸法における権利外観理論と同様の考え方である。

3）債権の弁済を確保するために，債務者が行った責任財産を減少させる行為（詐害行為）を取り消すことができる債権者の権利。

渡の場合について**会社法23条の2**の規定が新設された（また，会社以外の商人についても商法18条の2が新設された）。同規定によれば，譲渡会社が残存債権者を害することを知って事業を譲渡した場合には，原則として，残存債権者は譲受会社に対して承継した財産の価額を限度として債務の履行を請求することができる（23条の2第1項）。なお，この譲受会社の責任は，残存債権者が事業譲渡の事実を知ったときから2年以内に請求または請求予告しないと2年が経過した時に消滅し，また，事業譲渡の効力発生日から10年を経過したときも同様に消滅する（23条2の第2項）。

2〉 株式会社の分割

（1）会社分割の意義

■会社分割は事業譲渡と経済的に同じ機能をもつ制度である

ある株式会社が，その事業部門の一部を切り離して，別の株式会社に移転することはよく行われる。たとえば，複数の事業を行っている株式会社Ａが，不採算の事業部門を既存の会社Ｂに売却したり，その事業部門を新会社Ｂとして独立させて経営の効率化を図るような場合である。このときに，Ａ社としては，既存のＢ会社に**事業譲渡**を行ったり，または，新会社Ｂを設立したうえで，Ｂ社株式発行の対価としてＡ社の事業を**現物出資**（財産引受け・事後設立でも可）することも考えられる。しかし，このような方法では，まずＢ社の株式がＡ社の株主に直接交付されるわけではなく，またＡ社の事業に含まれる資産について個別の移転手続が必要であり，さらに現物出資などに際しては裁判所により選任される検査役の調査が要求され，なかなかに煩わしい。そこで，2000年（平12）改正商法は，1つの会社を2つ以上の会社に分けるという**会社分割の制度**を新たに準備した。すなわち，Ｂ社（承継会社または新設会社）の株式をＡ社（分割会社）の株主に直接交付できるようにし，また事業に含まれる資産について個別の移転手続を不要にし，さらに検査役の調査も要求しないこととした。Ａ社からＢ社への準備金や配当可能利益の引き継ぎも可能になった。現行の会社法もこの制度を引き継いだ。

このように，会社分割の制度は，事業譲渡と同じ経済効果を得られるために，承継会社または新設会社の交付する株式を対価として，分割会社の事業の全部または一部を包括的に承継会社または新設会社に移転するための手法である。会社分割は，個別の移転手続を必要とせず分割会社の権利義務が**包括的に移転**

する点では合併と似ているが（合併では，消滅会社の権利義務は存続会社に包括的に移転する），分割会社のすべての権利義務が移転されるとは限らず，**分割会社が分割後も存続する**点で異なっている。

■会社分割の種類

会社分割には，分割会社がその事業に関して有する権利義務の全部または一部を既存の会社（承継会社）に承継させる**吸収分割**（**図表15－1①**）と，分割会社がその事業に関して有する権利義務の全部または一部を新たに設立した会社に承継させる**新設分割**（**図表15－1②**）とがある。また，2社以上の分割会社が共同で新設分割をする場合には，共同新設分割とよばれる。

また，分割の対価となる株式等が分割会社に交付される場合は**物的分割**，分割会社の株主に交付される場合は**人的分割**という。人的分割については，2005年（平17）までは分割会社の株主に対価が直接交付される場合を意味していたが，会社法においては，対価をいったん分割会社に交付したうえで，それを分割会社の株主に剰余金配当（現物配当）として交付することを意味している（**図表15－1③**）。この場合は，債権者異議手続を受ける必要があるが，分配可

図表15－1　会社分割（吸収分割・新設分割）

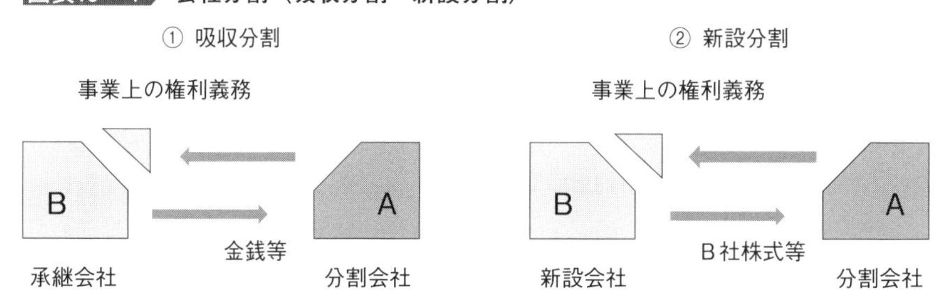

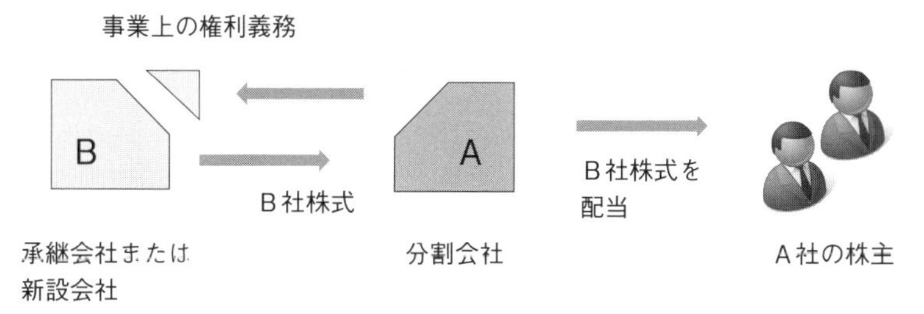

能額規制の適用はない。

■**会社分割の対象となる資産は事業譲渡の対象の「事業」とは異なる**

会社分割の対象となる「事業に関して有する権利義務の全部または一部」は，事業譲渡の対象となる「事業」とは異なっている。すなわち，**財産の有機的一体性等は必要ではなく**，何を分割の対象とするかは柔軟に決定することができる。通常，承継される権利義務については，吸収分割契約または新設分割契約において具体的に記載される。

なお，分割会社とその使用人間の**労働契約**については，承継される権利義務の一部として上記の一般原則に従うが，労働者保護の観点から，**会社分割に伴う労働契約の承継等に関する法律**が特別の規制を行っている。すなわち，承継対象の事業に主として従事している労働者の労働契約が吸収分割契約または新設分割計画に記載されない場合には，その労働者が異議を述べることにより，その労働契約は承継される（同法4条）。また，承継対象事業に主として従事している労働者以外の労働者の労働契約が吸収分割契約または新設分割計画に記載された場合には，その労働者が異議を述べることにより，その労働契約は承継されない（同法5条）。

（2）会社分割の手続き

■**通常の会社分割手続き（吸収分割の場合）**

会社分割の手続きの流れは合併の場合と同様である。以下では，吸収分割の場合を念頭に置いて，通常の会社分割手続を説明する。

会社分割に関する合意が成立すると，各当事会社の代表取締役が，それぞれの機関決定（取締役会決議など）に基づき**吸収分割契約**を締結する。この契約書に記載しなければならない法定事項としては，吸収分割の場合，①分割会社および承継会社の商号および住所，②分割会社から承継する資産・債務・雇用契約その他の権利義務に関する事項，③分割により承継される株式に関する事項，④分割会社に対して承継会社から交付される金銭等（金銭，株式，社債，新株予約権）の内容，⑤分割会社が発行した新株予約権に代えて交付する承継会社の新株予約権の内容およびその割当に関する事項，⑥吸収分割の効力発生日，である（749条1項）。また，新設合併の場合には，合併契約書において新設会社の組織内容を含むより詳細な法定記載事項が要求されている（758条）。必要な記載が欠けている吸収分割契約は無効である。

吸収分割契約が成立した後は，株主総会や債権者異議手続のための**事前開示**として，各当事会社は分割契約の内容その他事項につき記載した書面もしくはデータを本店に備え置き，株主および債権者の閲覧に供しなければならない（吸収分割の分割会社については782条１項，承継会社については794条１項）。

定められた効力発生日の前日までに，各当事会社は，吸収分割契約について**株主総会の特別決議による承認**を受けなければならない（吸収分割の分割会社については783条・784条，承継会社については795条・796条）。分割差損がある場合および分割会社が承継会社の株式を有する場合には，承継会社の取締役等は株主総会でそれを説明する義務を負っている（795条２項・３項）。なお，このとき，会社分割に反対の株主や一定の新株予約権者に対しては，公正価格での**買取請求権**が認められている（→第14章②）。また，分割に異議のある債権者には**債権者異議手続**が行われる（吸収分割の分割会社については789条，承継会社については799条）。すなわち，各当事会社は，分割する旨を含む一定事項を官報に公告するほか，原則として「知れている債権者」に対しては個別に催告をしなければならない（789条１項・２項，799条１項・２項）。異議を述べた債権者については，弁済・担保提供等の対応がなされる。

最後に，**合併の登記**をする（吸収分割は923条）。しかし，吸収合併の消滅会社の場合とは異なり，吸収分割の分割会社は解散するわけではないので，登記だけでは権利義務の承継を第三者に対抗できない点に注意が必要である。吸収分割の効力は吸収分割契約で定めた日に発生する（759条１項）。分割の効力発生後，両当事会社は，遅滞なく法務省令で定められた事項を**事後開示**しなければならない（吸収分割の分割会社は791条，承継会社は801条）。

■略式分割・簡易分割

以上の通常手続の例外として，まず，**略式分割**とよばれるケースがある。たとえば，Ｐ株式会社の議決権ある株式の90％以上を有するＱ株式会社が承継会社となってＰ社を吸収分割する場合，このようなＱ社を**特別支配会社**とよび，Ｐ社における株主総会決議は原則として不要である（784条１項）。Ｐ社において分割が承認されることは確実であり，わざわざ株主総会決議を求める意味がないからである。このとき，Ｐ・Ｑ両社の反対株主には株式買取請求権が認められる（785条・797条）。

つぎに，**簡易分割**とよばれる例外的ケースがある，すなわち，資産の額が分割会社の純資産額の５分の１（20％）以下の場合には，分割会社に与える経済的影響が少ないため会社の基礎的変更にはあたらず，したがって分割会社における株主総会決議は原則として不要である（796条2項）。このとき，基礎的変更ではないという理由から，分割会社の反対株主には株式買取請求権が認められない（797条1項但書）。

（3）瑕疵ある会社分割

■会社分割の差止め・無効

合併の場合と同様に，会社分割についても**法令または定款に違反する場合**に株主に差止請求権が認められている（784条の2，796条の2，805条の2）。

また，**会社分割無効確認の訴え**も準備されているが（828条1項9号・10号），無効原因については法律上明記されていないため解釈に委ねられている。分割無効の訴えを提起できる者（**提訴権者**）は，当事会社の株主・取締役・監査役・執行役・清算人・破産管財人・合併を承認しなかった債権者に限られる（828条2項9号・10号）。また，**提訴期間**は，原則として合併の効力発生日から6ヶ月である（828条1項9号・10号）。合併を無効とする判決が確定すれば，その効力は訴訟当事者だけではなく第三者に対しても及ぶ（対世効〔838条〕）。また，合併を無効とする判決には**遡及効がない**（839条）。

■詐害的会社分割

バブル経済の崩壊後，ゴルフ場を経営する会社が新設分割によりゴルフ場事業を新会社に承継させておきながら預託金返還債務については承継しないなど，分割会社の残存債権者を不当に害する会社分割が多く行われた時期があった。このような詐害的会社分割が行われた場合には，**会社法22条1項を類推適用**して残存債権者を保護するのが判例であったが（最判平成20年6月10日判時2014号150頁），同条による救済には商号等の続用が要件であり，また，債務を引き継がない旨の通知等がなされると救済が困難であった。そのため，2014年（平26）改正により，詐害的な会社分割の場合について，残存債権者保護のため新たな規定が置かれることになった（759条，761条，764条，766条）。

たとえば，吸収分割の場合を例にとると，分割会社が承継会社に承継されない債務の債権者（残存債権者）を害することを知って吸収分割をした場合には，原則として，残存債権者は承継会社に対して，承継した資産の額を限度として，その債務の履行を請求することができる，とされている（759条4項）。ただし，これは物的分割の場合に限られ，人的分割には適用がない（同条5項）。なお，この承継会社の責任は，吸収分割の事実を知ったときから2年以内に請求または請求予告をしない残存債務者についてはその期間経過後に消滅し，また，吸収分割の効力発生日から10年を経過したときも同様に消滅する（同条6項）。

以上については，詐害的な新設分割の場合にもほぼ同じ内容であるが，新設会社は，分割の効力発生時に残存債権者を害することを知らなかった場合であっても責任を負わされている点で違いがある（764条4項には759条4項のような但書がない）。

Self-Check

1　事業譲渡と会社分割の場合で，使用人の地位の移転について，どのような相違があるか。

2　優良な資産のみを譲受会社に移転して不良資産のみを譲渡会社に残すといった詐害的な事業譲渡が行われたときにはどのような救済手段があるか。

3　事業譲渡の対象となる「事業」と，会社分割の対象となる資産とは何が異なっているか。

4　簡易分割において分割会社の反対株主に株式買取請求権が認められないのはなぜか。

関連文献

三浦亮太＝河島勇太・事業譲渡・譲受けの法務〔第3版〕（中央経済社，2018年）

第16章　親子会社の形成と法規制

法人としてこの世に生まれてきた株式会社は，次第に事業を拡大して規模が大きくなり，他の会社を買収して子会社にしたり，逆に買収されて他の会社の傘下に入って企業グループを形成することがある。あるいは，大規模な株式会社の子会社として設立され，最初から特定の企業グループの一員として生まれてくることも少なくない。日本の企業グループの中には，古くから存在して名門とよばれるところもあり，一方で最近になって勢力を伸ばしてきた新興企業グループもある。子会社は一般に親会社の指図に従うが，たまに出来の悪い子会社もあって，親会社に迷惑をかけたあげくに，他の企業グループに譲渡されたりする。他方では，親会社の借金を肩代わりさせられる子会社もある。こうしてみると，会社の親子関係には人間の親子関係と似通った面があるといえる。

本章では，財閥解体に始まる日本の企業グループの歴史，親子会社関係を作出するための会社法上の制度，および，企業結合に対する法規制の内容について学習しよう。

Key Points

◆明治時代以降に出現した財閥は第二次世界大戦の終結時に解体され，その後は，企業グループ（企業集団）が中心となって高度経済成長期のわが国の経済を支えてきた。

◆1997年（平９）の独占禁止法改正により，純粋持株会社が解禁され，多くの企業グループにおいて経営統合をして持株会社が設立された。

◆会社法上の親子会社関係形成のための制度として，株式交換・株式移転，株式交付の制度が設けられている。

◆企業結合に対する会社法上の規制としては，現在，親子会社の定義，相互保有株式の議決権制限，子会社による親会社株式の取得禁止，企業集団における内部統制体制の整備，親会社社員の情報収集権，特定責任追及の訴え（多重代表訴訟）などが置かれている。

1〉 親子会社の形成

（1）企業グループの法規制

■歴史：財閥と企業グループ

徳川幕府を倒した明治政府が成立すると，日本は富国強兵・殖産（しょくさん）興業政策により，軽工業を中心として近代化を目指した。1900年代には鉄鋼などの重工業も始まり，この頃から**財閥**とよばれる巨大企業が多数の分野に事業を拡大していった。財閥とは，家族または同族によって出資された**純粋持株会社**（合資会社など）が中心となり，それが支配する子会社に多種の事業を経営させている企業集団をいう。**三井・三菱・住友・安田**が一般に四大財閥と呼ばれるが，それ以外にも当時は多数の財閥があった。明治末期には不況の時期もあったが，大正時代になると第一次世界大戦で軍需が盛り上がり，日本経済は一気に農業国から工業国へと転換を果たした。そのなかで，四大財閥は銀行業を中心に積極的な多角経営を進め，日本経済に大きな影響力をもつようになった。

しかし，第二次世界大戦後は，戦時中の日本軍への軍事物資の供給や経済的支援の責任を問われ，GHQが作成した**過度経済力集中排除法**により，主要な**財閥は解体**されることになる。すなわち，財閥家族の所有する株式は強制的に取り上げられて，企業集団の最上位に位置した持株会社は解散した。また，その役員は公職から追放され，その資産の大部分は財産税として没収されたのである。莫大な富を築いた財閥家族は不遇の時期を過ごすことになった。

サンフランシスコ講和条約が発効すると，1950年代には旧財閥系企業の再集結が生じた。しかし，解体された本社を中心に財閥が本格的に復活することはなく，代わりに，旧財閥系企業は市場に放出された株式を互いに持ち合って，新たな**企業グループ**（**企業集団**）を形成していった。企業グループとは，特定の親会社や持株会社が存在せず，事業会社が互いに株主になる水平的な複数企業の連合体である。その後，旧財閥に起源をもつ企業グループは，戦後の復興期から高度成長期にかけて日本経済の成長を支えていく中心的役割を果たし，さまざまな製品やサービスを生み出した。

■独占禁止法の改正

上述のとおり，日本では第二次世界大戦後に財閥本社である純粋持株会社の解体が行われたが，その後も，**独占禁止法**により，持株会社の設立および既存の会社を持株会社化することは禁止されていた。しかし，1997年（平９）に，

金融ビッグバン[1)]の一環として独占禁止法が改正され，**純粋持株会社が解禁**された。これは金融業界再編のために持株会社を認める必要があったこと，現代日本でかつてのような財閥が復活する可能性は事実上ないことが理由であった。それ以降は，金融持株会社をはじめとして，多くの企業グループにおいて経営統合をして持株会社を設立する事例が見られるようになった。

（2）持株会社の形成

■会社法における親子会社関係形成のための制度

独占禁止法の改正により持株会社の設立は可能になったが，当時の会社法の下で持株会社を創設することは容易ではなかった。たとえば，ある株式会社が行っている事業を別会社にすべて移管させたうえで持株会社となる**抜殻方式**とよばれる手法がある。これは，事業を現物出資することによる新親子会社の設立や，金銭出資により設立した子会社への**事業譲渡**による方法で実現することができる。しかし，検査役の調査が必要であったり，個々の財産の移転手続が必要であるなどの難点があった。また，**株式公開買付け**による既存会社の子会社化を通じて持株会社の形成も可能であるが，この場合には多額の資金が必要になる。

そこで，1999年（平11），会社法の中に**株式移転**と**株式交換**の制度が創設された。これらは，既存の株式会社の事業を継続させたまま，その株主の保有する株式を持株会社となる上位会社の株式に移動させることで各事業会社を傘下に収める**株式移動方式**とよばれる手法である。これにより，複数会社間の親子会社関係が容易に作出できるようになった。さらに，2019年（令元）には，株式会社が自己株式を対価とする買収をより円滑に行えるようにするため，**株式交付**の制度が新たに導入された。

以下では，これらの会社法における新たな親子会社関係の形成方法について説明をする。

1）1996年から2001年にかけて行われた日本の金融・証券市場制度の大改革のこと。金融市場の規制を撤廃・緩和して，市場の活性化や国際化を図ろうというもの。

図表16－1　株式交換・株式移転の図

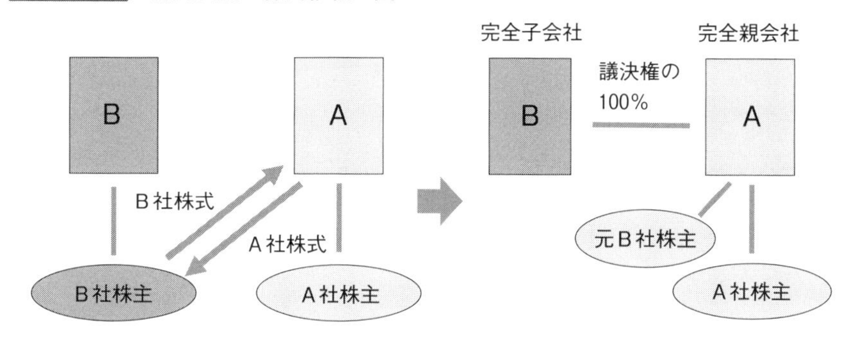

図表16－2　株式交付の図

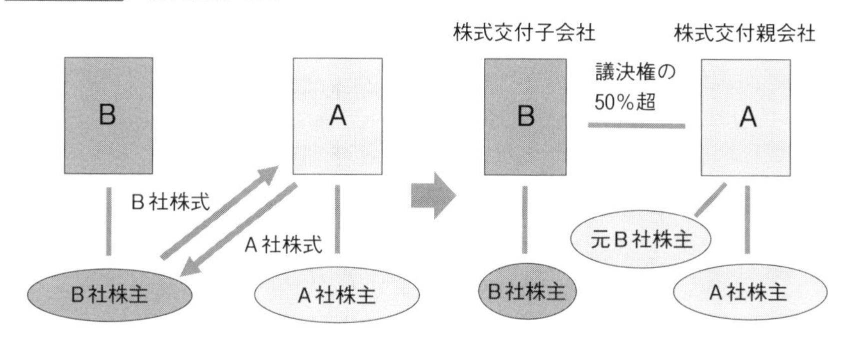

■株式交換と株式移転

B会社のすべての株式をA会社が取得すれば，B会社が完全子会社となると同時にA会社は完全親会社になるが，このとき，取得対価としてB会社の株主がA会社の株式等を取得する点に株式交換・株式移転の特徴がある。完全親会社であるA会社が既存の会社である場合を**株式交換**，新設会社である場合を**株式移転**という（**図表16－1**）。

株式交換・株式移転が行われると，A－B社間で完全親子会社関係が形成される。株主が変動するだけで，各当事会社の財産に変動は生じないために債権者保護手続は必要がない。検査役の調査も不要である。

株式交換・株式移転の手続は，合併や会社分割の場合とほぼ同じで，以下のとおりである。

①株式交換契約の締結または株式移転計画の作成（株式交換は767条・768条，株式移転は772条・773条）。

②事前の開示（782条，794条，803条）。

③株主総会の特別決議による承認（783条・784条，795条）。略式手続・簡易手続があること，また，原則として反対株主に株式買取請求権が認められることも合併や会社分割の場合と同じである。

④債権者異議手続。原則不要であるが，親会社株式以外を対価とする場合には例外的に必要になる（789条1項3号，810条1項3号）。

⑤登記。株式移転の場合には必要である（925条）。

⑥事後の開示（791条，801条，811条，815条）。

株式交換・株式移転の場合にも，法令または定款に違反するときには，株主に**差止請求権**が認められる（784条2，796条の2，805条の2）。また，**株式交換無効の訴え・株式移転無効の訴え**が用意されている。各無効の訴えを提起できる者（**提訴権者**）は，当事会社の株主・取締役・監査役・執行役・清算人・破産管財人・株式交換または株式移転を承認しなかった債権者に限られる（828条2項11号・12号）。**提訴期間**は，原則として合併の効力発生日から6ヶ月である（828条1項11号・12号）。訴えの被告は，当事会社と新設会社である（834条1項11号・12号）。株式交換・株式移転を無効とする判決が確定すれば，その効力は訴訟当事者だけではなく第三者に対しても及ぶ（**対世効**〔838条〕）。また，この無効判決には遡及効がない（839条）ため，判決が確定すれば取得した株式は完全子会社の株主に対して返還される（844条）。

■株式交付

B会社の株式をA会社が取得して両会社間に完全親子会社関係を作出しようとする場合には，上述のように，株式交換の方法を用いることができる。しかし，株式交換の方法は，B会社の**発行株式のすべて**を取得するための制度であり，B会社を完全子会社とするまでの必要がない場合には，株式交換の方法は用いることができない。そこで，そのような場合にも，株式会社が自社の株式を対価とする企業買収を円滑に行うことができるようにするため**株式交付**の制度が作られた（**図表16－2**）。すなわち，株式交付を行うことによって，A－B社間に親子会社関係を作出することができるのである。この場合，株主が変動するだけで，各当事会社の財産に変動は生じないために債権者保護手続は必要がない。検査役の調査も不要である。

株式交付の手続は，株式交換の場合とほぼ同じである（774条の2－774条の11，816条の2以下）。ただし，株式交付では，B社の個々の株主がA社との間で株式譲渡の合意をするのであり，合意しなかった者はB社の株主にとどまる点が異なる。株式交付の場合にも，法令または定款に違反するときには，株主に**差止請求権**が認められる（816条の5）。また，**株式交付無効の訴え**が用意されている（828条1項13号）。

2 親子会社の法規制

（1）企業結合の法規制

■多数の企業グループの存在

現代では，ある会社が単独で事業をするのではなく，複数の子会社を有したり，企業グループ（企業集団）に属することにより，広範な事業展開を行っていることも少なくない。

会社法では親子会社関係を前提としたさまざまな規制を置いている。たとえば，多重株主代表訴訟，子会社の書類帳簿閲覧権，連結計算書類，子会社による親会社株式の取得規制などがそれである。

■親子会社を前提とした規制（親子会社の定義）

会社法における親子会社の定義は複雑である。A会社が，Bの経営を支配している場合に，B（会社とは限らず，組合や外国法人も含む）を**子会社**という（2条3号）。すなわち，会社法上は「子会社」というけれども，Bが実際には会社ではないケースもある。A社がBの「経営を支配している場合」とは，省令の中に定めがあり（会則3条3項），①A社がBの議決権の50%超を自己の計算において所有している場合，②その他，省令に定められた条件を満たす場合，をいう。「自己の計算で」とは，Bの損益が実質的にA社に帰属することを意味する。したがって，Bが株式会社の場合，その株式を名義上第三者であるPが所有していても，A社とPの合意によりBの損益についてはA社に帰属することにしている場合には，A社は自己の計算でBの株式を所有しているとするのである。また，Bの計算による所有もA社自身の所有とみなされる結果，もしBが別会社Cの議決権の50%超をその計算で所有していれば，A社からみて孫会社にあたるCについてもA社の子会社ということになる。

なお，A社が会社法上の**親会社**となるのは，Bが株式会社である場合に限られることに注意が必要である（2条4号）。これは，会社法がもっぱら株式会社との関係で親会社に関する規定を置いているためである。

（2）株式に関する規制

■相互保有株式は議決権の行使が制限されている

わが国では，従来，事業会社同士または事業会社と銀行との間で，株式を相互に持ち合う慣行があった。その理由としては，一般に，取引先との関係強化に役立つとか，濫用的な企業買収の脅威を未然に防ぐ効果があるといわれてきた（**政策保有株式**）。しかし，持ち合い関係にある株式会社ではお互いに現経営者を支持するような議決権行使がされやすいことから，経営に対する規律を弱める効果があると指摘されてきた。そこで会社法では，A－B両社がお互いに株式を保有している場合に，A社がB社の議決権総数の25％以上の議決権のある株式を有するなどの事由を通じてB社の経営を実質的に支配することが可能な関係にあるときには（会則67条），B社はA社の株主総会において議決権を行使することができないと定めている（308条1項本文かっこ書）。これを**相互保有株式の議決権制限**という。

ところで，現実には，わが国における株式の持ち合いの議決権比率はさほど高くはなく，25％を超えることは稀であったため，上記の会社法による制限はあまり実効性のあるものではなかった。むしろ，有価証券報告書[2)]における純投資以外の目的で有する投資有価証券の開示や，コーポレートガバナンス・コードによる政策保有株式に関する方針の開示など，政策保有株式を有する上場会社に対する間接的圧力がとられてきた。その結果として，最近では，銀行・事業会社ともに政策保有株式の割合はかなり減少している。

■子会社による親会社株式取得は原則として禁止されている

上の例で，B社がA社の「子会社」の定義（2条3号）に該当する場合には，そもそもB社は親会社であるA社の株式を取得することが原則として禁じられている（135条1項）。もしも，子会社による親会社株式の自由な取得を認めると，それは**自己株式の取得と同じ**ことであり，事実上，分配可能額規制などの制限が容易にやぶられてしまうからである。ただし，子会社が吸収合併を行うにあたり消滅会社から親会社の株式を承継する場合など，一定の場合には，子会社による親会社株式の取得が許されている（135条2項各号）。これらの例外的場合を除いて，子会社が親会社株式を取得した場合には，相当の時期にこれ

2）　金融商品取引法により上場企業が決算期末後3ヶ月以内の提出を義務づけられる株式流通市場における企業内容開示書類のひとつ。投資家が十分な投資判断ができるように，企業概要，事業の状況，連結財務諸表などが含まれている。

を処分しなければならない（135条3項）。なお，会社法制定以前の事例であるが，株式を買い集められた親会社の取締役が子会社に指図して違法に買収者から親会社株式を取得させた場合に，親会社取締役の会社に対する任務懈怠責任が認められた判例がある（最判平成5年9月9日民集47巻7号4814頁）。

（3）ガバナンスに関する規制

■親会社代表取締役の子会社監督義務

わが国においては，従来，親会社と子会社は別個独立の法人格をもつ存在であって，たとえ完全子会社であっても親会社から独立して業務執行体制を維持しているという認識が一般的であった。とくに，1997年（平9）の独占禁止法改正による持株会社の解禁以前には，法律的観点からすれば，親会社としては，子会社の経営に介入しないことがむしろ望ましいことであった。その結果，子会社取締役の任務懈怠により親会社に損害が生じたとしても，例外的に法人格の否認法理が働くような事案を除いて，親会社取締役の監督責任が問われることはなかったのである。しかし，このような状況は持株会社制度の普及とともに一変した。企業グループにおける**親会社の代表取締役**については子会社に対する監督義務を負う場合がある。たとえば，子会社における在庫の増加が取締役会で問題視されていた事案において，親会社の代表取締役として原因を解明するために，自ら調査を行い，または調査を命ずべき義務があるとされた裁判例がある（福岡高判平成24年4月13日金判1399号24頁）。また，近年，**海外子会社の不祥事**が親会社の経営に影響を与える事案が複数生じており，子会社に対するリスク管理は企業グループ経営における重要課題となっている。

■企業グループにおける内部統制体制の整備

独占禁止法の改正以降，わが国では持株会社形態をとる企業グループが増加し，親会社とその株主にとって子会社経営の効率性および適法性の確保が重要な課題となってきた。このような状況変化に鑑みて，企業グループにおける内部統制の整備については，従来のように省令ではなく法律である会社法によって規定することが適切であると考えられた。そこで，**2014年（平26）改正**においては，会社法の条文の中に，「当該株式会社及びその子会社から成る企業集団の業務の適正を確保するために必要なものとして法務省令で定める体制の整備」を決定することが規定されるに至ったのである（348条3項4号，362条4項6号）。このように会社法上の明文が設けられたことは単に形式上の変更というだけにとどまらず，企業グループにおける内部統制システムの整備が当該会社自体における内部統制システムの整備と同等の重要性があることを示したものとされている。また，以上の法改正に伴い，施行規則にも子会社の内部統制体制の整備に関して詳細な規定が設けられた（会則100条1項5号）。

■親会社株主等の情報収集権

株式会社の親会社の株主など（親会社が株式会社であるとは限らないため，会社法の条文では「親会社社員」と表現されている）は，権利を行使するために必要なときは，裁判所の許可を得て，子会社の以下の書類について，閲覧・謄写することができる。

- 会計帳簿，資料（433条3項）
- 定款（31条3項）
- 株主名簿（125条4項）
- 新株予約権原簿（252条4項）
- 株主総会の議事録（318条5項）
- 取締役会の議事録（371条5項）
- 計算書類等（442条4項）
- 社債原簿（684条4項）

■特定責任追及の訴え（多重株主代表訴訟）

第5章①で説明した株主代表訴訟を提起できるのは，当該会社の株主に限られる。したがって，企業集団において子会社を使って事業を展開している場合には，子会社の役員等の義務違反によって親会社が損害を被ったとしても，親会社の株主は子会社役員等の責任を株主代表訴訟によって追及することはできない。もちろん，親会社の株主は，子会社管理について親会社代表取締役の責任を追及する裁判を起こすことは可能であるが，監督義務違反を立証することは容易ではない。このような弊害に対処する方法として，2014年（平26）改正により創設されたのが**特定責任追及の訴え**（多重株主代表訴訟）である。ただし，以下に説明するとおり，多重株主代表訴訟を利用できる場合は極めて限定されている。

特定責任追及の訴えを提起できる者は，6ヶ月前から引き続き対象子会社の最終完全親会社等の総株主の議決権の100分の1以上の議決権または発行済み株式の100分の1以上の数の株式を有する株主である（847条の3第1項）。ここで**完全親会社等**とは，子会社の発行済株式の全部を直接に有する親会社のみならず，子会社の株式を別の完全子会社を通じて間接的に有する親会社を含む概念である（847条の3第2項）。また，**最終完全親会社**とは，完全親子会社関係が多層的に連なっている場合において，最上位に位置する完全親会社のことである。なお，中間完全親会社法人（株式会社に限らない）を通じて間接的に有することも認められており（同項2号），当該中間完全親会社法人は，最終完全親会社の完全子会社等とみなされる（同項3号）。

特定責任追及の訴えは，完全子会社のうち重要な子会社の発起人，設立時取締役，設立時監査役，役員等（取締役，会計参与，監査役，執行役，および会計監査人）もしくは清算人に対する責任追及について認められる（847条の3第4項）。上記の者の責任が多重代表訴訟の対象となるのは，その完全子会社が親会社にとって**重要な子会社**となる場合に限られる。すなわち，上記の者の責任原因となった事実が生じた日において，最終完全親会社等およびその完全子会社等における当該子会社の帳簿価額が，最終完全親会社等の総資産額として法務省令で定める方法により算定される額の5分の1（定款で引き下げることができる）を超える場合の責任であり，これを**特定責任**とよんでいる（847条の3第4項）。

提訴請求を受けた子会社が，原則として60日以内に特定責任追及の訴えを提起しないときは，請求をした最終完全親会社等の株主は，当該子会社のために，特定責任追及の訴えを提起することができる（847条の3第7項）。その他，担保提供，訴訟参加，判決の効果，訴訟上の和解等については，一般の株主代表訴訟の場合に準じて，詳細な規定が置かれている（847条の3第8項～10項，847条の4～853条）。

Self-Check

1. 政策保有株式について，法的観点から，メリット・デメリットを説明しなさい。
2. 子会社による親会社株式の自由な取得を認めると，どのような問題があるか。
3. 企業グループにおける親会社の代表取締役は，どのような場合に子会社に対する監督義務を負うか。

関連文献

奥村宏・最新版 法人資本主義の構造（岩波現代文庫，2005年）
菊地浩之・最新版 日本の15大財閥（角川新書，2019年）

補　章　その他の会社形態

映画やドラマの世界には，名脇役と呼ばれる人たちがいる。物語には主人公だけではなく，脇役の存在も必要である。脇役がいればこそ，主役の魅力が引き立つからである。会社法の世界でも，株式会社が主役であることは当然であるが，中小企業に適した形態として，合名会社，合資会社，合同会社などの持分会社の果たす経済的役割は重要である。また，現実の取引社会においては，会社法の制定後もまだ多数存在している特例有限会社の仕組みを理解しておく必要もある。さらに，今後，わが国の国際化が進展していくと，外国会社の重要性も増してくるに違いない。

会社法学習の最後として，本章では，株式会社以外の会社形態である，持分会社，特例有限会社，および外国会社について理解しておこう。

Self-Check

◆持分会社としては，合名会社，合資会社，合同会社がある。これらは，定款変更により，他の種類の持分会社に移行することができる。

◆持分会社と株式会社は，組織変更手続きにより，お互いに他方の会社形態に移行することができる。合併・分割などの組織再編については，持分会社の種類によりできる場合とできない場合とがある。

◆特例有限会社は，従来の有限会社を会社法制定後も存続させたものであるが，その法的性質は取締役会のない株式会社である。ただし，機関に対する特例や会計に対する特例が認められている。

◆会社法および民法は，日本国内において継続的に取引をする外国会社に対して一定の強行規定を置いており，これらの規制は，その外国会社の準拠地法が何であるかを問題にすることなく当然に適用される。

1〉 持分会社

（1）持分会社の組織

■設立手続き

持分会社を設立するには，会社運営の基本ルールである定款を作成すると同時に，その構成員を確定し，運営資金を確保することが必要になる。

まず，定款を作成したうえで，社員（従業員ではなく，会社の構成員の意味）になろうとする者の全員がそれに署名しなければならない（575条1項）。持分会社の定款は，これだけで有効となり，とくに公証人の認証は必要がない（株式会社の場合には認証が必要）。持分会社の定款に必ず記載しなければならない事項は，①目的，②商号，③本店の所在地，④社員の氏名（または名称）および住所，⑤社員の有限責任・無限責任の別，⑥社員が出資すべきもの（金銭・労務）およびその価額またはその評価基準，である（**絶対的記載事項**〔576条1項〕）。

このとき，設立しようとする持分会社の種類に応じて，社員の有限責任・無限責任の別を定款に定めることが必要になる。すなわち，**合名会社**である場合には，その社員の全部を無限責任社員とする旨を記載し，**合資会社**である場合には，その社員の一部を無限責任社員としその他の社員を有限責任社員とする旨を記載し，**合同会社**である場合には，その社員の全部を有限責任社員とする旨を記載しなければならない（576条2～4項）。なお，持分会社は，定款の変更をするだけで，社員の有限責任・無限責任の別を変更して，別の種類の持分会社に移行することができる（638条）。たとえば，合名会社が定款変更して有限責任社員を加入させると自動的に合資会社になる。ただし，商号の変更は必要である。

つぎに，社員が出資すべきものとしては，有限責任社員については金銭等に限られるのに対して（576条1項6号），無限責任社員については労務（会社の業務執行をする）や信用（会社債務の連帯保証など）を金銭評価して出資の目的にしてもよい。また，持株会社では全額出資原則がとられておらず，設立前に出資の履行を完了する必要はないが，例外的に，社員全員が有限責任である合同会社だけは，株式会社と同様に設立登記のときまでに全額の出資をしなければならないとされている（578条）。

その後，本店の所在地において設立登記をすることにより持分会社は成立する（579条）。なお，持分会社については，社員全員が業務を執行し会社を代表するのが原則であるから，設立前に役員等を選任することはない。

社員の一部が出資義務を履行しないなど，持分会社の設立手続に瑕疵がある場合には，他の社員等が会社の成立から２年以内に，訴えによってのみ設立の無効を主張することができる（**設立無効の訴え**〔828条１項１号〕）。また，株式会社にはない持分会社に独自の制度として，①社員が民法96条その他の規定により設立に係わる意思表示を取り消すことができる場合，または，②社員がその債権者を害することを知って持株会社を設立したときには，**設立取消の訴え**を提起することができる（832条）。なお，設立の無効または取消しの訴えの認容判決が確定した場合であっても，他の社員全員の同意があれば，当該原因のある社員のみが退社したものとみなされ，その持分会社を**継続**することができる（845条）。

■社員とその持分

持株会社が倒産して，その財産をもって債務を完済できなくなった場合（債務超過）またはその会社に対する強制執行が奏功しなかった場合においては，社員が連帯してその持分会社の債務を弁済する責任を負うのが原則である（580条１項）。ただし，有限責任社員についてはその出資の価額が責任限度であるため，全額出資原則をとる合同会社の有限責任社員がこの弁済責任を負うことはなく，また，合資会社の有限責任社員もこの弁済責任を負うのは出資義務に未履行の部分が残っている場合だけである（同条２項）。なお，持分会社の社員が弁済責任を負う場合には，会社が主張できる抗弁を社員も主張でき（581条１項），また，会社債務が時効で消滅すれば社員の責任も消滅するとされる。これは会社債務に対する役員の責任の**付従性**である。

社員が有する持分会社の社員としての地位を**持分**という。持分会社は社員間の個人的信頼が存立基盤となっているため，社員は，原則として**他の社員全員の承諾**がなければ，その持分の全部または一部を他の者に譲渡することはできない（585条１項）。ただし，業務を執行しない有限責任社員の持分については，業務執行社員の全員の承諾があれば譲渡できることになっている（同条２項）。また，以上については任意規定であるから，定款で持分譲渡に関して別段の定めをすることも可能である（同条４項）。社員がその持分の全部を譲渡したときは，社員としての地位を失うが，退社の登記前に生じた会社債務については弁済責任を負う場合がある（586条）。なお，持株会社は，株式会社の場合（自己株式の取得）とは異なり，自己持分を譲り受けることはできず，例外的に吸収合併などで取得した場合にも，その持分は直ちに消滅する（587条）。

持分会社は，定款の変更をすることにより，新たに社員を加入させることができる（604条1項・2項）。加入の効力は定款変更時に生じるのが原則であるが，合同会社の場合には全額出資原則があるので，その出資の履行を完了したときに社員になる（同条3項）。新たに加入した社員は，その加入前に生じた持分会社の債務についても，債権者に対する弁済責任が生じる（605条）。

持分会社の社員は，**法定退社事由**（607条）がある場合を除き，一定の条件を満たさなければ退社することはできない（606条1項）。ただし，定款に別段の定めをおくことは可能であり，また定款の定めがなくても，他の社員との間の信頼関係が失われた場合など**やむを得ない事由**があるときにはいつでも退社することができる（同条3項）。

社員が退社をすると，その社員に係わる定款の定めは廃止したものとみなされ（610条），また**退社に伴う持分の払戻し**として，会社財産の一部が退社社員に対して払い戻される（611条1項）。持分の払戻しとして支払われる金額は，その時点の持分会社の財産状況に従って決まるのが原則である（同条2項）。ただし，合同会社については特則があり，債権者保護のため，払戻し手続きに一定の制限が置かれている（635条）。なお，退社した社員も，退社登記前に生じた持分会社の債務について，従前の責任の範囲内で，一定期間は弁済責任を負う（612条）。

（2）持分会社の運営

■業務執行

持分会社では，原則として，社員自らが会社の業務を執行することができる。社員が複数いる場合は，その過半数によって業務執行を決定する。ただし，日常の業務事項（常務）については，その完了前に他の社員が異議を述べない限り，各社員が単独で決定・実行することができる（590条）。

複数の**業務執行社員**を定款で定めた場合には，業務執行の決定はそれら業務執行社員の過半数をもって行われる（591条1項）。定款で決められた業務執行社員は，正当な事由がない限り，その地位を辞任することができず，また，他の社員の一致によっても解任することができない（同条4項・5項）。ただし，業務執行社員の辞任・解任について定款で別段の定めを置くことも可能である

(同条6項)。業務執行社員を定款で定めた場合，業務を執行しない他の社員は会社の**業務財産調査権**を有する（592条1項)。

対外的な会社代表権について，持分会社は，定款の定めにより，業務執行社員の中から**代表社員**を定めることができる（599条3項)。代表社員を定めた場合には他の業務執行社員は代表権を失う（同条1項)。会社代表権の内容については，株式会社の取締役の場合と同様である（同条4項・5項など)。

業務執行社員は，持分会社の業務を執行するにあたり善管注意義務および忠実義務を負っている（593条1項・2項)。また，競業取引規制（594条）および利益相反取引規制（595条）も課されている。なお，業務執行社員の**報酬**についてはとくに規定が置かれていないが，お手盛りの危険があるため，利益相反取引と同様の規制に服するべきであると解されている。業務執行社員がその任務を怠った場合は，持分会社に対して損害賠償責任を負い（596条)，その業務執行にあたり悪意または重過失があるときは第三者に対しても責任を負う（597条)。会社に対する責任については，**社員代表訴訟**の定めがある（602条)。

なお，株式会社の取締役の場合と異なる点は，会社などの法人も持株会社の業務執行社員になり得ることである。その場合には，その法人は業務試行社員の職務を行うべき者（**職務執行者**）を選任し，その者の氏名・住所を他の社員に通知しなければならない（598条1項)。

■**計　算**

持分会社は，公正な会計慣行に従い（614条)，適時に正確な**会計帳簿**を作成し（615条)，また，事業年度ごとに**計算書類**を作成しなければならない（617条2項)。計算書類は一定期間保存され，社員の閲覧等の請求に供される（618条)。ただし，株式会社の場合と異なり，決算公告は要求されていない。

持分会社における**利益配当の請求方法等**は定款に定めることができるが，もしもこれがない場合には，社員はいつでも会社に対して利益配当を請求することができる（621条1項・2項)。各社員への分配割合は，原則として出資価額に応じて決められるが，定款で別の方法を定めることもできる（622条1項)。

なお，持分会社の利益配当は，通常，利益額の範囲内で行われるはずであるが，もしも，**利益額を超えて利益配当をした場合**に社員が負うべき責任は，持分会社の種類によって異なっている。すなわち，合名会社と合資会社の無限責任社員については，特段の規定はなく，無限責任社員の責任規定（580条1項，596条）によることになる。合資会社の有限責任社員の場合は，連帯して，その利益配当額に相当する金銭を会社に支払う義務を負う（623条1項）。合同会社の社員については，すべて有限責任であるから，株式会社と同様の分配可能額規制が課されている（628～631条）。違法配当を受けた社員は，その違法配当額について連帯して責任を負うのが原則である。

持分会社の社員は，原則としていつでも，会社に対して出資の全部または一部の払い戻しを請求することができる（**出資の払戻し**〔624条1項〕）。ただし，社員全員が有限責任である合同会社の場合は，債権者保護の観点から，出資の払戻しには一定の規制が課されている（632～634条）。退社に伴う持分の払戻しとは異なり，社員が出資の払戻しを受けても未履行の出資義務が増加するだけで社員の地位を失うことはない。

（3）その他

■解散と清算

持分会社の**解散原因**は次のとおりである（641条）。①定款で定めた存続期間の満了，②定款で定めた解散事由の発生，③総社員の同意，④社員が欠けたこと（1人もいなくなることを意味する），⑤合併の消滅会社となるとき，⑥破産手続の開始決定，⑦解散命令，⑧解散判決。**やむを得ない事由がある場合**には，持分会社の社員は，訴えをもって持株会社の解散を請求することができる（833条2項）。たとえば，合名会社の業務が一応困難なく行われていても，社員間に多数派と少数派の対立があり，業務執行が多数派社員によって不公正かつ利己的に行われ少数派社員がいわれのない恒常的な不利益を被っているような場合には，解散のほかにこれを打開する手段がない限り，やむを得ない事由があるとした判例がある（最判昭和61年3月13日民集40巻2号229頁）。

持分会社が解散したときは，原則として，清算をしなければならない（644条1項）。清算の手続きについては，株式会社の場合と同様の規定が置かれている（646～667条）。また，合名会社または合資会社が，上記①②③の事由により解散したときは，会社法の清算の規定によらずに，定款または総社員の同意により財産処分を行うことが認められている（**任意清算**〔668条〕）。ただし，債権者の利益保護のために債権者異議手続は必要である（670条）。

■組織再編と組織変更

すべての種類の持分会社は，**合併**における消滅会社または存続会社（設立会社）になることができる（2条27号・28号，751条，752条）。また，**合同会社**だけは，分割会社として会社分割をすることができ（2条29号・30号），株式交換により完全親会社になることもできる（2条31号，770条，771条）。なお，いずれの持分会社も株式交付を利用することはできない。

以上の組織再編に加えて，持分会社は，**組織変更**をすることにより，法人格の同一性を維持したまま株式会社になることができる。逆に，株式会社が持分会社に組織変更することもできるが，ここでは持株会社から株式会社への組織変更の手続きを念頭に置いて説明する。

持分会社が組織変更をするためには，法定事項（746条参照）が記載された組織変更計画書を作成し（743条），そこで定められた効力発生日までに，総社員の同意を得なければならない（781条1項）。ただし，あらかじめ定款で，必要な同意は3分の2とするなど別段の定めをしておくことは可能である。また，組織変更については，債権者異議手続きが必要である（781条2項→779条）。組織変更は効力発生日にその効力を生じ，持分会社は株式会社になる（747条1項）。なお，組織変更の手続に瑕疵がある場合には，**組織変更の無効の訴え**によってのみ，その無効を主張することができる（828条1項6号）。提訴権者および提訴期間について制限がある（834条6号）。また，組織変更無効の確定判決に対世効はあるが（838条），遡及効はない（839条）。したがって，将来に向かって変更前の会社に復帰することになる。

2　特例有限会社

（1）意　義

■特例有限会社は有限会社ではない

会社法の制定時に従来の**有限会社法**は廃止され，これ以降は新たな有限会社を作ることはできなくなった。しかし，**会社法の施行に伴う関係法律の整備に関する法律**（**整備法**）により，すでに存在していた有限会社については，定款変更や登記などの特段の手続を要さずに，会社法上の株式会社として存続することになった（整備法2条1項）。これらの会社は，商号中に「有限会社」の文字を用いており**特例有限会社**とよばれるが，法律上の性質は取締役会のない株式会社と同じである。特例有限会社は，その定款を変更して株式会社に移行するまでは，会社法施行後もとくに期間の制限なく存続することができる。

わが国では，現在でも特例有限会社の数が非常に多い。とくに中小企業においては特例有限会社であることを前提とする法的紛争が頻繁に生じており，**実**

務上の重要性は決して株式会社に劣るものではない。

■通常の株式会社への移行

特例有限会社は，**定款を変更して**その商号中に「株式会社」という文字を用いることにより，いつでも株式会社に移行することができる（整備法45条）。この場合，定款変更の株主総会決議から２週間以内に，本店所在地において特例有限会社の解散の登記をし，同時に株式会社の設立の登記をしなければならない（同法46条）。

（２）特例有限会社の運営

■法的性質は取締役会のない株式会社である

特例有限会社については，整備法に加えて，会社法のうち**取締役会のない株式会社**の規定が適用される。したがって，株主総会は会社の組織・運営・管理その他一切の事項について決議する権限を有する（295条）。株主は，議題・議案の提案権（303条），および議決権の代理行使（310条）ができる。ただし，臨時株主総会の招集権については，議決権の10％以上の株式を有する株主とする特則がある（整備法14条）。

特例有限会社の業務執行機関としては，１人または複数の取締役がいるのが通常である。複数の取締役がいる場合には，各取締役が業務執行権および会社代表権を有するのが原則である。だたし，定款の定めにより，代表取締役および業務担当取締役を置くこともできる（349条）。

また，特例有限会社は監査役を置くことができる（整備法17条）。ただし，その監査権限の範囲は**会計監査に限定**されている（同法24条）。また，監査役には会社法の兼職制限（335条）および任期（336条）の規定が適用される。

■機関に関する特例

特例有限会社においては，**取締役の任期の定めがない**（整備法18条）。したがって，取締役が会社の過半数の議決権株式を有している限り，自ら辞任するまでその地位を失うことがない。その結果，取締役の業績を定期的に評価することが難しくなる。たとえ複数の取締役を置いている場合でも，**専決事項の定めが適用されない**ため，取締役は重要な業務執行を単独で決定して実行できる。また，会社に著しい損害を及ぼすおそれがある事実を発見したときも自ら対処すればよく，株主や監査役に対して報告する義務はない（同法21条）。

特例有限会社では，たとえ関係者が希望しても法律の規定により，**取締役会**

を置くことができない（同法17条）。したがって，取締役による相互監視が不十分であるときはワンマン代表者の暴走を防げないなど，ガバナンス上の問題が生じうる。場合によっては，取締役会に代わる取締役会議を任意で設置したり，株式会社に移行して法定の取締役会を設置するなどの方法を検討すべきである。

■会計に関する特例

特例有限会社は，**計算書類の公告等の義務を負わない**（同法28条）。株式会社にはこの公告義務があるが（440条１項），費用と手間がかかるため小規模株式会社では実際には行っていない場合も多い（ただし過料の罰則がある。976条２号）。計算書類の公告義務の有無が，特例有限会社から株式会社への移行をためらわせる理由のひとつであるといわれている。

3　外国会社

（１）準拠法の決定

■外国会社の法律問題については設立準拠地の法が適用される

国際化が進展するにつれて，日本においても外国の会社が事業活動を行い，それに関連する法律問題が生じるケースが増えてきた。日本の裁判所に訴訟当事者として外国会社を含む紛争が持ち込まれた場合，裁判所はその外国会社に対してどこの国の法律を適用するのかを決定しなければならない（**準拠法の決定**）。それらの当事会社は日本国内で活動しているのだから日本の法律を適用すればよい，というわけではないのである。準拠法を決めるためのルールは世界各国にあるが，日本の裁判所の場合には，**法の適用に関する通則法**（**通則法**）という法律により，その外国会社に適用される法律が決定されることになる。ただし，通則法においては，ある国の当事者について全面的にその国の法律が適用されるというのではなく，物権や債権など，それぞれの法律問題の性質ごとに適用される法律が異なるのでややこしい。

会社に関する法律問題については，同法に明文の規定がないので，見解が分かれることも少なくない。たとえば，会社の法人格の有無，取得および消滅に関する問題および会社の内部組織に関する問題については，その会社の従属法が適用されるというのが，国際私法上の一般的ルールである。そして，**会社の従属法**の決定については，各国をみれば，設立にあたり準拠した国の法とするか（設立準拠地主義），会社の本拠地が存在する国の法とするか（本拠地法主義），の両方の立場があるが，日本の場合は，**設立準拠地主義**であると解されている（最判昭和50年７月15日民集29巻６号1061頁）。したがって，日本の裁判所においては，ある外国会社の法人格の有無，取得および消滅に関する問題および会社の内部組織に関する問題については，その会社が設立された国の法が適用されることになる。ただし，個々の法律問題ごとに考える必要があり，当然にすべて設立準拠地法によるわけではない。

■例外的にすべての外国会社に適用される絶対的強行法規がある

以上のように，外国会社はその国の関連法に準拠して適法に設立されていれば日本においても法人格を認められ，また，その内部関係（たとえば，役員と株主の関係）についてもその国の法律が準拠法になるのが原則である。しかし，日本法は，外国会社（とくに日本国内において継続的に取引をする外国会社）に対しては，主として取引の相手方を保護する見地から，一定の強行規定を置いている。すなわち，これらの外国会社に対する種々の規制は，その外国会社の準拠地法が何であるかを問題にすることなく，当然に適用されるのである（**絶対的強行法規**）。以下では，民法および会社法における外国会社に対する規制の内容を説明する。

（２）外国会社に関する法規制

■外国会社は日本国内で法人格を認められる

日本の民法は，外国法人のうち，非営利法人については，国およびその国の行政区域を除いて，日本国内における権利能力（法人格）を認めないが，営利法人である外国会社については，公益保護の観点からこれを認許して，貿易その他の国際的経済活動を行わせることとしている（民35条１項）。

なお，会社法において，外国会社とは，外国の法令に準拠して設立された法人その他の外国の団体であって，会社と同種のものまたは会社に類似するものをいうと定義されている（２条２号）。

■外国会社が日本で継続取引をするときの規則

外国会社が日本において**取引を継続**して行おうとするときは，①日本における**代表者**を定めなければならず，その代表者のうち１人以上は日本に住所を有する者でなければならない（817条１項）。代表者の権限についても規定が置かれている（817条２項～４項）。②外国会社は，**外国会社の登記**をするまでは，日本において取引を継続して行うことができない。代表者等がこれに違反した場合は，取引の相手方に対し，その外国会社と連帯して責任を負う（818条1項・2項）。たとえば，未登記のままで，日本国内に従業員が勤務するインフォメーションセンターを置き，40名以上の顧客を有していた外国会社は，「取引を継続した」ものであるとして，本条2項に基づき，同社役員の損害賠償責任が認められた事例がある（東京地判平成29年2月20日LEX/DB25551275）。③外国会社のうち，株式会社と同種または最も類似するものは，法務省令に従い，貸借対照表に相当するものを**公告**しなければならない（819条，会則214条）。

外国会社については，インターネット上で電子商取引を行うケースが多く，必ずしも日本に営業所を設ける必要はないが（かつてあった設置義務は廃止された），日本国内に営業所を設けた場合は登記しなければならない（936条）。

上記の登記をした外国会社において，日本国内に住所を有するすべての代表者が退任するような場合には，**債権者異議手続**を経たうえで，**退任登記**をしなければ退任の効力は生じない（820条）。これらの者が国内に債務を残したまま日本の裁判管轄外に移動することを防止する趣旨である。

■疑似外国会社は日本国内で継続取引ができない

たとえば，外国の投資家がもっぱら日本で事業を行うことを目的とする会社を設立しようとするときは，日本の会社法の規定に従って会社を設立することができる。しかし，日本の会社法による規制を回避するために，あえて外国法に準拠して外国会社を設立することがあり得る。この場合の外国会社は，外国で事業を行うために設立され，その後，日本でも事業を行うことになった本来の外国会社とは異なっている。このように，日本に事実上の本店を置き，または日本で事業を行うことを主たる目的として設立された外国会社は**疑似外国会社**とよばれ，日本国内での法人格は認められるものの，取引を継続して行うことは禁じられている（821条1項）。これに違反して取引をした者は，相手方に対し，外国会社と連帯して，当該取引によって生じた債務を弁済する責任を負う（同条2項）。

かつて，疑似外国会社については法人格が認められないと解されていたが，そうするとかえって法律関係が不安定になるおそれがあった。そこで，会社法の下では，疑似外国会社の法人格は否定せず，日本国内での継続取引を禁じたうえで，取引相手方の利益を保護する規定を置くことにしたのである。

Self-Check

1　合資会社を合同会社に種類変更する場合には，どうすればよいか。

2　持分会社の社員が退社できるのはどのような場合か。また，退社に伴う持分の払戻しはされるか。

3　持分会社がその利益額を超えて利益配当をした場合，社員の責任はどうなるか。

4　特例有限会社において，ワンマンな代表者の暴走を防げない場合にはどうすればよいか。

5　日本の会社法による規制を回避するために，あえて外国法に準拠して設立された外国会社はどのように扱われるか。

関連文献

金子登志雄監修＝立花宏著・商業登記実務から見た 合同会社の運営と理論［第２版］（中央経済社，2021年）

神崎満治郎・特例有限会社の登記Q&A［増補・改訂版］（テイハン，2019年）

汐留パートナーズグループ・外国人・外資系企業の日本進出支援実務Q&A（日本法令，2017年）

事項索引

欧文

あ行

か行

さ行

た行

な行

は行

ま行

や行

ら行

わ行

判例索引

大審院・最高裁判所

高等裁判所

地方裁判所

■著者紹介

伊勢田　道仁（いせだ・みちひと）

1962年（昭37）高知県高知市生まれ

博士（法学）［神戸大学］

LL. M. in International Commercial Law［英国ノッティンガム大学］

LL. M.［米国エモリー大学］

大阪府立大学経済学部専任講師・助教授，金沢大学法学部助教授・教授を経て，

現在，関西学院大学法学部教授，弁護士

〔著書〕

『内部統制と会社役員の法的責任』（中央経済社，2018年）

基礎講義会社法

2022年4月20日　第1版第1刷発行

著　者　伊勢田　道仁

発行者　山本　継

発行所　㈱中央経済社

発売元　㈱中央経済グループパブリッシング

〒101-0051　東京都千代田区神田神保町1-31-2

電話　03(3293)3371(編集代表)

03(3293)3381(営業代表)

https://www.chuokeizai.co.jp

印刷／㈱堀内印刷所

製本／誠製本㈱

＊頁の「欠落」や「順序違い」などがありましたらお取り替えいたしますので発売元までご送付ください。(送料小社負担)

ISBN978-4-502-41981-2　C3032